·创新创业教育用书·

CHUANGXIN YU CHUANGYE

张建军　　王崇国◎主　编
石红星　　于　宙◎副主编

北京师范大学出版集团
安徽大学出版社

图书在版编目(CIP)数据

创新与创业/张建军主编. —合肥:安徽大学出版社,2016.8
ISBN 978-7-5664-1115-0

Ⅰ.①创… Ⅱ.①张… Ⅲ.①企业管理—高等职业教育—教材 Ⅳ.①F270

中国版本图书馆 CIP 数据核字(2016)第 100397 号

创新与创业

张建军 主编

出版发行:	北京师范大学出版集团 安 徽 大 学 出 版 社 (安徽省合肥市肥西路3号 邮编 230039) www.bnupg.com.cn www.ahupress.com.cn	
印　　刷:	合肥华星印务有限责任公司	
经　　销:	全国新华书店	
开　　本:	184mm×260mm	
印　　张:	16.25	
字　　数:	320 千字	
版　　次:	2016 年 8 月第 1 版	
印　　次:	2016 年 8 月第 1 次印刷	
定　　价:	32.00 元	

ISBN 978-7-5664-1115-0

策划编辑:朱丽琴 姚 宁　　　　　　　装帧设计:许润泽
责任编辑:朱丽琴 姚 宁　　　　　　　美术编辑:李 军
责任印制:陈 如

版权所有　侵权必究
反盗版、侵权举报电话:0551—65106311
外埠邮购电话:0551—65107716
本书如有印装质量问题,请与印制管理部联系调换。
印制管理部电话:0551—65106311

编 委 会

主　编：张建军　王崇国
副主编：石红星　于　宙
编　委：（以姓氏笔画为序）

丁　军	戈　弋	王中玉	王先根	王　靖
邓　琪	刘玉红	刘　超	朱国苗	朱　雷
闫　峰	张珍明	张　璇	李　军	杨益民
陈元高	周　波	周晓隆	金　梅	姚　健
段　红	赵　红	徐胜乐	郭颖超	高方忠
高利兵	黄　文	蒋新华	裴　罕	

近年来,我国大力推进大众创业、万众创新,众创、众包、众扶、众筹等支撑平台快速发展,以"互联网+"为重要特征的创新创业热潮席卷全国,新观念、新创意、新模式不断萌生,新技术、新产品、新业态不断涌现。创新,硕果累累;创业,人才辈出。人们创新创业的激情正汇聚成巨大动能,助推着中国经济的快速发展。

创新是人类为了社会的文明和进步,发明创造出有价值的新思想、新事物的活动,它是一个民族进步的灵魂,是国家兴旺发达的不竭动力,也是最深沉的民族禀赋;而创业则是一种极具挑战性的社会活动,创业者依靠自己的力量创办实业,为社会经济发展贡献智慧和力量。这是一种难得的人生历练,一种高境界的精神追求,一种高层次的价值体现。

青年是社会中最富活力、最具创造性的群体,有创新的梦想和创业的激情,是大众创业、万众创新的主力军。创新创业是历史赋予当代青年的神圣职责,是时代对青年的深切呼唤,更是青年自身发展的必然选择。当代青年要在创新中展现聪明才智,在创业中实现人生价值,走出一条属于自己的创新创业之路,让青春在创新创业中得到最完美的绽放。

为了迎接创新创业的热潮,各级政府相继出台了大力推进大众创业、万众创新的政策措施。2016年2月1日,安徽省人民政府在《关于全面推进大众创业万众创新的实施意见》中明确提出:"加强创新创业培训辅导,在高等院校、职业学校、技工院校全面推行创业教育,开设创新课程。"与此同时,我省还制定了《"创业江淮"行动计划(2015—2017年)》,促进青年创业创新活力进一步释放,引领更多青年投身创业创新活动。种种举措,推动了创新创业热潮在江淮大地涌动,为广大青年学生搭建了全新的创新创业平台。

但客观地看,我国大中专院校毕业生创新创业成果还不是很多。据统计,在发达国家大学生创业比例是20%~30%,而我国大学生创新创业的比例不到1%。为什么会造成这种现状呢?原因固然很多,但我认为,这与创新创业教育还没有广泛和深入地开展、创新创业实践平台建设还不够完善有很大关系。

令人欣慰的是,合肥市在创新创业教育方面进行了积极探索和实践,让创新引领创业,以创业助推创新,并取得了可喜的成绩:一是组织长期从事创新创业教育教学和研究工作的专家、一线教师共同编写《创新与创业》教育用书;二是加快"创新创业"网络资源库建设；三是在磨店大学城公共实训基地建设创新创业孵化中心，为广大学生提供创新创业的实践平台。

　　创新创业是历史赋予当代青年的崇高使命，青年人只有融入时代潮流之中，勇立潮头，做创新创业的"弄潮儿"，才能找到最佳的人生坐标。我们相信，《创新与创业》的出版，必将为大中专学校毕业生开展创新创业提供有益的借鉴，为大中专院校创新创业教育探索出一条特色之路、成功之路，为打造创新型"三个强省"、建设美好安徽作出应有的贡献！

编委会

2016年6月

目 录

「创新篇」

第一章　创新发展之道 ·································· 002
　　第一节　人类的创新发展史 ·······················002
　　第二节　创新驱动发展战略 ·······················006
　　第三节　创新人人可为 ·····························011

第二章　学会创新思维 ·································· 017
　　第一节　创新思维的实质与原则 ················017
　　第二节　突破思维障碍 ·····························021
　　第三节　扩散思维 ····································026
　　第四节　变角度思维 ································031
　　第五节　想象思维 ····································037
　　第六节　综合思维 ····································043

第三章　创意之法 ·· 048
　　第一节　问题导入法 ································048

第二节　优势扩展法 …………………………………………………… 055

　　　第三节　跟踪先进法 …………………………………………………… 060

　　　第四节　希望导向法 …………………………………………………… 063

　　　第五节　组合设想法 …………………………………………………… 068

　　　第六节　求变试问法 …………………………………………………… 073

　　　第七节　脑源挖掘法 …………………………………………………… 078

第四章　创客之道 ……………………………………………………………… 085

　　　第一节　原点本质法则 ………………………………………………… 085

　　　第二节　联想启示法则 ………………………………………………… 088

　　　第三节　类比模仿法则 ………………………………………………… 092

　　　第四节　迁移转用法则 ………………………………………………… 096

　　　第五节　潜能法则 ……………………………………………………… 099

　　　第六节　借脑法则 ……………………………………………………… 104

　　　第七节　发现法则 ……………………………………………………… 109

第五章　创新成果的分类与保护 ……………………………………………… 114

　　　第一节　创新成果的分类与表达 ……………………………………… 114

　　　第二节　创新成果的保护 ……………………………………………… 119

　　　第三节　创新成果的转化 ……………………………………………… 125

「创业篇」

第一章　世界这么大　我要去创业 ………………………………………… 132

　　　第一节　直面创业 ……………………………………………………… 132

　　　第二节　走进创业新时代 ……………………………………………… 139

第三节 炼就创业"金刚钻"……………………………………145

第二章 三百六十行　行行可创业……………………………155
第一节 认识创业领域………………………………………155
第二节 总有"一款"适合你…………………………………162

第三章 创业计划书　圆你创业梦……………………………173
第一节 创业计划书概述……………………………………173
第二节 创业计划书的写作要求……………………………181

第四章 万事开头难　当好创业"舵手"………………………188
第一节 创业从"小微"起步…………………………………188
第二节 选择合适的创业模式………………………………196
第三节 关注几种类型企业…………………………………202

第五章 识别创业误区　防范创业风险………………………208
第一节 创业常见误区………………………………………208
第二节 防范创业风险………………………………………215

第六章 任重而道远　创业永远在路上………………………221
第一节 开辟融资渠道………………………………………221
第二节 熟悉市场营销………………………………………230
第三节 创业运营管理………………………………………239

参考文献……………………………………………………………247

后　　记……………………………………………………………249

「创新篇」

创新是一个人、一个民族、一个国家所必需的一种精神。当今世界,国家的竞争力越来越体现在以自主创新能力为核心的科技实力上。我国要参与全球经济的合作与竞争,就必须顺应时代发展潮流,加快建设创新型国家,走创新驱动发展之路。抓创新就是抓发展,谋创新就是谋未来。

第一章　创新发展之道

创新是人类社会发展的本质特征，是一个国家兴旺发达的不竭动力，没有创新就没有人类发展。本章从不同层面阐述创新对人类可持续发展的重要作用，以增强人类创新的自觉性，强化创新意识。

第一节　人类的创新发展史

> 纵观人类发展历史，创新始终是推动一个国家、一个民族向前发展的重要力量，也是推动整个人类社会向前发展的重要力量。
>
> ——习近平

启示与原理

人类社会学家在描述人类的进化发展史时，以生产力为标准进行划分：人类先后经历了石器时代、铜器时代、铁器时代……蒸汽时代、电气时代、原子时代、信息时代等，每个时代的划分特征都是以人类当时的重大创新为标志。石器时代以人类能制作石器工具为标志，经历了二三百万年。铜器时代以人类能冶炼铜并用铜制作工具为标志，经历了四五千年。铁器时代约始于公元前2000年，人类开始锻造铁器并制造工具，促进了社会生产力的发展。蒸汽时代起于19世纪初，以蒸汽机的发明和应用为标志，将人类带入了工业时代，历时70年左右；电气时代始于19世纪60年代，以发电机、电动机的发明使用及电灯、电车、电影放映机的相继问世为标志，使人类社会进入电气时代。原子时代起于1942年12月2日，以费米为首的一批美国科学家建造了人类第一座原子反应堆，人类利用原子能的时代从此开始。信息时代始于20世纪50年代，以计算机的发明和逐步普及为标志，把信息对整个人类社会的影响逐步提高到一种绝对重要的地位，此后人类进入了信息时代和后工业时代。

从纵向看，人类的进化与发展是靠人类的创新来推动和发展的。从时代的横向发展来看，人类发展依然是靠创新。自蒸汽机的发明和应用催生了人类进入工业时代至今，工业时代从工业1.0发展到工业4.0。工业1.0是蒸汽机时代，工业2.0是电气化时代，工业3.0是信息化时代，工业4.0则是利用信息化技术促进产业变革的时代，也就是智能化时代。

综上所述，我们完全有理由相信：创新是人类社会发展的根本之道。

要点与技巧

什么是创新？"创新"一词最早出现在《南史·后妃传》中，意思是创立或创造新东西。在《现代汉语词典》中，创新的意思是抛弃旧的，创立新的。创新的英文是"innovation"，起源于拉丁语，它具有更新、创造和改变三层含义。我们可以归纳总结出："创新是正常人脑能够激发的一种机能，并对未知客观世界进行求索的能动反映。创新活动就是指人们为了一定的目的，遵循事物发展的规律，对事物的整体或其中的某些部分进行变革，从而提出新理论、新发明、新创造、新产品的活动。"

人类社会的发展历程是一个科学技术不断创新的过程。2015年11月15日，习近平同志在安塔利亚二十国集团领导人第十次峰会上所作的关于世界经济形势的发言《创新增长路径，共享发展成果》中指出："世界经济长远发展的动力源自创新。总结历史经验，我们会发现，体制机制变革释放出的活力和创造力，科技进步造就的新产业和新产品，是历次重大危机后世界经济走出困境、实现复苏的根本。"人类唯有通过创新才能推动社会文明与进步，也只有通过创新才能解决发展中所遇到的问题。

要点1．人类的发展对创新的依赖更为紧迫

从人类的发展历史中，我们可以清楚地看到，从最初的石器时代到现代，每个时代依次历经数百万年、数千年、数百年，乃至现在的几十年甚至十几年，创新推动人类时代的变迁速度越来越快，时代变迁周期越来越短。谁不创新，谁就会跟不上时代的发展，就会被时代所抛弃。

案例一：工业1.0到工业4.0（见图1-1）。第一次工业革命表现为大机器工业代替手工业，它以蒸汽机、焦炭、铁和钢四项为主要发明因素，促成了工业革命技术加速发展，是一场生产与科技创新的革命，即工业1.0。在工业2.0中，内燃机和发电机的发明，使得电器得到了广泛的使用。由于电话机的发明，人类之间的通讯变得简单快捷。信息在人类之间的传播为第三次工业革命奠定了基础。在工业3.0中，随着原子能、航天技术、电子计算机、人工材料、遗传工程等具有高科技含量的产品和技术的创新与发展，以互联网为信息技术的发展和应用几乎把地球上的每个人都联系了起来。今天的工业4.0以联网技术和大数据来承担核心技术支持，越来越多的机器人会代替人工，甚至是完全替代，实现"无人工厂"。

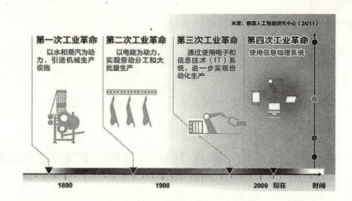

图1-1 从工业1.0到工业4.0

从上面的案例我们就可以清楚地看出,人类的创新对社会发展的贡献越来越大,不断推动着社会的进步和文明的发展。

要点2. 谁抢占创新高地,谁将主导世界

自从近代科学诞生以来,科学发展史揭示了这样一条基本规律:在每一个历史的关键时期,谁综合创新领先,谁就能成为世界科学技术发展的中心。科学发展的研究表明,如果某个国家的科学成果数占同期世界总数的25%以上,这个国家就可以称为"世界科学中心"。一个国家要成为"世界科学中心",必须具备四个基本条件:第一,人的思想需要得到前所未有的解放,科学发展具备浓厚的思想文化基础;第二,要有促使本国人才迅速成长的教育制度和吸引他国最优人才的科研环境;第三,要注重科技成果的转化和应用,实现高新技术产业化,积累雄厚的物质基础,推动经济、社会和文化的全面发展;第四,要制定独创的科学发展战略和鼓励原始创新的科技政策,大力倡导自由探索的学术氛围。按照这一规律和标准,从16世纪的意大利到20世纪的美国,世界科学中心先后进行了五次大转移。

案例二:世界科学中心的五次大转移。第一个科学中心是在意大利形成的。16世纪的意大利出现了一批以伽利略为代表的著名科学家,诞生了天文望远镜等科学发明。这些科学技术极大地改变了人们对整个世界的看法,开创了崭新的实验科学新时代。17世纪的英国是第二个成为世界科学中心的国家。17世纪初,英国先后诞生了牛顿力学、电磁场理论、进化论等一批新的科学理论。瓦特在前人的基础上发明了高效蒸汽机,蒸汽机技术和纺织机械技术的完美结合,引领了英国第一次工业革命,从而改变了整个世界的生产和社会生活的面貌。18世纪的法国是第三个世界科学中心。18世纪初,法国经历了一场空前的大革命,以狄德罗等为代表的一批启蒙哲学家形成了法国百科全书派,他们进行了一次以反封建为主要内容的思想解放运动。同时,法国出现了以拉格朗日、拉普拉斯、拉瓦锡等为代表的一大批卓越的科学家,出版了《分析力学》《概率论的解析理论》《化学纲要》等一批重要科学著作,使得法国成为世界科学中心。到了19世纪,德国成为第四个世界科学中心。19世纪初,德国首先进行了大学创新改革,成为世界上第一个创立导师制的国家。德国科学家创立了细胞学说、相对论、量子力学等重大科学理论和学说,德国还为世界贡献了爱因

斯坦、玻尔、欧姆等一大批顶尖科学家，因而德国在19世纪70年代一跃成为世界工业强国。20世纪的美国是第五个世界科学中心。美国科学的兴起一开始就站在了欧洲科学"巨人的肩膀上"，不仅继承了英国科学的传统和德国科学的体制，而且特别重视科学人才的引进。在优越的科研环境下，美国造就了发明家贝尔、爱迪生、爱因斯坦、费米等一大批世界顶尖科学家，因而美国在整个20世纪引领了世界科学技术发展的潮流，发明了包括原子能、计算机、空间技术、微电子技术、生物技术、互联网技术等，至今仍保持着世界科学中心的地位。

纵观世界科学中心的转移历程，我们可以发现，世界科学中心的每一次形成，都是依赖于社会的开放和制度的创新以及高新科学技术的发明。

要点3. 创新是实现人类可持续发展的最重要途径

当今世界，资源紧张的矛盾正日益加剧，危机已经开始显现。自然资源不会永不枯竭，矿物、土地、淡水、森林、野生动植物等自然资源在世界人口不断增长的情况下逐渐显现出相对紧缺的趋势。植物资源危机主要源于森林滥伐，目前世界上每年约毁林1800万公顷，特别是热带原始森林的锐减，对全球气候变化和生态平衡造成了严重影响。不可再生资源总是有限的，消耗一部分，就减少一部分。目前，石油、金属、粮食、水等资源价格上涨的真正原因正是这些资源在枯竭。可再生资源的再生总量也是有限的，满足不了人类日益增长的需求，人类对自然资源的依赖发展面临着难以为继的危险。面对这种处境，人类除了要保护资源以外，更要进行技术的创新，使得可利用自然资源的范围不断扩大，比如：页岩油、甲烷冰（俗称可燃冰）的发现等。并且，人类还应依靠发明出的新技术来提高利用资源的效率，使得资源不足的局面得到改观。人类需要对地球上资源总量的长期变化和状况有一个整体把握，合理应用，不断创新，这样在整个地球范围内，即使人口增加，只要形成可持续管理常态，人类和平地繁衍也是有可能实现的。

案例三：日本通过创新合理利用资源。日本是一个岛国，位于环太平洋火山地震带上。日本地质活动十分活跃，阻碍了化石燃料（煤石油）等的形成；耕地面积较小，平均每人仅约442平方米，土地贫瘠，人口老龄化又严重。日本人有着强烈的忧患意识。他们在小学课本写着：我们没有资源，国土狭小，不努力只有灭亡。但是，日本这样一个资源匮乏、人多地少的国家却成为亚洲数一数二乃至世界上比较发达的国家。日本通过进口中东石油，进口中国、澳大利亚的煤，进口巴西的铁矿石等，来补充他们缺乏的资源。最重要的是，日本很重视教育，它自身是一个学习型的民族，日本人喜欢也善于学习先进的知识技术。依靠良好的国民教育，"二战"后日本在借鉴美国等国家先进技术的同时，鼓励国人进行创造，并通过自己的创新发明，在国际上获得资本。日本人最能隐忍，善于向强者学习，善于挖掘科技人才，善于钻空子，一直在用先进技术武装自己。日本人非常重视科技创新，有效利用有限的资源，从而让日本得到了快速的发展。

实操训练

✏️ **练习一**：想想我们应该怎样通过有意识的自我训练，成为具有较高创新意识的人进而为自己的国家强盛作出贡献？

✏️ **练习二**：你能够告诉大家技术创新和社会生产力的发展是什么关系吗？

✏️ **练习三**：请利用互联网搜索2015年全球十大科技创新成果是什么？试分析某个成果会给人类带来什么变化。

第二节 创新驱动发展战略

> 一个国家自主创新能力越强、掌握的核心关键技术越多，未来的发展后劲和空间就越大。
>
> ——李克强

📡 启示与原理

在十八届中央政治局第九次集体学习时的讲话（2013年9月30日）中，习近平同志指出："创新驱动是形势所迫。我国经济总量已跃居世界第二位，社会生产力、综合国力、科技实力迈上了一个新的大台阶。同时，我国发展中不平衡、不协调、不可持续问题依然突出，人口、资源、环境压力越来越大。我国现代化涉及十几亿人，走全靠要素驱动的老路难以为继。物质资源必然越用越少，而科技和人才却会越用越多，因此我们必须及早转入创新驱动发展轨道，把科技创新潜力更好释放出来。"经过改革开放三十多年的实践，我国领导人审时度势，纵观全球形势变化趋势，意识到传统的发展思路难以为继，若不进行自主创新，我国就永远会落后于发达国家，并且会拉大与发达国家的差距。因此，我国适时推出了创新驱动发展战略。

国家、企业、个人只有拥有强大的自主创新能力，才能在激烈的竞争中把握先机、赢得主动。为此，我国要充分把握世界科技发展大势，坚持把提高自主创新能力摆在突出位置，从实际出发，努力走出具有中国特色的自主创新道路。

要点与技巧

如何才能成功走出中国特色的自主创新道路？

要点1. 树立"竞争的核心是创新竞争"意识

当今的国际竞争是极其激烈和残酷的，尤其是在科技创新方面的竞争，其实质是以经济和科技实力为基础的综合国力的较量。自古以来，科技创新就以一种不可逆转、不可抗拒的力量推动着人类社会向前发展。16世纪以来，世界发生了多次科技革命，每一次都深刻地影响了世界力量格局的变化。发展经济和科技是世界大多数国家关心的问题，各国之间的竞争也越来越多地转向经济和科技竞争。许多国家都把发展经济和科技作为国家的战略重点，努力增强自己的综合国力，力图在世界格局中占据有利地位。经济发展的背后是科技发展，科技发展的背后是创新。因此，一个国家要在激烈的国际竞争中立于不败之地，获得发展的主动权，必须高度重视创新在社会发展中的作用。

习近平同志说得好："创新是一个民族进步的灵魂，是一个国家兴旺发达的不竭动力，也是中华民族最深沉的民族禀赋。在激烈的国际竞争中，惟创新者进，惟创新者强，惟创新者胜。"中国是人口大国，蕴藏着他国所无法比拟的创新潜能。只要将这些潜能充分释放出来，中华民族的创新能量就有可能是世界第一的。

案例一： 量子通信的实现。量子通信具有传统通信方式所不具备的绝对安全特性，不但在国家安全、金融等信息安全领域具有重大的应用价值和前景，而且逐渐走进人们的日常生活。量子通信是指利用量子纠缠效应进行信息传递的一种新型通讯方式，是近二十年来发展起来的新型交叉学科，是量子论和信息论相结合的新型研究领域。为了让量子通信从理论走到现实，从20世纪90年代开始，国内外科学家做了大量的研究工作。

中国科学技术大学微尺度物质科学国家实验室的潘建伟教授及其同事，利用冷原子量子存储技术在国际上首次实现了具有存储和读出功能的纠缠交换。2011年10月，中国科学技术大学教授潘建伟、彭承志、陈宇翱等人，与中科院上海技术物理研究所王建宇、光电技术研究所黄永梅等组成联合团队，在青海湖首次成功实现了百公里量级的自由空间量子隐形传态和纠缠分发。实验证明，无论是从地面指向卫星的上行量子隐形传态，还是卫星指向两个地面站的下行双通道量子纠缠分发均可行，为基于卫星的广域量子通信和大尺度量子力学原理检验奠定了技术基础，基本上解决了量子通讯卫星的远距离信息传输问题。量子通讯卫星核心技术的突破，表明未来构建全球量子通信网络具备技术可行性。

量子信息因其传输高效和绝对安全等特点，被认为可能是下一代IT技术的支撑性研究，且成为全球物理学研究的前沿与焦点领域，并可能会引发新的经济产业革命。

要点2. 落实创新发展新理念

在刚闭幕不久的中共中央十八届五中全会上，为实现到2020年全面建成小康社会的奋斗目标，党中央首次提出"创新、协调、绿色、开放、共享"五大发展理念，把创新提到首要位置。创新发展理念，就是必须把创新摆在国家发展全局的核心位置，不断推进理论创新、制度创新、科技创新、文化创新等各方面创新，让创新贯穿党和国家的一切工作，让创新在全社会蔚然成风。习近平同志在华东七省市党委主要负责同志座谈会上的讲话（2015年5月27日）中强调："综合国力竞争说到底是创新的竞争。要深入实施创新驱动发展战略，推动科技创新、产业创新、企业创新、市场创新、产品创新、业态创新、管理创新等，加快形成以创新为主要引领和支撑的经济体系和发展模式。"

案例二： 1660年，英国创立了"英国皇家学会"，全称"伦敦皇家自然知识促进学会"，其宗旨是促进自然科学的发展。它是世界上历史最长而又从未中断过的科学学会，著名科学家牛顿与戴维曾先后任会长。该学会不仅对科学政策的制定起着一定作用，而且就科学事务问题参与公众讨论。它与政府的关系是密切的，是英国资助科学发展的组织。由于在1688—1689年的革命中取得新自由，英国以空前规模的技术革新来应对日益扩大的市场的挑战，这时的伦敦成为了欧洲的科技活动中心和近代实验科学的发源地。在17世纪90年代，英国出现了改变世界的一系列创新发明：纽科门蒸汽机、达比焦炼熔炉、珍妮纺纱机等，产生了以大规模工厂化生产为代表的一场生产与科技革命，揭开了工业革命的序幕。这一系列技术创新使资本主义生产完成了从工场手工业向机器大工业的过渡，同样使生产方式发生了重大的转变和飞跃。随后工业革命由英国传播至整个欧洲大陆，19世纪传至北美，改变了整个世界，为大英帝国称霸世界奠定了基础。

正是"英国皇家学会"的努力，英国才能够完成工业革命，发明了一系列创新性的工具，一度成为世界科学中心。

要点3. 建设创新型国家

早在10年前所召开的全国第四次科技大会的主题是"动员全党全社会走自主创新的道路，建设创新型国家"。胡锦涛同志在大会报告中代表党和国家庄严地向世界宣示，我国要在15年内进入创新型国家行列。他说："建设创新型国家，核心就是把增强自主创新能力作为发展科学技术的战略基点，走出中国特色自主创新道路，推动科学技术的跨越式发展；就是把增强自主创新能力作为调整产业结构、转变增长方式的中心环节，建设资源节约型、环境友好型社会，推动国民经济又快又好发展；就是把增强自主创新能力作为国家战略，贯穿到现代化建设各个方面，激发全民族创新精神，培养高水平创新人才，形成有利于自主创新的体制机制，大力推进理论创新、制度创新、科技创新，不断巩固和发展中国特色社会主义伟大事业。"十八大召开以来，党中央高度重视创新，对实施创新驱动发展战略作出一系列重大决策部署，并强调"创新是引领发展的第一动力，抓创新就是抓发展，谋创新就是谋未来。"党中央、国务院作出的建设创新型国家的决策，是事关社会主义现代化建设全局的重大战略决策。

案例三：什么是创新型国家？对于这个问题，国际学术界已有基本共识，即把那些将科技创新作为基本战略，大幅度提高科技创新能力，尤其是自主创新能力，从而形成日益强大的竞争优势的国家称之为创新型国家。

具体来说，创新型国家至少应该具备以下4个基本特征：第一，创新投入高，国家的研发投入占GDP的比例一般在2%以上；第二，科技进步贡献率高达70%以上；第三，自主创新能力强，国家的对外技术依存度指标通常在30%以下；第四，创新产出高。目前世界上公认的20多个创新型国家所拥有的发明专利数量占全世界发明总数的绝大部分。

据经济学家统计，自20世纪中叶以来，美国、日本、德国、英国、法国、意大利、加拿大、芬兰、瑞典、瑞士等20多个国家由于自主创新能力强，在国际经济竞争中占据地位优势。它们分别瓜分了世界主要技术密集型产业部门大部分的市场份额，而世界上剩余的近200个国家包括中国在内，都主要靠滞后引进和使用前者的技术进行经济活动，在国际竞争中处于相对弱势地位。

要点4. 确立企业创新主体地位

习近平同志《在中央经济工作会议上的讲话》（2012年12月15日）中说："创新的实质效果是优胜劣汰、破旧立新。我们要着力构建以企业为主体、市场为导向、产学研相结合的技术创新体系，注重发挥企业家才能，加快科技创新，加强产品创新、品牌创新、产业组织创新、商业模式创新，提升有效供给，创造有效需求。"该论述精辟地表明了企业在创新驱动发展战略中的创新主体地位和主要创新功能。企业是我国市场经济发展的主力军，其市场经济地位决定了企业是创新的主体地位。经济竞争的背后是科技和创新的竞争，企业要在激烈的市场竞争中求生存、谋发展和追求利益最大化，并实现可持续性发展，必须从"要我创新"转变为"我要创新"。企业只有提升创新能力，才能有效地促进科技创新和经济的结合，实现中国制造向中国创造转变、中国速度向中国质量转变和中国产品向中国品牌转变。

案例四：IBM（国际商业机器公司），总公司在纽约州阿蒙克市，1911年由托马斯·沃森创立于美国，目前是全球最大的信息技术和业务解决方案公司，拥有全球雇员30多万人，业务遍及160多个国家和地区。

IBM最早其实只是生产记录工资的机器，之后由于参与了有关计算机的服务，摇身一变成为开发大型计算机的高科技公司。在晶体管计算机出现以后，IBM研制出了小型数据处理计算机IBM1401，使得主机体积大大减小。随后，IBM在短短的四五年里推出不同型号的计算机（computer），奠定了它在计算机行业的领先地位。

1981年8月12日，IBM推出世界上第一台个人电脑，"个人电脑"这个新生市场随之诞生。

1996年，IBM公司喊出"电子商务"的口号，也许除了IBM公司自己，没人相信这个概念在后来会带动整个IT业乃至整个社会的发展。

2008年，IBM总裁兼首席执行官彭明盛首次对外提出"智慧的地球"的概念。该战略定义大致为：将感应器嵌入和装备到电网、铁路、建筑、大坝、油气管道等各种现实物体中，形成物物相联，然后通过超级计算机和云计算将其整合，实现社会与物理世界融合。在此基础上，人类可以用精细和动态的方式管理生产和生活，达到"智慧"状态，提高资源利用率和生产力水平，改善人与自然间的关系。

从IBM的案例可以看出，IBM的发展及扩张就是一部企业创新的历史，充分说明科学技术是第一生产力。因此，企业在发展过程中必须不断推动自身的技术创新，形成自身的核心技术体系；要充分发挥自主研发能力，广泛拓展国内外科研开发合作，不断提高企业的核心竞争力和抗御风险的能力。只有不断提升企业的技术创新，才能进一步推动企业技术的进步和发展。

中国是一个开放的市场经济国家，中国企业的发展必须充分结合国际市场经济的要求，提升自身的国际竞争力，这就要求企业必须转变自身的经营机制，科学构建法人机构，不断优化企业制度，进一步提升企业自身的市场生存能力。企业还要注重开拓市场，重视产品推广与品牌打造，扩大市场占有率，以优良的产品赢得市场，为企业发展开拓出更为广阔的空间。一个企业，如不自主创新，势必被时代所淘汰。企业必须坚定创新意识，唯有自主创新才是企业发展的根本动力。所以，创新是企业发展的唯一法宝。

要点5. 国家的创新战略要从我们做起

人类的创造力是与生俱来的，但是后来由于各种因素造成我们创造力出现下降。我们每一个人都具有创造性，只不过由于每个人所处的环境、知识层面及个人的认知不同而表现出不同的创造力而已。要想提高创造力，我们平时就要注意有关创造力、创新思维、创新型人格、创新责任感等方面的培养。我们要立下雄心壮志，努力研究开发出具有核心竞争力的高技术产品，努力创造并掌握好我们自己的知识产权，努力建设强大的民族高技术产业。

案例五： 比尔·盖茨（Bill Gates），是微软公司主席和首席软件设计师。少年时代的盖茨在西雅图湖滨私立中学初次接触并迷上了电脑，从此就无心上其他课，每天都泡在计算中心。盖茨上9年级的时候，TRW公司的工程师在架设西北输电网络时遇到了问题，一筹莫展。这时候，他们发现了湖滨中学计算中心的一份《问题报告书》，当场打电话给制作这份报告的两位"侦测错误大师"（盖茨和艾伦），希望他们两人能来帮助排除问题。但他们没有想到，这两位所谓的"大师"居然只是9年级和10年级的中学生！1973年，盖茨进入了哈佛大学。在哈佛，他仍然无法抵抗电脑的诱惑，经常逃课，到三年级就退学了。他深信个人计算机将是每一部办公桌面系统以及每一个家庭的非常有价值的工具，于是开始为个人计算机开发软件，创立了"Micro-soft"公司。1979年，盖茨将公司迁往西雅图，并将公司名称改为"Microsoft"。盖茨曾经不止一次地说过："微软是我永远的情人。"想当年，盖茨白手起家，创立微软公司，31岁时成为有史以来最年轻的亿万富翁，

37岁时成为美国首富并获得国家科技奖章，39岁时身价一举超越华尔街股市大亨沃伦·巴菲特而成为世界首富，被《工业周刊》评选为"最受尊敬的CEO"。微软公司上市之后，市值也节节攀高，超越波音、IBM，接着又超过三大汽车公司市值总和，直至突破5000亿大关超越通用电器（GE），成为全球市场价值最高的公司，年营业额超过世界前50名软件企业中其他49家的总和。

其实，在通往微软帝国辉煌的道路上，盖茨也经历过无数次无奈的选择。当求学、爱情、婚姻和事业发生矛盾或者冲突的时候，他都毫不犹豫地选择微软和自己的事业。就这样，盖茨凭着独到的眼光，坚信个人电脑的触角将深入未来每一个家庭中，锲而不舍，加上过人的经营头脑，终于成为IT业最具影响力的人士，至今使美国成为世界软件强国，并影响到了我们人类社会发展的进程。盖茨的创新就这样引领了世界潮流，而且强盛了自己的祖国。

实操训练

练习一：想一想，国家或企业如果不注重创新，那么这个国家或企业会形成一个怎么样的局面？

练习二：我们大家来考察一下，在你身边的成功企业是不是都有自己的创新发明的独特产品或创新的管理经验。

练习三：我们个人需要怎么样的创新训练？你是不是可以针对自己日常生活中遇到的问题而提出一个创新点子？

第三节　创新人人可为

> 处处是创造之地，天天是创造之时，人人是创造之人。
> ——陶行知

启示与原理

一个赚钱创意点子：你有没有想过用扑克牌来赚钱呢？你也许会说，一副扑克能赚多少钱？！不过如果换一种创新销售方式，你会卖得很好，你信吗？现在初中、高中、大学都有拍集体照的习惯，如果你把照片印在扑克牌上，就像美国的扑克牌通缉令一样，一下就能卖掉五十多副，价格肯定也比一般的扑克牌要贵上好几倍。而且现在市场上这种销售形式还没有见到，也比较新颖，肯定会受到欢迎。将来的销售对象还有厂矿、学校、照相馆等。另外，你也可以将以上的创新思路扩展到其他方面，例如：可以将数、理、化的知识要点印在扑克上，放在学校周边的学习用品商店中进行销售，这样可边玩边学；将公园景区可将园内的主要景物印在上面，然后把扑克当成门票销售出去，以起到宣传的作用，对于外地的游客也是一个很好的留念；可以将常用菜的照片印在扑克上，卖到各个饭店，一来可以当菜单，二来可以当成小礼物送给客人，可能会吸引到更多人等等。身边的每一个事物，只要有创意，可能就是一个商机，这并不是只有科学家或技术专家才能做到的。

说起创新，我们当中有一些人总认为创新很神秘，是专家、技术人员干的事情。还有些人觉得自己不是搞技术的，做的工作又平凡，因而没有任何创新的可能性，与创新根本不沾边。其实不然，我们每个人都可以在日常生活和工作中结合实际需要有意识地进行变革，在创新意识驱动下，只要融入创意，就能创新。

要点与技巧

中华民族全民创新之时，就是中国梦实现之期。如要人人可创新，就要先消除创新的神秘感和创新只是少数人所为的认识误区。

要点1. 创新是人人具有的潜能

创新是人类特有的能力。从生物学上来看，人与人之间的大脑差别甚微。人的大脑的神经细胞，叫作大脑皮层，它是人进行分析、判断等思维活动的神经系统中枢。任何人都有大约140亿个脑神经细胞。根据芝加哥大学的神经学家丁赫里克的计算，140亿个脑神经细胞相互之间发生沟通，可以有10的2783000次方组合，这可是一个巨大的天文数字。美国数学家冯·诺伊曼认为大脑能够容纳10的20次方单位的信息量。显然，人的大脑潜力巨大，担心自己的大脑不够用显然是多余的了。人的大脑利用率实际是很低的，一般不到百分之十，百分之九十几都白白地浪费掉了。

20世纪心理学的最伟大的发现，就是发现创造力是智力正常人普遍具有的心理潜能。天才和普通人在大脑结构上并不存在显著的差异，但他们在创造力上相差甚远，原因主要是人们对创新意识重视程度和创新实践不同。发明大王爱迪生说："天才是百分之九十九的汗水加百分之一的灵感。"有人坚持到底，一生就会有所建树。中国现代数学家华罗庚教授，自少年起，就刻苦自学，终于取得世界公认的学术成就，他说"天才在于积累，聪明在于勤奋"。

所以，人人都有创新潜能。关键是要重视创新并积极实践。

案例一： 19世纪早期，虽然当时市场上已有各式各样的收割机，但是无论农民多么需要，由于当时的美国农民实际上没有足够的购买能力，因此无力购买这些收割机。收割机发明者之一的赛勒斯·麦考密克（Cyrus McCormick）通过思考发明出分期付款购买的方式，这种方式使农民能够以未来的收入支付购买收割机的费用，而不必仅仅靠过去菲薄的积蓄。于是，突然之间，农民就有了"购买收割机的能力"。这种分期付款的方式就是当时非金融人员对金融领域里的一个创新。

上述案例说明，创新不一定必须是技术创新，可以是任何方面的创新。分期付款方式刺激了消费，任何地方只要引进了分期付款制度，它就能将当地的经济从供给驱动型转变为需求驱动型，而无需顾及当地的生产力水平如何。

研究表明，智商和学习成绩与创造力并不成正比。

案例二： 汤姆斯·爱迪生，于1847年生于美国俄亥俄州的迈兰。人们都知道他是一位伟大的发明家。但是，早年由于家庭贫困，他在父亲的木工厂做工。他一生只在学校读过三个月书，在学校期间老师说他"愚呆"，亲友们也都这样称呼他。但是他的母亲不相信这一点，亲自做他的教师，引导他去读一些书。不到12岁，他就读完了不少难读的书，他的父亲还引导他攻读过牛顿原理。他从小热爱科学，刻苦钻研，醉心于发明，正式登记的发明就有1328种，被称为世界发明大王。他的发明创造不仅靠聪明才智，而且靠艰辛的科学实践。他在发明电灯时，需要找到一种能燃烧到白热的物质做灯丝，而这种灯丝要能经受住2000度以上的燃烧；用法要简单，能经受日常使用的击碰；同时价格要低廉，保持每个灯的相对独立性。这在当时是极为大胆的设想，需要下极大的工夫去探索和试验。一些科学家都笑他是傻子，还有几个学者用数学证明他这项研究是不可能成功的。但是爱迪生却始终充满信心进行试验，光收集资料就记录了200册笔记本。为了找到合适的灯丝，他先后用过铜丝、白金丝等1600多种材料，还用过头发和各种不同的竹丝，最后选中了日本的一种竹丝，经过燃烧炭化后，成为最初的灯丝。正如他自己所说："发明是百分之一的灵感加上百分之九十九的血汗。"这种竹丝电灯使用了好多年，直到1908年发明用钨做灯丝后。

要点2. 创新无处不在

创新就在我们身边，我们每天都在享用我们前人发明与创造的成果。比如，在日常生活使用的各种产品：牙刷、牙膏、毛巾、漱口杯、水龙头、自来水、下水道、马桶、冲水装置、地漏等等，都是我们前人发明与创新的成果。所以，大家不要认为发明与创新都是在高新技术领域，神秘而遥不可及，其实创新无处不在。

案例三： 防近视桌是通过解决学生的坐姿问题而达到预防近视的目的而发明的。它是由一个小型摄像头、一个小型屏幕、一个红外线感应器、一只机械手及可伸长且弯曲的机械臂和控制器组成。当学生将自己的身高和椅子的高度输入屏幕后，控制器就会对这些因素进行整合分析，进而调节红外线感应器的高度。红外线感应器会射出人眼不能看到的光线，当使用者的头低下去时，就会挡住光线，触动红外线传感感。这时，小型摄像头会摄下你头部所在位置，传给控制器，控制器根据位置，使外附柔软面料的机械手准确地将你的头轻轻向上推，直至让你的眼回到正确位置。当你的坐姿不规范，但头没碰到光线时，如歪着身子写字，这时摄像头会拍到，经控制器处理，在屏幕上就会出现良好的建议，提示我们坐好。

这个创新发明是一个中学生做的，它的应用可以降低学生患近视的风险。

创造是人人都有的能力。如果一个人具有新设想、解决新问题的能力，那么他就具有了创造力。

要点3. 创新有规律和方法可循

前人无数的创新实践及经验教训，是后来创新者宝贵的智慧源泉。研究发现，前人的创新经历虽各有不同，却有着某些共同的过程、方法和技巧等，由此产生了专门研究与创新有关的综合性学科——创造学。创造学的出现标志着人类创新从自然王国开始走向必然王国，人类的创新活动不再神秘莫测，而是有规律、方法和技巧可遵循的。因此，创造学的出现为万众创新奠定了科学方法基础。

案例四： 互利的推销。国外有一家公司既经营鲜牛奶，又经营面包、蛋糕等食品。这家公司出售的牛奶质优价廉，每天都能在天亮以前将牛奶送到订户门前的小木箱内。牛奶的订户不断增多，公司获利越来越大。可是这家公司经营的面包、蛋糕等食品，虽然也质优价廉，但销售量一直不大。该公司老板借助于创新的原理和技巧想出了一个推销面包、蛋糕的好方法：设计并印制一种精美的小卡片，正面印各种面包、蛋糕的名称和价格，背面是订货单，可填写需要的品种、数量和送货时间及顾客的签名。每天把它挂在牛奶瓶上送给订户，第二天再由送奶人收走，第三天便能将所预定的面包、蛋糕等食品随同牛奶一起送到订户家中。以前，订户们都要自己上街去买早上吃的面包、蛋糕，不但费时费事，往往还要一次购买几天的需要量，这就影响到面包、蛋糕的新鲜程度，不如直接填写需求，让公司配送来得好。公司老板运用这种办法既扩大了销路，增加了盈利，又不失为一种便民利民之举，大受欢迎！

要点4. 努力成为创新型人才

习近平主席在《在欧美同学会成立一百周年庆祝大会上的讲话》（2013年10月21日）中说到："当今世界，综合国力竞争日趋激烈，新一轮科技革命和产业变革正在孕育兴起，变革突破的能量正在不断积累。综合国力竞争说到底是人才竞争。人才资源作为经济社会发展第一资源的特征和作用更加明显，人才竞争已经成为综合国力竞争的核心。谁能培养和吸引更多优秀人才，谁就能在竞争中占据优势。"联合国教科文组织将当代人才定义为：具备创造精神和创造能力，取得创造性成果的人。由此可见，人才资源是第一资源，而一流人才的突出标志是取得创新性成果，即创新型人才。所以，我们每个人，不论是什么类型的人才，要想更有价值，就得把创新放在首位，使自己成为创新型人才。一个创新者往往具备以下人格特征，如表1-1所示：

表1-1 创新者的主要人格特征

人格特征	特征描述
独立自主	不畏权威,思维和行为很少受他人影响,喜欢独立判断、选择、行动;敢于批判和冒险,敢于标新立异。
充满自信	乐观、开朗、自信的个体多能保持良好的心态,相信自己的理想、愿望或预见能够实现,不为别人的议论所动摇。
富于想象	善于探究,爱幻想,脑子里总有稀奇古怪的想法。
敢想敢做	富于探索精神,喜欢问为什么,爱寻找事物的各种原因和来龙去脉。
持之以恒	坚韧不拔,不屈不挠,不达目的誓不罢休,甘于孤独与寂寞,能顶住挫折与压力,能忍受冷遇与白眼。
团结协作	善于沟通理解,与合作伙伴配合默契,团结协作,共同努力完成任务。

创新者要在创新实践过程中,不断去完善自己的创新人格,使自己尽快踏入创新型人才的行列。

案例五:玛丽·居里(Marie Sktodowska Curie,1867—1934年),世称"居里夫人",法国著名波兰裔科学家、物理学家、化学家,被誉为"镭的母亲"。1903年,居里夫妇和贝克勒尔由于对放射性的研究而共同获得诺贝尔物理学奖;1911年,居里夫人因发现元素钋和镭再次获得诺贝尔化学奖,成为历史上第一个两次获诺贝尔奖的人。由于长期接触放射性物质,居里夫人于1934年7月3日因恶性白血病逝世。居里夫人在研究铀盐矿石时想到,没有什么理由可以证明铀是唯一能发射射线的化学元素。有一天,她想到矿物里是否有放射性?在皮埃尔的帮助下,她连续几天测定能够收集到的所有矿物。她发现一种沥青铀矿的放射性强度比预计的强度大得多。从此她以成吨的工业废渣作为研究对象,因为这种矿石的总放射性比其所含有的铀的放射性还要强。在此之后的几年中,居里夫妇不断地提炼沥青铀矿石中的放射成分。经过不懈的努力,他们终于成功地分离出了氯化镭,并发现了两种新的化学元素:钋(Po)和镭(Ra)。以钋命名居里夫人是为了纪念祖国——波兰,钋就是波兰的意思。让人意外的是,居里夫人在获得诺贝尔奖之后,并没有为提炼纯净镭的方法申请专利,而将之公布于众,这种做法有效地推动了放射化学的发展。在第一次世界大战时期,居里夫人倡导用放射学原理救护伤员,推动了放射学在医学领域里的运用。爱因斯坦说:"在所有的世界名人当中,玛丽·居里是唯一没有被盛名宠坏的人。"

总之,创新能力的有与无将决定一个人的发展前途,创新能力的高与低将决定一个人的事业天地的大小,创新能力的超与凡将决定一个人的勇气谋略,创新能力的显与隐,将决定一个人的目标设计。

实操训练

✎练习一：利用网络搜集整理一些普通人的创新故事。

✎练习二：利用网络搜集整理一些创新方法和技巧。

✎练习三：现在的快递业在我们的周围快速地发展，但是还是存在着很多的问题。请你尝试以一个新的模式来操作快递物流，和你周围的创新者讨论一下，看看是不是更加合理。

第二章　学会创新思维

创新能力涉及许多能力要素，但其核心是创造性思考的能力，或创新思维能力。因此，认识创新思维和提升创新思维能力，就是在提升核心创新能力。本章就创新思维的本质、特征和基本形式等进行阐述，以指导大家如何进行创造性思考。

第一节　创新思维的实质与原则

> 人的创造需要把形象思维的结果再加以逻辑论证，是两种思维的辨证统一，是更高层次的思维，应取名为创新思维，这是智慧之花。
>
> ——钱学森

启示与原理

创新思维是创新能力的核心。究竟创新思维是一个怎样的过程？它的实质和特征是什么？如何有效地进行创新思维？本节就这些问题进行一些初步的阐述。

创新思维是人类思维的一种高级表现，它既具有一般思维的特点，又具有自己的特殊性，我们所要研究的正是它的这种特殊性。例如，我们对正方形下个定义，其思维过程是这样的，首先我们通过对正方形的观察或感知，获得了如下信息：正方形有四条边，这四条边的长短是一样的；这四条边围成了一个闭合回路；四条边越长，所围成的面积就越大；边与边的夹角都是直角；正方形有不同的颜色；有的桌子是正方形的，有的窗户是正方形的等等。然后对大脑里存储的这些信息进行取舍，选择出这样三条信息：正方形是一个四边形；正方形的四条边相等；正方形边与边之间的夹角都是直角。最后再把这三条信息以特定的关系组合起来，这种关系就是一个正方形必须同时具备这三点。从而，"正方形"的概念就形成了。

现代心理学认为：思维是人脑对客观事物的间接的、概括的反映。思维过程实质上就是信息在头脑内存储、安排和组织的过程。这种认知告诉我们三个观点：第一，大脑是思维的器官；第二，思维的材料是外界输入大脑后又存储在大脑里的信息，这种信息可以是表象、知识、经验、词语、方法等；第三，思维的过程就是对这种信息进行选择、加工、组合的过程。

但创新思维毕竟不同于常规思维。常规思维是指一般人在处理、解决常规问题时所进行的思维，它主要是从过去已有的知识和经验中寻求解决问题的方案，这样的思维过程原则上不能为人类知识和经验的宝库增添新的知识和事实。而创新思维是要解决前人所没有解决的新问题或产生新的思维成果，因而它必须具有开创性和新颖性，必然没有现成的答案可以遵循。创新思维的实质是对头脑中的信息进行新的关联和重组，新颖、独特性是创新思维的根本特征。

如何去发现和提出问题？如何从已知的信息库中选择和提取出有用的信息？如何将这些被提取出来的信息进行新的联结和组合？在这些环节上最能体现出一个人的思维创造能力。而逻辑思维等常规思维主要是在新构思的评价、判断、系统、条理化阶段上发挥作用。正所谓"大胆假设、小心求证"，前者主要运用的是创新思维，后者主要体现的是逻辑思维。

要点与技巧

依据对创新思维的过程、本质与特征的认识，本节总结出提升创新思维能力的九条基本原则。

要点1. 信息的全方位摄入原则

大脑里没有信息储备，就不可能进行创新思维。一个人存储的信息范围越广博，他的思路就越开阔，因此，人们要学会信息的全方位摄入。信息的全方位摄入有两层意思：一是指知识面应宽广，即一个人不要把自己的知识局限在某个狭窄的专业领域内，而要尽可能地多接触一些其他专业领域里的知识。现在许多领域里做出巨大贡献的不是由本领域里的人，而是由外领域里的人做出的，这一事实就是一个很好的说明。二是指获取信息的途径要灵活多样，即不仅要靠书本上看或靠听来获取信息，还要学会从生活、工作实践中去感悟信息，通过观察去摄取信息。

要点2. 问题激发原则

人们经常接触大量的信息，但并没有把所接触的信息都存储在大脑里，实际上也没有这个必要。在信息的海洋里，一个人能敏感地把对自己有用的信息挑选出来，并存储在大脑里，为今后所调用，这才是最重要的。这里的关键是头脑里是否预置着要搞清或有待解决的问题。如果一个人的头脑里装着问题，那他的大脑就处于非常敏感的状态，一旦接触相关信息，就会把其中对解决问题可能有用的信息抓住不放，从而加大了有效信息的存储量，这就是问题激发原则。

要点3. 信息活性原则

信息的活性是指一则信息与其他信息之间的结合力。一则信息若越能同其他更多的信息进行联结，则它的活性就越强。储存在大脑里的信息活性越强，在思考过程中，人们就越容易对其进行重新联结和组合。促使信息有活性的主要措施有：一是打破原有信息之间的关联性；二是充分挖掘信息可能表现出的各种性质；三是尝试着将某一信息同其他信息建立各种联系。

要点4. 强化联想力原则

联想力是指一个人由此思彼的能力。联想在创新思维过程中的作用是非常重要的，存储信息的提取、信息与信息之间的联结都离不开联想的作用。联想力的高低主要表现在两个方面：一是联想的速度，二是联想的数量。每个人虽然都会发生联想，但高联想力并不是人人都具备的。人们只有经常进行专门的联想训练，才能提高联想力，为创新思维打下基础。

为了提高联想的速度，人们可以进行这样的训练：给定两个词或两个物，然后在最短的时间里由一个词或物联想到另一个词或物。如给定两个词，一个是"天空"，一个是"鱼"，那么其间的联想途径可以是：天空（对比联想）、地面（接近联想）湖、海（接近联想）、鱼。

为了增加联想的数量，人们可以这样训练：给定一个词或物，然后由这个词或物联想到其他更多的词或物，在规定的时间内，想得越多越好。联想的训练方式是多样的，可以在实践中去创造。

要点5. 强化想象力原则

想象力是指一个人在头脑里构造新形象的能力，它是思维中最富有创造性的思维方式之一。想象力虽是人皆有之，但通常人们随着年龄的增长和阅历的增加，这种可贵的想象力在逐渐下降。其原因是：人们在日常的生活和工作学习中，其思维主要是在种种条条框框及规矩之类的约束状态下进行。能灵活地将自己的知识和经验进行新的关联，即实现再组合的能力，就是创新思维最重要的机制。显而易见，对想象力进行强化训练，丰富人们的想象力，对大脑里产生新颖、独特的成果是极为重要的。

在大脑里多存储和运用事物的表象，是提高想象力的第一个条件。值得一提的是，需要将那些本无形象的概念和抽象逻辑的东西尽可能地转换为具体形象的事物，借助于图表、模型等有助于想象力发展的方式进行思维，从而充分运用和挖掘大脑右半球的功能的潜力。

发展想象力的第二条件是要善于进行独立性思维。不受他人思想左右，坚持自主思维，只有这样，思维才不受限制，让想象自由地驰骋。正像爱因斯坦那样，在思维上"无论什么规则都不要"，"不为任何人的意见所支配"。

经常进行自由式思维，是丰富想象力的第三条件。人在自由思维时，可以让思想不加限制地朝着任何方向漂泊漫游。幻想与做梦对丰富想象力是有利的。"在幻想中一个人才可以使自己离开通常所走的途径，很快就到达非理性的世界。幻想能够使人们从社会的日常生活习俗中摆脱出来"。"做梦时，对环境的戒备消除了，我们只和内心自我在一起。更为重要的是，我们对于大量涌现的梦幻内容能施加很少的约束或者就不去约束。梦自发地产生并且总是独到的"。

重视任何一种新奇古怪的念头，是强化想象力的第四个条件。在想象过程中，人们会产生许多的新奇想法，这时要善于从中发现合理因素，捕捉解决问题的"光点"。

要点6. 发散原则

创新思维的目标是解决前人未意识到的或未解决过的问题。这一目标决定了创造者没有现成的办法或模式可以搬套，唯一的途径只能是靠创造者把自己的思维触角伸向四面八方，去摸索着寻求各种可能的答案。因此，"发散性思维是创新思维的基点"。为了使思维能发散开，在设想和构思解决问题的各种方案时，创造者不要急于评价自己的方案。评价要在所能想到的方案都摆出后再去进行，过早地评价会抑制思路的展开。

要点7. 变换思考角度原则

当遇到难题、思路被阻断或没有结果时，创造者就要灵活地改变思路，从不同的角度继续思考，这是创新思维中的变换思考角度原则。常用的变换方法有：一是转移思考点，即从思考问题中的这一因素转变到思考另一因素；二是逆向思考，即按照原来思路的反向去思考，或看到一种现象后，立即想到它的反面；三是用不同领域、不同需求、不同人的眼光去思考同一问题。

要点8. 信息组合原则

假设创造者已经具备了解决问题的一切知识、经验等信息（可看成思维的"材料"），这时能否创造性地解决问题，关键是他能否根据这些"材料"之间的关联性巧妙地将其组合起来，以满足解决问题、理论及事实的需要。实际上，这种组合一般不可能一次成功，往往需要有一个反复的试错过程，这就是创新思维的信息组合原则。

要点9. 优化原则，即寻找最优方案

人们经过创新思维后，常常构思出多种解决问题的方案。这时创造者需要进一步分析各种可供选择的方案，在此基础上再通过综合和比较，最后选出某种最有希望的假设、理论模式或解决问题方案。可供选择的设想、方案越多，就越能选出相对最优的，其创造性也就越高。

实操训练

练习一：分析日光灯的工作原理，它的发光机制利用了哪些技术原理？这些原理又是如何关联起来的？

练习二：拆解一个机械式钟表，分析其结构和组成及相互关系，理解发明者的计时设计原理。（要求：拆解后要能复原）

练习三：提出几个自己感兴趣的问题，然后围绕问题去收集相关资料并自主学习。

第二节 突破思维障碍

> 突破因袭的思想乃是创造性思维中的基本因素。
> ——［英］贝弗里奇

启示与原理

1928年的某日，英国科学家费莱明走进实验室，按照惯例检查了一下用来培养葡萄球菌的培养器皿，结果发现有一个培养皿中混入杂菌。按照常规程序，这个培养皿应该处理掉，但费莱明没有忽视这种习以为常的现象。他经观察发现，在杂物的周围，原有的葡萄球菌消失了，这在当时也是很平常的事，可费莱明经过认真研究却从这一杂菌中分离出了

一种能抑制球菌生长的抗菌素——青霉素，为人类医学作出了重大贡献，并在1945年获得了诺贝尔医学奖。但早在费莱明之前，就有一位日本科学家也发现了这个现象，但他认为这是一种常见的现象，因为杂菌进入培养皿后迅速繁衍，消耗了器皿中的养分而导致球菌消失。日本学者囿于所谓"常识"，因而与这一重大发现失之交臂。

人们在日常的生活、学习和工作中，由于处在大量的常规问题情境中，因此每解决一次问题，那种特定的思维模式、方法和思路就在我们的大脑中烙印一次。随着一次次的重复，这种特定的思维过程和特点就成为了经验和习惯，以至于后来会自觉或不自觉地沿袭着先前的思维习惯思考下去。我们把这种思维称之为习惯性思维。

习惯性思维具有两面性。如果我们面临的是常规问题，即是前人或自己过去解决过的一类问题，那么用习惯性思维可以提高我们的思考效率，节省精力，避免不必要的智力浪费，这是习惯性思维具有积极意义的一面。但是，如果我们碰到的是需要开拓新的思路和方法来解决的新问题，习惯性思维只会把我们拉回到过去的思维轨道中，阻碍人们去寻求新的思路，使得新问题不能得以解决。从这个意义上说，习惯性思维又有消极的一面，我们把习惯性思维的这一消极面称为思维障碍。法国科学家贝尔纳说过："构成我们学习的最大障碍是已知的东西，而不是未知的东西。"

要点与技巧

思维障碍形同一张陈旧的"大网"，把人们紧紧地束缚在一个狭小的"空间"里，人们只有挣断它，跳出去，才有可能开辟一个新的"天地"。本节将讨论如何破除思维障碍。

要点1. 认识思维障碍的来源

案例一：18世纪中叶以前，关于物质为什么会燃烧问题，化学界一直用"燃素说"来解释。"燃素说"认为：只要物质中含有"燃素"，这种物质就会燃烧。1774年，英国科学家普利斯特列分析出了一种十分纯净的气体，这种气体完全不含"燃素"，但却能帮助某些物质燃烧。过了不久，瑞典的舍勒也分析出了这种气体，后来证实这种气体就是氧气。当时，他们本来可以利用这一发现来推翻"燃素说"，但由于受到"燃素说"的束缚，他们没有跳出原有观念的框框，硬是把这一发现纳入旧观念之中，结果把唾手可得的真理轻易地放弃掉。后来有人利用这一发现推翻了"燃素说"。

由此可见，思维障碍正是阻碍人们以新的思维模式、思路、方法和观念去认识问题、解决问题而产生新观念、新思想、新设想的一切现存事物的消极面。对此，我们应给予充分的重视。

要点2. 自觉打破头脑中的各种思维障碍

我国古代的"司马光破缸救人"故事早已被传为佳话，成为千古美谈。即使在今天，用创新思维的角度来看这一问题，对我们仍很有启发作用。通常人掉进水后，人们总是想方设法把落水者拉离水面，但这种方法对当时还是小孩的司马光来说几乎是不可能的，就是说常规方法使他陷入无法解决问题的困境。司马光就聪明在没受常规方法的束缚，而是想到了一条新的思路：破缸放水，以达到救人之目的。事实上，人们在解决问题的过程中，时常会碰到难题而陷入困境，这种困境往往是思维障碍下的困境。而攻克难题、摆脱困境的最有效办法就是超越思维障碍，用新的思路、方法和概念去解决问题。

案例二："爆破"和"医疗"本是不相干的两个概念，但现代医学成功地通过精确控制炸药量来爆破肾脏里的结石而不损坏人体组织，进而治愈病人。很难想象，人们若不是突破思维障碍，又怎能创造出这项发明来。

16世纪的波兰天文学家哥白尼，正是对长期占统治地位的托勒密的"地心说"进行大胆的挑战，突破原有的经典理论和权威，才创立了"太阳中心说"。

要点3. 认识思维障碍的常见表现

常见的思维障碍表现有：

1．**满足于已有事物的现状，缺乏问题意识，懒于思考**。具有这种症状的人，对什么事都习以为常，感到满足，缺乏发现问题的意识和能力，他们的思维基本上处于停滞状态，更谈不上进行创造。1982年我国的一些学者对在上海市举办的"第一届全国青少年科学创造发明比赛和科学讨论会"中获奖的一百名青少年进行了调查，结果表明，这些人最为突出的特征是喜欢找问题。

问题激发思维，导致创造。爱因斯坦说得好："提出一个问题往往比解决一个问题更重要，因为解决一个问题也许仅是一个科学上的实验技能而已，而提出新的问题、新的可能性以及从新的角度看旧的问题，都需要有创造性的想象力，并且标志着科学上的真正进步。"例如，伽利略的自由落体实验十分简单，既没有精巧的仪器，也没有特殊的设备。爬上塔顶把两件重量不同的物体抛下去，这件事每个人都能做到，但在漫长的19世纪中，谁也没有想到去做这个实验。伽利略却在这个千百年来无人产生疑问的地方发现了问题。

提高发现问题的意识与能力要做到以下四点：第一，培养怀疑精神。怀疑是为了破除盲从，扫除传统偏见和谬误，推动学术和科技的发展，达到追求真理的目的。17世纪法国科学家笛卡儿说过："要想追求真理，我们必须在一生中尽可能把所有事物都怀疑一次。"他的这种怀疑精神是值得学习的。第二,养成一种"每事问"的习惯。看一个事物或看一种现象,不管它是初次接触的还是司空见惯的,我们都不妨问一下"为什么",刨根究底,寻找事物的原因和规律。第三,旧事新看。打破常规的禁锢,从平凡之中见不平凡。第四,注意观察周围的事物。留意观察周围事物的不正常状态、不调和现象、缺点及不和谐,以发现需求、变化、热点和关系等。

案例三:某天,池田菊苗博士喝着太太做的热汤,发现格外好喝。于是他问太太:"今晚的汤很鲜,它放了什么佐料?"太太说:"没有什么特别的佐料,就是汤里比平时多放了点海带。"

池田菊苗从这一很平常的事中敏锐感觉到海带中一定有什么美味的成分。于是,他带了一些海带到实验室去进行分析研究。经过半年的时间,他发现了海带里含有一种物质——"谷氨酸钠",他给这种美味物质取了一个名字——味精。

后来,他又进一步发明了用小麦和脱脂大豆为原料制造谷氨酸钠的办法,为味精的工业化生产开拓了广阔的前景。

2. **先入为主,以偏概全**。这也是思维障碍最常见的表现之一。人们在对问题进行判断、分析和思考时,往往错误地将思路引导至预先认定的方向上,使得人们不能客观地、正确地思考问题;还有一种情况是:认识到了问题的某一侧面或因素,就急于下结论,完全不顾及问题的其他因素或可能。主观与草率是思维过程中的大敌,我们应切实给予注意。在我们的思考过程中和思考过后,都应不断地提醒自己一下:事情真是像我所想的那样吗?还有什么方面没有考虑到?

3. **受固有观念、思想、常识及习惯等条条框框的束缚**。是墨守常规、沿着前人的脚印向前走,还是跳出条条框框的束缚、不受拘束地去思考和探索?这是创造活动能否成功的关键。要创新,首先就要解放我们的思想,要不受传统的思想、观念、习惯、评价、感觉等束缚,敢于从新的角度、用新的方法去思考问题、研究问题和解决问题。伟大的科学家爱因斯坦在这方面为我们树立了榜样,他为了不受条条框框的束缚,曾给自己立下两条规则:一条是"无论什么规则都不要",另一条是"不为任何人的意见所支配"。

4. **思维方法僵化**。这种障碍表现为人们在思考问题或解决问题的过程中,不能根据不同的问题采取灵活多变的方法,而是死抱着固有的方法不放,甚至是明知这种方法无效,也不愿丢弃,对着问题只能"望洋兴叹"。判断一个人的创造能力的强弱,最主要的就是看他是否具有灵活的思维能力。从某种意义上说,人们是由于思维方法的创新,才促进了创造发明成果的出现和问题的解决。

案例四:通常工厂安排生产考虑的都是由前往后,即先采购原料,然后加工、组装、出厂,前一道工序决定后一道工序,前一道生产多少零件,后一道就得装配多少零件。为了保证后一道工序不间断工作,就需要有大量的零件储存,否则前面出了问题,后面就要停工待料。为此,每一个加工车间都得设置一个零件储备仓库,这种考虑明显存在着积压、占用资金和场地等问题。而日本丰田汽车公司第一任总经理丰田喜一郎,却倒过来考虑安排生产的方式,即从后往前来安排生产,社会需要什么样的汽车和数量,就规定组装车间以相应的生产规模、方式和速度生产汽车,再规定生产车间提供多少零件,最后决定采购的数量和品种。这种后一道工序决定前一道工序的生产,形成了丰田全新的现代化生产方式。这种方式现已成为现代生产的一个方向。很显然,丰田喜一郎由于思维方法灵活变化,才创造出一个现代化的生产方式。

5. **思维结论单一、绝对化**。这种障碍表现为人们在思考和解决问题时,只停留在一个答案上,不愿意再思考下去,寻求多种答案,并往往以为得到的答案是唯一正确的。这些现象在人们的学习、生活、工作中到处可见。

案例五:很多人在解题时,只满足于得到答案把题解出来,而很少去用多种方法解同一道题。如对臭味怎么看?有思维障碍的人会把结论绝对化,认为臭味对人来说总是不好的。但是在某种情况下,臭味同样可以造福于人类。"乙硫醇"的臭味极其强烈,空气中只要有五千亿分之一。人们就可以闻出来。为了发挥它这"一技之长",人们将这种极微量的"乙硫醇"放入煤气中,以通过气味来监视煤气管道是否漏气,防止发生意外事故。事实上,在创造发明过程中,真正富有创造性的成果是在多种答案和方法的比较中选择出来的。由此可见,思维结论单一化、绝对化是需要加以避免的。

6. **其他的常见思维障碍**。思考不深入,停留在事物的现象或表面;迷信书本和权威;害怕风险和失败的心理;人云亦云,遇事总希望与别人的见解一致,缺乏独到见解;影响思维灵活性、想象广泛性和判断客观性的固执己见等都是常见的思维障碍表现。

实操训练

练习1:有一钟表的字盘是用玻璃制成的,不小心掉在石头上摔碎了,碎片分别散落在6块石头上。巧得很,落在每块石头上的碎片上的数字之和正好都是10。那么,你能知道钟表上的数字是如何散落在6块石头上的吗?见图2-1。

图2-1

练习2:有一个用火柴棒摆成的漩涡状图形,见图2-2,你能移动3根火柴棒,使漩涡状变成3个正方形吗?对于图2-3,你能移动5根火柴棒,使之成为4个正方形吗?

练习3:迄今为止,你见到的最大的影子是什么影子?是大楼的影子,还是大山的影子?……

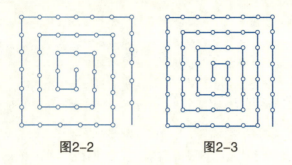

图2-2　　　　　　　图2-3

✎练习4：有一把三角尺和一支铅笔，你能用它来画平行线吗？请你试一试。但有一个条件：三角尺放到纸面上后不准再次移动，铅笔也只能一次画一条线。

第三节　扩散思维

> 正是在扩散思维中，我们看到了创造性思维的最明显的标志。
>
> ——［美］吉尔福特

📡 启示与原理

爱迪生在发明电灯泡时，碰到的难题是用什么材料做灯丝。要解决这样的难题，既没有什么经验可借鉴，也不可能从书上找到答案，只能不断地去摸索、尝试。为了解决这个问题，爱迪生尽可能地去扩散思维，凡是能想到的材料，他几乎都试过了，如试用1600余种耐热材料，6000多种植物纤维，甚至连头发丝都试过了，最终找到了比较实用的灯丝材料，提高了电灯泡的使用寿命。创造性解决问题的过程，就像一个人要在一间大黑屋里找一根针一样，在事先毫无所知又看不见的情况下，只能向各个方向摸索。摸索的方向越广、范围越大，最终找到针的可能性就越大。扩散思维就是这样一个过程。正如美国心理学家吉尔福特所说："正是在发散思维中，我们看到了创造性思维最明显的标志。"

扩散思维是创新思维的核心。所谓扩散性思维，是指围绕某个有待解决的问题，让思维尽可能地向各个方向和各个方面展开。它要求人们在考虑问题时，保持思维的广阔性，使思维的触角像"发射的电波"一样，不受时间和空间的限制，朝多个的方向去探索。

要点与技巧

要点1. 扩散思维的应用方向

1. **扩散思维就是要探索事物存在、运动、发展、联系的各种可能性。**

案例一：19世纪中叶，欧洲流行疟疾导致天然奎宁不够用，这时德国著名化学家霍夫曼便提出用化学方法合成奎宁的设想，其学生柏琴按照他的设想进行了试验。由于当时柏琴只知奎宁的化学成分，不知其具体的结构，所以试验很多次都失败了。有一次，柏琴用苯胺和重铬酸钾生成了一种呈紫红颜色的黏液，试验又失败了。但是，这次柏琴却灵机一动，想到用这种反应生成物作染料。经过多次试验，柏琴终于制成了"苯胺紫"这一首创性人工合成染料，开辟了人工制造染料这一新领域。

2. **扩散思维就是要寻求解决问题的各种方法和途径。** 上述爱迪生寻找灯丝材料就是一例。可以说，爱迪生之所以取得辉煌的发明成果，是与他的扩散思维素质分不开的。而我们现在很多人往往停留或满足于一种解决问题的方法和途径上，不愿再多寻一种办法，这是很难成功解决问题的。因为通常情况下，首先想到的办法并不是解决问题的最好方法，甚至是行不通的。创造性的方法和思路是在众多的设想中比较和筛选出来的。

案例二：在脱粒机被发明之前，谁也没有见过这种机器。脱粒机实质上就是一种使稻谷和稻草分离开来的装置。人们在开始思考如何让稻谷和稻草分离这个问题时，首先想出了各种方法，如：用手将两者分开，用木片将稻谷从稻草上刮下来，摔打稻谷，用雨伞尖顶冲撞稻穗等等。最后通过比较和选择，才制成了一种带尖刺的滚桶状脱粒机。可见，只有广泛扩散思维，才能找到开拓前进的新途径和解决问题的新方法。

3. **扩散思维就是要追求多种答案。** 人们在开展创新活动的过程中，通常首先碰到的多数是模糊性问题。问题的模糊性主要表现在以下三个方面：一是问题本身表述与理解的不确定性。例如，我们要发明设计一种多功能机床，这一问题本身就是模糊的，不确定机床有三功能还是四功能，或者更多？是车、钻、铣三功能的结合，还是铣、镗、磨三功能的结合？是小型的，还是大型的？等等。在思考之初，这些问题都是不确定的。二是解决问题方法和途径的多向性，前面已有叙述。三是问题的结论或结果的多样性，即问题有多种答案。我们在这里主要讲述第三种表现。

案例三：某些问题之所以具有多种答案，主要是因为这些问题受多种因素所制约。例如有这样一个问题：树上有5只鸟，现用枪打下1只，问树上还有几只？如果用扩散思维去思考，这个问题的答案就是多样的：若树上的5只鸟都是会飞的，打下一只鸟后，其他的鸟受到惊吓飞走了，那么树上就一只鸟也没有了；若树上的另外4只鸟都是不会飞的小鸟，那么树上就还有4只；可能的答案还有1只、2只、3只、4只等。这个问题中的5只鸟是什么样的鸟，有几只会飞几只不会飞，打鸟的枪是有声的还是无声的,其他的鸟是受到了惊吓还是没受到惊吓,这些因素都会影响问题的答案。

由此可见,我们在对问题进行扩散性思维时,不要满足于得到一种答案,而要尽可能地多考虑几种答案。

4.扩散思维就是要比较各种方案,从中选择最佳方案,达到优化思考的目的,实现有水平的创造。扩散思维与优化思维是互相依赖的,扩散思维是优化思维的前提,而优化思维则是扩散思维的最终目的。在创造的过程中,人们经过扩散思维提出的设想数量越大、范围越广,则其中有价值的设想就越多,而创造性也就可能越高。

案例四:在我国古代宋朝时期,有一次皇城失火,皇帝宋真宗赵恒命令大臣丁谓去负责修复。这是一个十分浩大的工程,预计要25年才能完成。在这项工程中,有三件事是最费工费时的:一是需要大量的砖;二是需要大量的木材;三是要把大量的废墟杂土运走。这三件事都存在着运输路程远、旱路运输困难的问题。丁谓考虑了多种设想,经权衡比较,最终选择了这样一个方案:首先将皇宫前的大街挖成人工河,用挖出的土就地烧砖,这就省出了从外地运砖的时间;然后将皇城附近的汴河水引入人工河,用来把外地的木材从水路运到京城,从而解决了木材运输困难的问题;最后等皇城修复后,再把建筑垃圾填入人工河,恢复大街。结果,丁谓仅用7年时间就完成了这项巨大的工程,并且节省了大量的人力、物力、财力,这就是优化思考的典型事例。由此可见,能最大限度地节省时间和空间,以最小的代价换取最好的效果,这是最佳选择的标准,也是高创造水平的要求。

要点2.扩散思维的基本特征

扩散思维一般具有的基本特征是:流畅性、灵活性、独创性。

1. 流畅性是指能在短时间内迅速作出众多反应的能力。

案例五:有4根火柴杆,用它们作任意的组合和排列,但组合的结果在数值上要等于1,你能找出多少种组合方法?对于这个问题,有的人只能找到少数几个答案,但扩散思维流畅性好的人,在短时间内能迅速给出许多答案,如:

(1)把4根火柴杆捏在一起竖着放,得阿拉伯字1;

(2)把四根火柴杆捏在一起横着放,得汉字一;

(3)把火柴杆按下列方式竖着放,可得以下6种摆法:

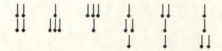

(4)把火柴杆按下列方式横着放,又得以下6种摆法:

(5)2减1:汉字"二一一";

(6)1等于1:阿拉伯字"1=1",汉字"一 = 一";

(7)1乘1:1×1;

（8）根号1；

（9）绝对值：|-1|；

（10）分数：1//1；

（11）分数与指数的结合；

（12）指数：1^{111}，1^{17}，1^{71}，1^{+1}；

（13）负指数：1^{-11}，1^{-7}。

2. **灵活性是指思路开阔，善于随机应变的能力。**

◆ **案例六**：曾有一支探险队，历经千辛万苦来到南极。为了铺设一条输油管道把船上的汽油输送到基地，大家齐心协力把一根根铁管连接起来。眼看管道就要接通了，大家突然发现铁管不够用了，基地再也找不到管子。看着尚未接完的管道，大家不知所措。

这时，有个聪明的探险队员突然灵机一动："为什么我们不可以用冰来做管子呢？"只见这个队员从基地仓库里翻出许多医用绷带，然后把它们缠绕在一根铁管上，用水浇上。待水刚结冰时，再把绷带"冰管"轻轻地从铁管上抽出来，继续再淋上水。当水结成冰冻结实后，一根绷带冰管就做成了。探险队员们如法炮制，最终完成了输油管道的铺设。

其实，我们很多人在解决问题时都会遇到束手无策的情况，不能开阔思路根据具体问题去寻找一条巧妙解决问题的办法，而是受所学专业或习惯的影响，死板地去考虑问题，这怎能提高解决问题的效率呢？由此可见，灵活性是扩散思维的"灵魂"。

3. **独创性是指主体能作出不同寻常的新奇反应的能力。**思路、方法、见解与众不同和唯我独有就是独创性的具体表现。创造者们都深谙这样一个道理：没有新的见地，没有独到之处，没有独特方法，没有新奇的效果，创造便会黯然失色。独创性就是扩散性思维的魅力所在。

◆ **案例七**：我国的多功能发电机的发明，荣获第37届布鲁塞尔尤里卡世界发明博览会一级骑士勋章，被列为世界重大发明。此项发明之所以得到如此殊荣，是和这项发明具有一系列的独创性分不开的。这种发电机的独特性表现在：它的重量和体积只有同功率发电机的1/10，而能量转换效率为80%～90%，比目前一般使用的发电机高出10%～20%；它不仅能发380V和220V交流电，也能发出0～50V直流电，电频高低可以是工频，也可以是中频，电压可调。这项发明的技术独到、方法独特、功能新奇的特点使专家们惊呼：这一突破"预示着世界范围能源技术和机电技术的一场大变革，具有划时代的意义"。

要点3．提高扩散性思维素质

那么，如何提高我们的扩散性思维素质呢？主要靠两方面：一方面要有宽广的知识面，另一方面要有意识地进行扩散性思维训练。

宽广的知识面可以使人们思路灵活。因此，人们要注意培养广泛的兴趣，尽可能地从各个方面去吸取信息和知识，重视在各种环境下的实践。

进行扩散性思维训练是提高人们扩散思维素质的最有效手段。其训练途径大致有三种：

第一种是在生活、学习和工作实践中去锻炼，每思考一个问题、认识一个事物或处理一个问题时，都要力求做到扩散在先，养成习惯。

第二种是经常进行设计性问题的扩散思考训练。如假如没有了月亮会怎么样？

第三种是进行事物要素扩散训练。一般从材料、功能、结构、形态、组合、方法、因果、关系八个方面扩散开，进行具有集中性的多向、灵活、新颖的扩散训练，以提高扩散思维的能力。具体内容如表2-1所示。

表2-1 要素扩散训练表

扩散点	训练内容
材料扩散	以某个物品作为"材料"，以此为扩散点，设想它的多种用途。
功能扩散	以某种事物的功能为扩散点，设想出获得该功能的各种可能性。
结构扩散	以某种事物的结构为扩散点，设想出利用该结构的各种可能性。
形态扩散	以事物的形态（如颜色、形状、音响、味道、明暗等）为扩散点，设想出利用某种形态的各种可能性。
组合扩散	从某一事物出发，尽可能多地设想它与另一事物（或一些事情）联结成具有新价值（或附加价值）的新事物的各种可能性。
方法扩散	以人们解决问题或制造物品的某种方法为扩散点，设想出利用该方法的各种可能性。
因果扩散	以某个事物发展的结果作扩散点，推测造成此结果的各种原因；或以某个事物发展的起因为扩散点，推测可能发生的各种结果。
关系扩散	从某一事物出发，尽可能多地设想它与其他事物的各种联系。

实操训练

练习1：在轮船的旁边挂着一个绳梯，第九节以下全在水里，这时湖水正以每小时40厘米的速度上涨，假设绳结之间的间距为30厘米，问过多长时间，湖水就能上涨到第十三节？

练习2：在某一个考场里，考生们正进行着一场紧张的考试。考试结束后，老师发现有两份答卷完全相同。事实上，考生们决无作弊的可能，假定这不是偶然的巧合，你能知道这是怎么一回事吗？

练习3：有两人打乒乓球，不巧球掉进地面上一个小洞里。洞口直径只比乒乓球略大一点，洞很深且弯弯曲曲，地面是水泥地，很难开挖。请你想想，有什么好办法能将乒乓球从洞中不损坏地取出？

✏️练习4：有6颗围棋子，3颗一排，横斜共排成3排，如图2-4所示。你能移动其中的1颗棋子，使之变成3颗1排共4排的排列形式吗？

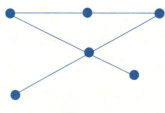

图2-4

✏️练习5：有一条河，河宽为150米，两岸有A、B两处，如图2-5所示。请问：怎样架桥才能使人从A到B间的距离最短？注意桥梁不能斜架。

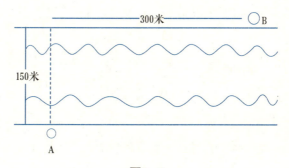

图2-5

✏️练习6：你能尽可能多地写出或说出圆珠笔可以同哪些东西组合在一起吗？

第四节　变角度思维

> 科学是在不断改变思维角度的探索中前进的。
> ——［意大利］伽利略

📡 启示与原理

创造发明的历史告诉我们，在创造的全过程中，最富有创造性的地方有两处：一是如何从繁杂的客观事物和现象中发现令人激动的有价值的新问题；二是如何解决所提出的问题，甚至是难题。在这两处所运用的思维主要就是变角度思维。1877年，爱迪生在一次改进电话时，由于耳聋听不见声音，就用手去触摸传话器，这时他清楚地感受到音膜随着声音有规律地颤动。爱迪生头脑里的思路突然发生了变化,提出了一个人们意想不到的问题:声音既然能使音膜振动,那么同样的振动能否发出原来的声音呢?在这种设想的启示下,爱迪生终于发明了世界上第一台会说话的机器——留声机。这项发明最初的新奇设想是由爱迪生的思路反转变化所产生的。提出问题与解决问题,尤其是难题,更是要靠思路的变换。例如,早期的电灯泡在使用不久后,灯泡内部就发黑。人们开始解决这个问题的思路是尽最大可能地把灯泡内部抽成真空,可是发黑问题仍然存在。后来,米尔兰博士改变了思路,不是把灯泡抽成真空,而是向灯泡内充入某种气体。经过实验,人们最后确定用氩气替代真空,解决了灯泡发黑的问题。由此可见,从某种意义上讲,难题只是某种思路和方法下的难题,如果思路和方法变了,难题也就不难了。所以,当人们思路闭塞、想不出解决问题的办法时,或在解决某一问题的过程中遇到障碍与挫折时,或者感到问题解决得不理想时,只要及时灵活地调整思路,改变解决问题的途径和方法,就能步入"柳暗花明又一村"的新境地。

变角度思维是指从不同的角度去思考事物,并将思维焦点指向事物的不同要素或关系。变角度思维是创新思维的"灵魂",因为它是创新思维的实质所在。正因为有了变角度思维,人们在思维过程中才能超越心理上的障碍,摆脱常规、传统和习惯的束缚。通过变角度思维,人们的思维才表现为发散性和多样性特征。也正是依靠变角度思维,人们才能在大千世界中不断地发现问题、提出问题和解决问题,为创造新事物开辟了道路。

要点与技巧

要点1. 变换思维焦点

变换思维焦点是指在思维过程中去考虑事物的各种表现、特征、构成要素及相互关系,该事物与其他事物的多种多样的联系,或是从思考事物的这一点转向思考事物的那一点,这里指的事物就是思维的对象。依据系统论的观点,我们可以把思维对象抽象表示成如下的图式,见图2-6。

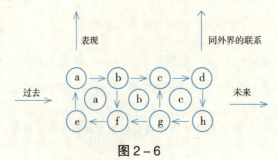

图2-6

图中的方框表示思维的对象——客观事物，这一事物处在一定的时空中，有它的过去、现在和将来，并与其他事物存在于同一时空中且发生着多种多样的联系。图中的圆圈表示构成这一事物的要素，这些要素有的是独立的，有的是相互作用的。图中的箭头线表示相互作用、联系、发展变化等。由此可见，思维对象是一个复杂的内外构通的多因素系统。认识到这一点，我们在思考具体问题时，便可以及时灵活地把思维点从这一点转向另一点。如果不对思维对象进行如此分析，不了解思维对象的各个方面，想要变换思维点那就只是一句空话。

通过变换思维点而显示出创新思维能力的事例，在古往今来的科学发明史上屡见不鲜。例如：我国古代有一个脍炙人口的故事——曹冲称象。由于当时没有能称几千斤重大象的秤，很多人便无法去称量大象。而曹冲就将思维点从大象身上灵活地转向与大象等重的石头上，用许多可以称量的石头去替代大象，最终解决了别人解决不了的称象问题。

案例一：法国化学家巴斯德在研究如何治疗鸡霍乱病时，将培养的霍乱病菌注入鸡体内，鸡很快死去。因此，为了研究，人们就得培养出霍乱菌苗，注意力自然集中在培养与天然霍乱病菌有一样毒性的菌苗上。可有一次，巴斯德在给鸡注射霍乱菌苗后，鸡并未死，经检查发现，这次菌苗是过期失效的，毒性大大下降了，同时鸡产生了抗菌效应。这一现象引起了巴斯德的关注，他立即把思考点和研究方向转向这上面，结果发现了减弱病原体免疫法原理。就这样，巴斯德通过变换思维焦点发现了极其有价值的新问题、新领域。

变换思维点还可以变害为利，帮助人们走出困境。

案例二：在一家德国造纸厂里，某技师一次因为在造纸工序中忘记了放糨糊，结果出现了大量的废品。这种废品纸根本不能用来写字，墨水一沾上纸，就糊了一大片。这位技师非常紧张，作好了被解雇的思想准备。可他的一位朋友听说此事后，帮他出了主意。经过研究，他们将思考点转到这种纸的吸水性上。他们利用这种纸的吸水性将其作为吸墨水纸用，由此开发了纸的一个新品种，并申请了专利，为这家造纸厂带来了很多的利润。

能灵活地变换思维点的人，有三个突出特征：一是思维的高灵敏性，即在思考问题时，能及时地抓住那些不易引人注意或人们意想不到的要素；二是善于根据具体的时间、地点、条件，选择不同的思考点；三是思维的全面性，即在考虑问题时能注意问题的各个方面，这样变换思维点才可游刃有余。

案例三：一个农场养了许多鹅，如何开发才能提高鹅的经济价值呢？首先，我们在思考这个问题时要全面分析鹅的各个方面，如鹅肉、鹅毛、鹅肚杂、鹅的废物和鹅的蛋及粪等。其次，我们把思维点分别指向鹅的不同方面进行深入思考。这样，我们就有了对鹅的众多开发设想：在鹅肉方面，我们可以通过全面抓好育肥、宰杀、加工、冷藏、包装、运输等各个环节，把好质量关，制成色白、肉嫩、体大、膘肥的高档食品。在鹅毛方面，我们可以把鹅毛分类，以提高鹅毛的利用价值。每只鹅只有15根左右的刁翎，因其价格较贵，可直接将它们集中运到市场上出售；鹅的窝翎可用来做羽毛球；鹅的尖翎可用来做鹅毛扇；鹅的绒毛色白、蓬松、保暖，可用来制作羽绒衣、被枕、鞋、手套等多种产品。在鹅的肚杂方面，鹅血可用来制成鹅血粉，以作饲料添加剂；鹅油经过加工后可提供给食品厂；鹅胆可供应给有关厂家作胆膏或提取胆红素；鹅胰可供给化工厂提炼药物；鹅肠黏膜可用来提取肝素钠。在鹅的废物方面，鹅掌皮、鹅嘴皮可给医药部门作原料。在鹅粪方面，我们可以将其用来加工成饲料或提取工业酒精等等。

要点2．从不同的角度去思考事物

这里的"角度"是指人们思考问题的出发点、立场、需求、目的、观念、知识、经验、前提等思维背景。人们在思考问题或者看待事物时，无一不是在一定的背景下，而且背景不同，思考同一问题的结果往往也不同。就拿看待同一块石头下落的现象来说吧，各人思维的角度不同得出的解释或结论也很不一样，如：亚里士多德看到的是"石块趋于它的自然位置"；伽利略看到的是"石块与天体一样作圆形运动"；牛顿看到的是"石块在引力作用下直线下落"；而爱因斯坦则看到"石块在力场中沿黎曼空间走最短路程"。客观事物之所以会在不同的思维中有不同的反映，主要是因为客观事物本身具有多种属性和大脑对外界信息进行加工的不同。

1．从不同的角度去思考事物。其目的不外乎有两个：一是通过多角度、多侧面的思考，全面而完整地把握思维对象。瞎子摸象的故事揭示的道理就是：一个人只从某一侧面去认识事物是不全面的，只有将多侧面的认识综合起来，其认识才能接近真实的事物。二是通过多角度、多侧面的思考，开拓解决问题的各种可能的方法和途径，最终达到较好地解决问题的目的。

案例四：在第一次世界大战期间，很多伤员患了"战争神经症"，当时用吃药打针的传统治疗方法收效甚微。因此，有人就多方搜寻治疗方案，后来从心理治疗的角度精心地设计了一个治疗方法：将患"战争神经症"的伤员安放在一个特殊的房间及色彩环境中，通过和谐、平静的心理感受来治疗病员。实践证明收效很好。思维角度的变换，带来了解决问题的新途径。

2．**思路宽和思路转换灵活是从不同的角度去思考问题的两项优秀标志**。思路宽是指一个人思考问题的路数多，这主要取决于一个人的知识、经验、阅历的宽广程度。从历史上看，大多数取得突出业绩的人都有广博的知识和广泛的兴趣爱好。如伽利略喜欢绘画、音乐，还常常兴致勃勃地制作玩具；巴甫洛夫喜欢读小说、划船、集邮、绘画和种花；达·芬奇既是物理学家、工程师、数学家，又是著名的画家；我国古代的科学家张衡、祖冲之、李时珍，现代的科学家李四光、华罗庚、苏步青、钱学森等都有深厚的文学根底，能诗善赋，爱好书法、音乐等。现代科学发展更加要求人才是博专结合型的，不仅要学习本专业知识，而且要兼学一点其他专业的知识。

思路转换灵活是指能根据问题的需要及时地从这一思路变换到另一思路上去。思路宽是思路转换灵活的必要前提，但思路宽不一定就表示思路活。有的人尽管思维的路数很多，但一旦采用或沿着某条思路思考下去后，就很难再改变思路。所以说，思路宽和思路活既有联系，又有区别。

案例五： 早期的圆珠笔有一个毛病，就是当圆珠笔写了两万字左右时，由于笔珠磨损，空隙变大，笔油便漏了出来。当时，各个制造圆珠笔的厂家都组织技术力量来解决圆珠笔的漏油问题，但每个人都将思路放在解决笔珠耐磨性上。按照这种思路，如果笔珠采用高耐磨性的材料，那么笔头也得采用高耐磨的材料，但这样就增加了制造成本和加大了生产工艺的困难，很不合算，为此许多公司准备停止生产圆珠笔。就在这时，日本的中田藤三郎及时地变换了思路，把思路由解决圆珠笔的耐磨转向控制圆珠笔的油量上，结果巧妙地解决了这个问题。他的解决办法是：既然圆珠笔写了两万字左右后才开始漏油，那么厂家生产笔时就减少油量，等圆珠笔开始漏油时，油正好用完。由此可见，在解决问题时，特别是碰到棘手的问题时，灵活地变换思维角度是多么重要！

3．**在变换不同的角度思考问题时，常见的变换形式有七种。** 了解这些变换，有助于我们在思考问题时有意识地去变换思路。具体内容如下表2-2所示。

表2-2 常见思路变换表

变换形式	常见思路变换表
新旧变换	碰到老问题要试着用新眼光去思考，遇到新问题要用熟悉的眼光去看待。
远近变换	解决这一领域内的问题，要试着用其他领域里的原理、方法及观念去思考；或者，反之。
直曲变换	直线上的问题能否转换到曲线上去解决，反之亦然；或者是难以直接解决的问题能否转变以迂回的办法去解决。
面体变换	二维空间里的问题，转换到三维空间里去解决，反之亦然。静动变换是指：静的事物能否转换到动态上去考虑，反之亦然。
分合变换	部分与整体，分散与综合是否能转换着去考虑。
纵横变换	对问题的深入思考或时序思考能否转换到与其他事物的平行关系上去思考，反之亦然。

要点3．根据具体情况去调整思维的方向或顺序

例如，法拉第在听说电能生磁的时候，他却提出了一个相反的问题：磁能否生电？后来经过长期的实验研究，他终于发现了电磁感应定律，使得物理学向前发展了一大步，同时带来了一系列电力技术的发明。法拉第的这种思维方向的反转变换，就是思维方向的一种调整，也是变角度思维的一种重要形式。

人们在思考问题时,若能积极、大胆地把思维方向引向倒转,从别人思维的相反方向或相反顺序去考虑问题,往往能取得突破,达到意想不到的效果,作出创新和创造。

案例六: 从前国外有一位叫滨里的人,爱好打高尔夫球,经常在家里和楼道上练习打高尔夫球。为了取得和在草坪上打球一样的效果,他买来了地毯铺在水泥地上,球在上面滚动果然和在草坪上一样。可是用地毯价格太昂贵了,怎么办呢?有一天,他突然反转了一下思路,想到:毛本来是在地毯上的,若毛在高尔夫球上会怎么样?经过试验证明,这种带毛的高尔夫球在水泥地上及木板地上滚动,就和在草坪上滚动的效果一样。就这样,滨里发明了有毛的高尔夫球,为练习打高尔夫球寻找到一条简易、经济的途径。

物理学家开耳芬在了解到巴斯德发明了高温灭菌法后,也是通过反转思考方向,提出低温杀菌的设想,进而发明了冷藏"新工艺"。其实这种反转思考,或称逆向及反向思考,在日常生活、学习中都是经常可以见到的,像数学上的反证法也是一种反向思考的运用,只不过人们在思考问题时,通常不能自觉地利用这种思维方式。人们要想在思考问题时能及时地调整思维的方向和思维的顺序,就得注意事物的上与下、左与右、前与后、因与果、正与反、表与里等之间的相互转换及调整。

至此,我们已了解了变角度思维的实质及三个要点,只要我们能重视对它的掌握和训练,在日常生活、学习和工作中积极地运用和实践,就一定会提高我们的创新思维能力以及提出问题、分析问题和解决问题的能力。

实操训练

练习1: 现有一块红砖,给你两把直尺,你如何用这两把尺测量出砖的顶点A到顶点B的长度?如图2-7所示。

练习2: 用5根火柴摆出两个等边三角形,这是很容易的一件事,如图2-8所示。如若再多给你1根火柴,你能用这6根火柴摆出3个与之同样大小的等边三角形吗?

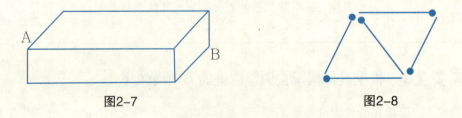

图2-7　　　　　　　　　　图2-8

练习3: 假设现在给你1根粗细相等的透明软塑料管,并在里面装入7个直径略比管子内径小一点的弹子球,最中间的一个是黑球,两边全是白球,如图2-9所示。你能不倒出白球而取出黑球吗?但不许破坏管子。

图2-9

练习4：从前有一个老国王临终前，准备把自己的王位传给自己两个儿子中的一个，这就要看谁更聪明，于是国王出了一道题来考考这两个儿子。老国王给老大一匹白马，给了老二一匹黄马，并对两个儿子说："你们现在驱马到10里外的一口井，谁的马后到那儿，我就把王位传给谁，但时间不得超过两个时辰。"老大、老二听说后，都慢条斯理地磨时间，谁都不愿先走，把马栓在一边，一个睡着，一个坐着。很快，一个半时辰过去了，双方都没有动，这时两人又都急了起来。虽然两人心急如焚，但行动上却是悠闲自得。如果你处在当时的情景，可有什么好办法尽快结束这场比赛？

练习5：有一位胃癌患者，现在要对他进行放射治疗。可是，如果用强射线照射，虽然能杀死癌细胞，但对其肌体的正常细胞产生破坏作用；而如果用对健康细胞组织不产生伤害作用的弱射线，则对杀死胃部癌细胞又毫无作用。请问你会怎么办？

练习6：有一个人通过一个吊桥进入一座久无人烟的古堡中游玩，正当他返回时，刚踏上吊桥2米，由于吊桥年久失修，承受不住他的重量，眼看就要坍塌，这个人只好又退回古堡。此人又不会游泳，因此无法从河中渡过去，附近也无人援助他。就这样，他一个人在古堡中呆了20天，整天思考着如何通过吊桥。到了第21天，此人终于通过吊桥，回到家里。请问：他是如何通过吊桥的？

第五节　想象思维

> 想象比知识更重要，因为知识是有限的，而想象力概括着世界上的一切，推动着进步，并且是知识进化的源泉。严格地说，想象力是科学研究中的实在因素。
>
> ——爱因斯坦

启示与原理

在人类创新史上有很多依靠想象驱动创新的事例。比如：人们曾一直想象着能像鱼一样从水中获得氧气。按照这种愿望和想象，经过努力，人们终于发明了一种"血海绵"，可以从海水中吸收氧气，供潜水员或潜艇使用。除此之外，人类还有很多美好的愿望和想象，例如：能翻译出动物叫声的"叫声翻译机"；能自动翻译外文的翻译机；能让人不睡觉而又不影响身体健康的注射液；能让人通过吃而掌握知识的"知识、信息食物"；能使个人自由飞行的"飞行鞋"等等。

想象力是创新思维的翅膀。借助于想象，人们可以不受已知的限制，充分地展开思维，去发现那些尚未被人们所认识的事物。借助于想象，人们可以像魔术师般地变化出无数的美好东西。

所谓想象思维，是指人们能在已有认识的基础上，借助于记忆中的表象，在大脑中构成新的事物和形象的思维。没有想象力，一般思维是不可能升华为创新思维的。可以说，任何科学发现、发明、文艺创造等，都离不开想象。早在古希腊，亚里士多德就指出了想象力是发明、发现及其他所有创造性活动的源泉。近代最伟大的科学家爱因斯坦在科学上建立了伟大的功勋，他深有感触地说："想象比知识更重要，因为知识是有限的，而想象力概括着世界上的一切，推动着进步，并且是知识进化的源泉。严格地说，想象力是科学研究中的实在因素。"

想象作为创新思维的一种重要形式，在各种创造性活动过程中起着不可缺少的重要作用。

要点与技巧

科学发现是人类的一种重要的创造性活动。这种活动的性质是去认识尚未被人们所认识的客观事物，发现新的联系，揭示新的规律。在这种活动过程中，人们往往只是在掌握了支离破碎的片断事实情况下，就要对客观事物及其规律进行探索。显然，在这种情况下，人们无法靠逻辑推理、抽象思维形式去客观地认识事物或揭示规律，而只能去借助于想象这种人类所独有的思维形式。

要点1．猜想

猜想是指人们发挥思维的能动性，对事物的发展进程、表现、存在和未知关系进行预测、设想的一种思维形式。

案例一： 荣获过诺贝尔奖的遗传学家摩尔根，有一次在研究过程中，突然产生了这样一个大胆的猜想：海水的酸度可能是增进某些海底生物生殖力的主要原因。这种猜想促使他立即去做实验。当时他找不到酸，就从附近的商店买了几只柠檬，将柠檬汁挤进实验用的养鱼缸内。实验结果证实了他的猜想是正确的。

通过猜想引导我们发现新的事实，补充缺少的事实，通过猜想设想可能存在的联系，激励我们作出新的努力，这就是猜想在科学发现过程中的作用。事实上，取得新的认识成果的过程往往是先有科学家的某种大胆的猜想，然后小心求证，最后付诸验证，获得真理性认识。

要点 2．直觉

直觉是一种未经有意识的逻辑思维而直接获得某种认识的思维形式。爱因斯坦说得好："没有什么合乎逻辑的方法导致这些基本定律的发现，有的只是直觉的方法，辅之以对现象背后的规律有一种爱好。"

案例二： 大科学家阿基米德在测定金冠掺假问题时，久经思考，也想不出用什么方法来解决。有一天，他泡在浴盆里洗澡，随着身体没入水中，水溢出了澡盆。这一情景突然触动了他。他忽然想到：在重量相同的情况下，掺假的金冠的体积要比纯金金冠的体积大（因为金子比重大），这样，只要把金冠没入水中，看排出水的体积与同等重量的纯金在水中排出水的体积是否相等，就可断定金冠掺不掺假了。就这样，阿基米德终于解决了金冠难题，同时还发现了浮力定律。

由此可见，直觉是指在面对问题时，在潜意识的作用下对某一问题的直接感悟，或某一创造性观念和思想的突然降临，又或对某种难题的突然解决。这种直觉思维是一种从思维素材直接到达思维结果的一种特殊思维方式，其过程并非经过严格的逻辑推理，实际上这是一种下意识的想象作用。

要点 3．假说

假说是想象在科学发现中的另一种重要表现形式。在科学发现过程中，人们通常经过实验、观察和收集前人的研究成果，获得了一系列不完整而又孤立的事实。那么如何根据这些有限的事实来揭示客观事物的本质和规律呢？从科学理论的形成过程和认识成果的完成过程来看，其基本方法和步骤是：根据已有的事实，对客观事物的本质和规律提出初步的合理假设；然后经过尽可能多的实验检验和理论论证，如果假设成立的话，假设就发展为结构比较完整的科学假说，如果不成立，就重新修正假设；最后，科学假说在实践检验过程中不断得到修正、完善，逐步靠向真理，转化为确实可靠的科学理论。

案例三： 德国气象学家魏格纳创立"大陆漂移说"就是经历了这样的假说过程：他先是根据地图上的大西洋两岸轮廓线非常吻合这一事实，大胆地提出大陆以前可能是一整块陆地，后由于某种原因漂移开来的设想。在这一设想提出后，他毅然放弃了自己的气象专业，改行到陌生的地球物理领域，进行了艰苦的学习和广泛的事实收集。他不仅根据海岸形状这个事实，还从力学原理、地质、古气象学、古生物学、生物学、大地测量学等学科方面，对他的大陆漂移假设进行了广泛而深入的科学论证，最终证实了他的设想是对的。到1915年，他出版了划时代的著作《海陆起源》，从而确立了他的"大陆漂移说"理论。

这一案例告诉我们：先依据某些事实，提出大胆而合理的设想、假定，然后进行充分论证形成假说，最后经过长时间的实践检验而发展成为理论，这是科学发现中的一般过程和方法。

要点4．思维"实验"

思维"实验"是想象在科学研究中又一重要作用表现。由于人们在认识世界的过程中，有时不可避免地受到当时的时代背景及技术条件的局限，从而无法直接接触或体验客观事物的真实时空情况。在这种情况下，研究者们往往借助于非凡的想象去"操作"人们无法达到的那个时空领域里的事物，以揭示问题的本质及内在联系，这就是所谓的思维"实验"。

案例四： 大科学家爱因斯坦在16岁时产生过这样一种想象："如果我以速度C（真空中的光速）追一条光线运动，那么我就应看到，这样一条光线就好像是在空间里振荡而停止不前的电磁场。"正是凭借着这种非凡的想象力，他后来创立了"相对论"，为人类的科学进步作出了伟大的贡献。牛顿也曾做过这样一个思维"实验"：一块石头，沿水平方向抛出，这个石块最终是以曲线方式落回地面；若初速度越大，这个石块就落得越远；设想这个水平抛出的初速度不断地增长，以致于这个石块落向地面的曲线与地球表面的曲线相平行时，这个石块将绕着地球做圆周运动，而不再落回地面。这一思维"实验"后来为人造地球卫星的发射奠定了理论基础。

由此可见，人们在实际自然界中无法进行的实验，可以借助于想象在头脑中进行，进而达到认识世界的目的。这也是科学研究的一个重要方法。

要点5．幻想

幻想是指对未来并和人们的愿望相结合的一种想象。人们的幻想与美好的愿望一直是那些最大胆、最新奇的发明课题的来源，它激励着人们不断地追求和创造。达·芬奇是15世纪意大利著名的科学家，他就曾经幻想过人怎样能飞，并为此做了尝试：他设计了一种人力飞机——扑翼架，人趴在上面，手脚一起用力，扑翼架上装有羽毛的扑翼就会像鸟的翅膀一样扑动起来，扑翼架连同人就会一起飞起来。尽管这个设计失败了，但是这种幻想一直激励着人们实现它。这种幻想现在早已成为现实，有人靠人力飞过了英吉利海峡。列宁说过："幻想是极其可贵的品质。"人们应该注意提升自己的幻想能力。有时，我们可以不考虑任何现实性和可能性，让自己的思绪不受任何约束，去幻想一些有趣的或令人喜欢的东西，最后可能会发现，其中有些想法略加修改后并非不能实现，往往能成为发明课题。

案例五： 在第二次世界大战以后，英国有个叫克里斯托弗·科克雷尔的人，他办了一家制造小艇的公司。他知道，要提高船的航速，必须减少水的摩擦阻力。他幻想着小艇要是能漂浮在水面上而不与水接触，中间隔一层空气就好了。显然，这几乎是不可能的，因为空气会一下跑掉。可是，科克雷尔并没有放弃这一幻想，而是不断寻找实现的办法。有一天，他把两只罐头盒互相套着，大的套小的，口朝下放着，通过一个孔向两只罐头盒的夹层通气，结果两只罐头盒在地板上浮了起来。由于不断充气的夹层形成了一个环状"气幕"，大大减慢了空气逸散的速度。最后，他找到了解决问题的关键，使幻想变为可能，最终他制造出了气垫船。

要点6．组合思维

创造的原理是信息的分解和再结合，即把集中起来的信息分散开，以新的观点和关系再将它们重新组合起来，就会产生新的事物或方法。这种原理表现在思维上，就是组合思维，也是一种想象思维。

案例六：留声机就是将人们非常熟悉的不同性质的事物进行重新组合而制成的。1877年的某一天，爱迪生画了一张奇怪的图纸，交给他的包工约翰·克留西去制造。制造出来的机器就是人类第一台可以记录和重放声音的新奇留声机。当爱迪生把这台"会说话的机器"带到《科学美国人》杂志编辑部去表演时，观看的人群几乎把楼板都踩蹋了。谁都没想到，这种新奇的机器，却是由一些圆锡纸筒、螺旋杆及带有尖针的薄膜圆头等几件平凡的东西组合制成的。

由此可见，把已有的东西分解成各个要素，再以新的方式有选择地重新结合起来，是创造新事物和新方法的重要思维形式及方法。

综上所述，想象是通向未知领域的必由之路，是知识进化的源泉。想象力能帮助人们发现不相关事物之间的联系，使人们能够由此及彼、举一反三地想到更远的东西。那么，培养想象力有什么技巧呢？

首先，我们要积极主动地去感知周围世界的各种形象，并把大量的形象储备在大脑中。实践告诉我们：对周围世界的事物形象掌握得越多，想象就越容易、越丰富。

第二，当形象储存在大脑里后，我们要及时地把原有的形象分解成各个形象要素。也就是说，我们要打破已有的形象结构和体系，为今后抽取形象片断作准备。

第三，富于联想是培养想象力的有效方法。我们要借助于相似、接近和相反等联想规律，将更多的事物形象聚集在一起，为想象提供丰富的材料和方向。

第四，我们要有意识地将已有的事物和形象要素、片断，以不同的方式和联系重新结合起来，构成新的整体形象和事物。

第五，要积极主动地去运用形象来思考，不仅在面对形象的问题时要用形象思维，就是在面对抽象的非形象问题时，也要尝试着将它们转换成相应的形象去考虑。

只要我们平时能注意按照上述五项技巧去自觉地训练和实践，想象的翅膀就会越来越丰满，越来越坚硬。

实操训练

✏️ 练习1：图2-10是一个物体分别从三个不同方向照射所得到的投影。你能根据这三个投影想象出这是一个什么形状的物体吗？

图2-10

✏️ 练习2：你能用圆形和半圆形组合成一些事物的形象吗？想象的形象越多越好。

✏️ 练习3：把图2-11的两个图形，各剪一刀，然后把它们拼成一个正方形。

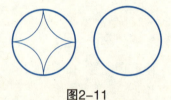

图2-11

✏️ 练习4：用硬纸板做一个圆盘，像钟面那样分成12格。在12个数码得位置上，写上12个抽象的词汇，如：1.短小，2.可动，3.小巧，4.贵重，5.移动，6.沉重，7.有用，8.有价值，9.圆形，10.弹性，11.黄色，12.耐久，见图2-12。在圆盘中心装一个可以灵活转动的指针。这样，你用手拨动指针转动，当指针停下来的时候，指针指到某个词，你就要说出具有这种性质的事物，也可以一连转两次或三次，列举出同时兼备两种或三种性质的事物来，举出的事物越多越好。（也可以结合实际训练需要，在圆盘上写上另外的12个词汇。）

图2-12

✏️ **练习5**：请问下面算式中的"万、众、创、新"4个字各代表什么数字？

$$\begin{array}{r}万众创新\\万众创新\\+\ 万众创新\\\hline 5\,9\,6\,1\end{array}$$

第六节 综合思维

> 阿波罗计划中没有一项新发明的技术，都是现成的技术，关键在于综合。
> ——美国阿波罗登月计划总指挥韦伯

📡 启示与原理

众所周知，美国航天飞机的出现，标志着航天技术进入了一个新的阶段。航天飞机运用了繁杂的技术，由成千上万个零部件组成。但令人惊叹的是，在航天飞机被建成的时候，竟没有一项新技术和新材料的发明，全是利用了当时已有的技术和材料，只不过是将这些已有技术和材料按照新的内在联系综合成为一个新的事物。难怪研究创新的学者高度地赞誉："综合就是创造！"

综合思维有两层含义：一是指思维对象的综合，二是指思维方式方法的综合。

思维对象的综合是指在思维上把那些反映事物的零散事实、现象、关系以及构成事物的部分、要素、方面，按照其相互间的内在联系，有机地结合为一个整体事物。当然，这种综合不是主观地、任意地把不相干的部分、因素、机械相加，也不是把各种因素简单堆砌和凑合，而是按照对象各部分间的有机联系及内在关系，从整体上把握事物。

综合思维有助于我们从整体上揭示和认识事物的性质和根本规律。科学家牛顿正是综合了其他科学家发现的行星绕日、月亮绕地、物体落地等科研成果，才揭示了"万有引力定律"这一宏观低速下的机械运动规律。综合思维之所以是从整体上认识事物本质的有效方法，其根本原因就在于自然界中的客观事物本来就是由要素以特定的关系联结着的。因此，只要通过分析认识事物的基本组成，明确其内在关系，再把它们联系起来作为整体考虑，我们就可全面地、深刻地认识事物。

思维方式方法的综合是指在思考的过程中，根据需要将各种各样的有效思维方式、方法相兼并用，有机结合，协调运用。在真实的创新思维过程中，没有一种万能的思维方式或方法可用来解决任何问题，有的只是适用于某些具体问题的多种有效思维方式方法。人们正是借助于这些各有特色的但又有局限性的多种思维方式方法，通过综合运用，才创造性地解决了无数的新问题。综合运用就是选择几种并用，或是选择几种交叉运用，或是选择几种先后使用。总之，选择哪几种，如何综合运用，这都需要依据具体的问题性质、具体的过程而定。

综合思维的能力是人们在进行创造发明过程中不可缺少的一项重要的创新思维能力。那么，如何提高我们的综合思维能力呢？我们除了要掌握一些行之有效又被普遍使用的基本思维方式、方法外，更重要的是要通过训练我们的综合思维品质来提高综合思维的能力。

要点与技巧

综合思维的主要品质表现为：思维的全面性，思维的敏捷性，思维的敏感性，思维的深刻性，思维的灵活性，思维的批判性，思维的独创性，思维的条理性，思维的预见性。

要点1．思维的全面性

思维的全面性是指善于抓住问题的全体。一般来说，事物往往具有多种属性、多种因素、多种关系、多个方面。事物的这些特点要求我们在思考事物时，要尽可能地认识到事物的方方面面，不能顾此失彼，只见其一，不见其二。尤其是在思考比较重要的问题时，片面、主观、武断、不谨慎、不细致、不周密往往会给我们带来不必要的损失。

案例一： 1986年，美国的"肯德基"炸鸡公司派人来北京考察投资环境。派来的人看到密集流动的人群，不作周密详全的调查和思考，就断定这是投资的好环境，结果被公司领导以不称职为由做了处分。之后，公司又派了一位执行董事来考察，其工作作风和思维方法、素质和前者就大不一样了。一方面，他带人出入北京主要的繁华街道，用秒表测算客流量，又请500多个不同年龄、职业的人品尝炸鸡样品，并详细征求了顾客对炸鸡的味道、价格、店堂设计及用餐方式等方面的意见；另一方面，他又思考了现在和将来北京能提供的货源和各种原料的情况，而且将各种原料包括油、面、盐等样品带回美国逐一作了化学分析，再利用电脑汇总了各种数据，最后才得出可以在北京前门大街建立一家世界上最大的炸鸡店的结论。由于在决策之前，这位董事对投资环境和前景作了全面细致的调查及思考，所以投资后一举成功。这家店于1987年11月12日开业，不到300天，赢利达250万元，使投资成功的收回期由预计的5年缩短为1.5年。

要点2．思维的敏捷性

思维的敏捷性是指思维过程的速度或迅速程度。有了思维的敏捷性，在处理问题或解决问题的过程中，人们就能够适应迫切的情况，迅速果断地作出正确的判断和结论。与之相反的品质是：当需要对问题当机立断时，却优柔寡断、反应迟缓，或者慌忙出错。

要点3．思维的敏感性

思维的敏感性是指善于发现问题，特别是善于发现那些不易引人注意的方面。事物的哪些方面显得重要些，哪些方面和事物的本质有着较紧密的联系，哪些方面是解决问题的真正突破口等等，这些问题并不是人们在一开始思考时就能抓住的，有时可能是被人们所忽略的。所以，能敏感地发现问题的关键，并由此作为思考的起点，对于揭示问题的本质和规律以及解决问题是至关重要的。

要点4．思维的深刻性

思维的深刻性集中表现在善于深入地思考问题，能够通过表面现象深入事物的核心，抓住事物的规律和本质。在通常情况下，事物的本质和规律不是外露的，而是间接地以某些表面现象呈现出来，有的事物的本质和规律甚至被那些无关的现象所掩盖着，因此就需要人们在思考问题时，透过现象看本质，在事物的运动变化中揭示其规律。

要点5．思维的灵活性

思维灵活性的特点主要有以下几个方面：一是善于从不同角度、方向、方面，以及用多种方法来解决问题；二是在思维过程中，能灵活地选择多种思维方式方法，能及时地根据需要调整思路；三是思维的结果往往是多种的合理又灵活的结论，这种结果不仅有量的区别，而且有质的区别。

要点6．思维的批判性

思维的批判性是指善于分析事物的长处和短处，同时善于精细地检查思维过程的智力品质。思维的批判性要求人们不管是对别人的还是对自己的思维全过程，包括思维材料、思维背景、思维操作方式及思维结论，都要进行严格的检查，分析它的可靠性、真实性和准确性，这是保证人们思维正确不可缺少的一步。

要点7．思维的独创性

思维的独创性是指在新情况或困难面前，以独特和新颖的方式解决问题的过程中所表现出来的品质。思维的独创性突出地表现为三个特点：一是独立性，即能自觉而独立地思考问题，不受已有认识的限制，不人云亦云；二是独特性，人无我有；三是新颖性，它的结果，不论是概念、理解、假设、方案、见解还是结论，都包含着新的因素。

要点8. 思维的条理性

思维的条理性是指善于在分析和思考问题时遵守一定的顺序和步骤。这种思维特点表现在行为上，就是做事的计划性、步骤性和系统性。

案例二：某地要修建一座水电站，那么怎样有条理地思考这一问题呢？第一，明确目标，即要修建什么规模的水电站；第二，搞清修建水电站的必要性及依据，如解决相应地区的用电问题，充分利用自然条件等；第三，选择一个合适的地理位置，修建大水库；第四，根据工程的大小，计划一下大致所需的时间、财力、物力、人力等；第五，这项工程由谁负责组织实施；第六，制定具体的实施步骤，要花费少、耗时短、效果好；第七，测试、验收这个水电站。通过这样有条理地思考，有关修建水电站的大致方案轮廓就出来了。

当然，在思考具体问题时，不同的人其思考的条理性是可以有差异的，但要考虑哪些，先考虑什么，后考虑什么，应该是大体相当的。

要点9. 思维的预见性

思维的预见性是指善于根据已知的事实和规律，对事物的发展趋势、进程、后果等作出推断。这在科学研究、发明革新、日常生活等中，都是经常需要用到的。在科学研究中，对课题价值的估计，对事物原因或后果的推测等；在发明革新中，对发明革新项目的社会效益和经济效益的估算；在日常生活中，对某一事物发展的势头或未来前景的估计等，这些都与思维的预见性有极大的关系。

如果我们能在今后的日常生活、学习工作及训练中，有意识地注意对上述所讲的几项思维品质的培养，就一定会提高综合思维的能力。

实操训练

练习1：玻璃杯中有两种不相混合的无色液体，并且没有装满，不过比重不相同。已经知道其中一种液体是水，但不知道它是在上层还是在下层。你能想出一个简单的办法来鉴定一下吗？

练习2：现有一储满6升蒸馏水的A容器，还有一储满2升汽油的铁皮罐子C，另有一只容量为3升的空玻璃缸B,C的直径小于B的直径。不许借用其他的器皿，光凭A、B、C三个容器，怎样获得1升的蒸馏水？当然不许把水和油混合，也不许把水和油泼掉。

练习3：有一只不规则的透明玻璃瓶容器，上面只有5升和10升两个刻度，而里面却盛了8升强酸。现在需要准确地倒出5升强酸，你有什么办法？当然你不能借助于其他的量具。

练习4：一面小镜子，拿近拿远都照不全自己的脸，你有什么简单的方法让它照全自己的脸吗?

✐练习5:有一座小桥,桥长4.5米,桥宽10米,桥的载重量为1吨,超过一点点重量都不行。现有一重量为1.001吨的小车(小车大小尺寸如图2-13所示)要过桥。你能想个办法,即不减轻小车的重量,又不违反载重规定,而让小车安全过桥吗?

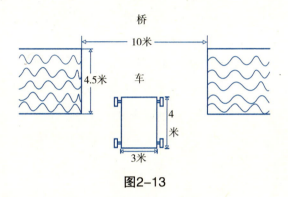

图2-13

第三章　创意之法

创新始于创意，且创意是创造力的重要组成部分。所谓创意，就是头脑中产生以新颖、奇特为标志的有价值想法。托夫勒所预言的"21世纪，资本的时代已经过去，创意的时代已经到来"以及比尔·盖茨认为"知识经济的核心是创意经济"等理念就说明了创意在当代及未来社会发展进程中的重要性。发现新需求、提出好问题是创意的一种重要表现，它引领着创新的走向。本章就如何发现新需求和提出有价值问题，提供一些常见且有效的创意方法。

第一节　问题导入法

> 打开一切科学的钥匙毫无异议的是问号。
> ——［法］巴尔扎克

启示与原理

日本有个叫鬼冢喜八郎的人听朋友说，今后体育将有大发展，运动鞋是不可缺少的。这句话听来很平常，但鬼冢喜八郎却很受启发，决定跨入生产运动鞋这一行业。他想，要在运动鞋制造业中打开局面，一定要生产出其他厂家目前还没有的新型运动鞋。他知道，任何商品都不是完美无缺的，如果能抓住哪怕针尖大的小问题进行革新，也可能研制出新的商品来，所以他选用一种篮球运动鞋来进行研究。他先访问优秀的篮球运动员，听他们谈目前篮球鞋存在的问题，几乎所有的篮球运动员都说："现在的球鞋容易打滑，止步不稳，影响投篮的准确性。"他便和运动员们一起打篮球，亲身体验，然后开始围绕这一问题进行革新，最终他发明了凹底篮球鞋。实际结果表明：这种凹底鞋比平底鞋在止步时稳多了，受到篮球运动员的青睐。凹底篮球鞋的发明主要用的就是问题导入法。

问题导入法就是通过观察、体察或调查等手段，努力发现现有事物存在的问题，然后以此问题为导入提出创意的方法。通常意义上所谓问题，是指毛病、缺陷、瑕疵，以及一切存在的不足、差距、不方便、不得劲、不实用、不安全、不满意、不理想等。现实与理想的差距就是问题，能针对现有事物找出一个缺陷或不足，对应地就能提出一个问题，进而可能成为一个有待创新的目标。

问题导入法所依据的原理是：一切事物都不是十全十美的。俗话说，金无足赤，人无完人。所以，着眼于对已有事物的改进和完善，通过精益求精使事物不断地趋于完美，是各类创新活动中最为普遍应用的一种创意方法。

要点与技巧

原则上说，问题导入法可以用在任何现有的事物上，但要事半功倍，则应注重从下面八个方面去把握。

要点1. 永不满足

问题导入法的顺利应用要求创新者对一切现存事物极具"吹毛求疵"的能力。我们每个人无时无刻不在享受着前人的创新成果，如：看电视，打手机，坐汽车，用电脑，畅游网络等等。纵观人类所享、所用、所知的事物，都是在不断地变化和发展之中，但由于受到人的思维惰性和心理定势的影响，人们常常忽视已有事物存在的问题，或者对它们熟视无睹、习以为常了。同时，有一些问题被隐含在事物之中，不仔细"挖掘"是不会轻易发现它们的。问题导入法就是要求创新者对事物有一种强烈的不满足感，时时处处带着"挑剔"的眼光看待已存在的事物，从而发现问题、提出问题，为推动事物不断进步指出方向。

案例一：全国劳动模范、五一劳动奖章获得者孔祥瑞，在天津港工作已经有30多年了。在这30多年中，他从学徒工成为天津港第一代大型门吊司机，又从一个一线工人成为煤码头公司操作一队的队长，还是技术革新能手。当记者问他，在这30多年中谁是他最亲密的工作伙伴时，他用浓重的天津口音回答说："要说我最亲密的工作伙伴，就是它！"说着，他拿出一个小本子，翻开递给记者，并对记者说："好记性不如个烂笔头。像我们技术工人，每天都可能遇到机器设备出了这样那样的问题，我拿这个小本都给记下来，有什么问题一看，就都清楚了。"

孔祥瑞一边说一边指给记者看：

"4月8日，2号装船机有自动降臂情况，立即进行检查，并考虑加装安全警示设备；

4月10日，2号装船机液压缸不便于检查，考虑尝试将其移动位置；

4月20日，堆取料机下料口承载托筒经常被块煤冲击，使用寿命降低，要马上加装防撞网格；

……

10月16日，电缆保护杆变形，决定改造以进行保护。"

这就是当代技术工人创新的意识和习惯，随时随地把工作中所碰到和想到的问题记录在自己随身携带的小本子上，而且一记就是三十多年。

要点2．留意身边

问题导入法的顺利应用要求创新者善于从自己熟悉和常接触的事物环境中去发现问题。每个人一生中都会不同程度地接触大量的事物，但相对来说，我们对自己熟悉的事物会理解得更深刻、体验得更真实、了解得更全面，创新者如能在这样的领域里去发掘问题，将会更准地找出问题，提出问题的创新价值也会更大。

案例二： 包起帆同志是一名码头装卸工人，他曾发明一系列港口装卸抓斗，被誉为"抓斗大王"。他是从码头装卸工人成长起来的高级工程师，现任上海国际港务集团副总裁。他从一个只有初中二年级文化水平的普通码头工人，成为一个不断创新、硕果累累的教授级高工，还是复旦大学、上海交通大学、同济大学、西南交通大学等多所国内著名大学的兼职教授。30多年来，他和他的同事们一起完成了120多项技术创新项目，其中3项获得国家发明奖，2项获得国家科技进步奖，17项获得省部级科技进步奖，41项被授予国家专利，21项获得国际发明展览会金奖。特别是在一次巴黎国际发明展览会上，他连获4项金奖，成为巴黎发明展创办百年来个人同时获得4项金奖的第一人。他连续4次被评为全国劳动模范，2次被授予全国"五一劳动奖章"，还被评为全国十大杰出职工、全国优秀科技工作者，是全国各行各业10多年来被广泛宣传学习的先进典型。包起帆取得如此成就的原因，最主要的一点就是结合本职工作，从自己所最熟悉和了解的码头装卸领域入手，发现已有抓斗的不足，并有针对性地进行改革创新。

要点3．关注热点

问题导入法的顺利应用要求创新者即时关注被公众所关心的事物，并从中找到创新的热点和契机。人类社会发展和技术进步，会在不同的阶段形成不同的热点，创新者如能在热点领域和问题上即时发现目标并作出创新，就会大大提升创新成果的知名度、社会效益及市场效益。

要点4．注视难点

问题导入法的顺利应用要求创新者敢于适时挑战难点。由于人类所知所会的限制或观念、思路、时空区域的局限，人类社会会在一段时间内出现已被人们提出但暂时不能被人们所解决的问题，即难点。创新者要能根据自身的能力和潜能，适时创造性地攻克难题，率先突破，领先他人，取得竞争的主动权。

案例三： 在生活中，我们可能会遇到这样的尴尬：一条牛仔裤洗了以后就变短了，颜色也变得一块深一块浅，这曾经是牛仔布行业的世界性技术难题。而这些技术难题被一个中国的技术工人给攻克了，这个人就是邓建军，他从一个中专毕业生成长为一名专家型的技术工人。

邓建军善于攻克难关，也善于在日常生产中发现问题并解决问题。从参加工作到现在的20多年间，邓建军参与完成技术改造项目400多项。在这400多个技术改造项目里，最让工友们津津乐道的是邓建军对牛仔布缩水稳定率的控制。纯棉制品洗后会缩水,不同批次的布料缩水率也不一样,有时候缩得多,有时候缩得少,很难控制,即使在国际同行业中这也是一个难题。按照国际标准,剩余缩水率在3%以内的牛仔布就算是优等品,原先公司的牛仔布的剩余缩水率基本控制在4%左右,但仍不太稳定。邓建军打算再进一步将指标稳定控制在2.5%以内,向世界性难题发起了挑战。失败、改进,再失败、再改进,经过一年多的上百次实验,邓建军终于攻克了这个纺织行业的世界难题。这一项目的成功是牛仔布行业一个成功的创举,邓建军解决了我们国内乃至世界牛仔布行业人员尚未攻克的一个难题。

攻克了缩水率的难题,另一个难题又摆在了面前,即如何减少牛仔布的染色色差,让牛仔布的染色保持稳定。邓建军又忙着解决这个难题。有一次,他生了病住医院,住院期间还一直在思考如何解决牛仔布的染色自动控制问题。回到公司,他把住院期间的构思整理出来,开始了实验,一次不行再来一次,牛仔布的蓝色染料把他的手染得一块蓝一块白。经过他不懈的努力,牛仔布的颜色终于变得越来越均匀、越来越稳定,公司生产的牛仔布成为畅销美国市场的三大牛仔布服装面料之一。

要点5. 兴趣驱动

问题导入法的顺利应用要求创新者尽可能地将注意力引导到自己感兴趣和擅长的事物领域,借助于自身的潜能释放进行有效创新。兴趣点是一个人最好的能力发展点,也是一个人潜能上最好的生长点。创新者能以兴趣为导向,驱动自己的能量释放到创新目标上,这就是高效创新的诀窍。

要点6. 追随新鲜事物

问题导入法的顺利应用要求创新者积极地将创新的目光瞄向新事物、新技术和新产品。经过千锤百炼的旧事物尚且有继续完善的余地,那么新事物、新技术和新产品就更有创新余地和开发价值了。因此,追随新事物进行跟踪创新是创新者走向成功的一条捷径。发现已有新技术产品的不足,这是创新的一个源泉。也就是说,最前沿的市场需求刺激,再加上已有技术的不足,就是创新的重要动力和源泉。

要点7. 留心他人的不满

问题导入法的顺利应用求创新者舍得花精力去倾听、了解和调查他人对现有事物的不满和意见,以此寻找创新的新目标。我们每个人对现有事物的了解和体验都是有局限的,只有多倾听别人的意见,才能更广泛和深刻地了解已有事物的不足,搜寻到更多的创新目标。对企业而言,积极观察顾客的行为,了解顾客的需求,将顾客的不满有效地转化为企业创新的动力,是一种有效的创新方法。

案例四:北京的一位老太太对空调既爱又怕,爱的是空调带来凉爽和温暖,怕的是空调对着人吹,让人特别不舒服,经常引起头痛等症状。思来想去,她给海尔写了一封信,表达了她的意见：空调能不能不对着人吹？没想到，这封信得到海尔管理层的重视，海尔举一反三，最后竟引发了空调送风方式的革命。

应该说，自人类发明空调以来，其送风方式就没有什么太大的变化，一直是直吹的方式。壁挂式空调问世后，虽然增加了摆动的出风板，但仍然是以向斜下的对角方式直接送风。这种送风方式长期沿袭下来，以至于人们以为空调就应该这样送风。直吹送风方式虽然可以使空调风迅速地布满房间，但也极易使风吹到人的身上。空调风长期直吹人体使人体表面水分蒸发量加大，由此可能导致人们患上"空调病"。

经过潜心研究，海尔人研发出了空调可以上下出风的新送风方式。就是说消费者可以根据自己的需求自由选择出风方式。消费者可以利用空调双导板不同步运转的原理，选择导板单独运转或同时反方向运转，达到水平送风的效果。不仅如此，在空调制暖时，消费者可以选择自下而上的送风方式，因为热空气轻，自然由房间自下而上，达到快速暖房的效果；在空调制冷时，因为冷空气重，选择由上而下送风会使风自然由房间自上而下，从而使房间迅速降温。这种送风方式"聪明"地利用了冷、热风的不同特点，使人备感健康舒适，被海尔人称为"聪明风"。

据哈佛大学商学院调查，在上市的新产品中，57%是由消费者创造的。美国斯隆学院调查结果表明，成功的民用新产品有60%~80%来自用户的建议。可见，创新之泉源于客户。

要点8．补缺补差

问题导入法的顺利应用要求创新者善于从某领域里的最薄弱及空白方面去寻找问题，以此进行创新会产生显著的效果。

案例五： 在某段时间，我国的数控精加工领域尚无法加工0.2mm以下尺寸的微细喷孔。某机床公司则从这一空白点入手，注重这一行业专用机床的研制和开发，研制了一批以国家级新产品ZK系列数控喷孔钻床为主导，以适应航空航天、油泵油嘴等行业的专用机床。其中，ZK系列的数控电火花喷孔加工机床实现了技术上的重大突破，它采用先进的微细放电的电火花加工技术，可对发动机喷油嘴、飞机散热器、纤维喷丝板中的微小孔进行加工，填补了国内空白，并且其主要性能指标已达国际先进水平。

世界上的事物总是不完美的，所以创新者对任何现有事物都有再创新的余地。但是，事物中的问题不会自己跑出来告诉你，还是需要创新者通过自己的观察去发现、挖掘事物的缺陷，也可通过调查了解别人对事物的看法或使用物品的情况，来发现与挖掘事物的各种缺陷，然后找出你感受最深、最急需解决而又可能解决的问题，最后提出创新的课题。

具体挖掘问题的方法技巧有两种：

1．观察体验法。观察体验法就是创新者通过感官直接去感受事物，用寻找问题之心去思考事物的不足之处。它又可分为三种操作方法：

（1）无目标观察体验法。即在我们平时日常生活、学习、工作和娱乐等一切活动中，充分调动一切感官，随时随地留意和体验所接触的事物，如看到的种种现象，听到的种种议论，自己的手感和身体感受等。一旦发现问题，我们要立刻记录下来，以备深入研究，这就是无目标观察体验法。

⬛ **案例六**：曾经有一个农村中学生在干农活时，无意间看见农民在携带镰刀上工时碰伤了自己，他突然意识到：传统的镰刀存在着不安全的问题。为此，他发明了"折叠镰刀"并获全国青少年科技创新一等奖。一个存了上千年历史且农民都习以为常的农用工具就这样被改进、被创新了。可见，无目标观察体验法最重要的是在创新意识的激发下保持对事物的高度敏感性。又比如，某个中学生的父亲是个电工，一次他偶然看见父亲用测电笔在室外检测电线时，由于室外光线太强，看不清测电笔的氖灯是否发光，这个学生为此非常有创意地发明了"带耳机的测电笔"，并获全国青少年科技创新一等奖。

（2）有目标观察体验法。即把我们的注意力明确指向某一具体的事物对象，并对其进行观察、体验和思考，以寻找该事物存在的问题。以我们常见的交通工具自行车为例，它的缺陷有：车子的形状颜色单调，许多辆车子放在一起，不容易识别；车身重不易搬动，车架大占地方；车胎易轧破，钢丝辐条易折断；上坡费力，老少骑车安全性差，病残人士上下车不方便；风雨天及冰雪地上不易骑车；易被盗，自我维修不方便，车链条容易掉；废旧车不能改造利用等等。大家如果细细地观察和体验，还能发现更多的缺陷来。

⬛ **案例七**：有人对牛奶的缺点进行挖掘从而导致一系列的创新：对婴儿来说牛奶不是母乳，于是出现了母乳化牛奶；牛奶不一定适合所有的人，有的人肠内缺少某种酶，喝了牛奶容易胀肚子，不易消化，从而出现了添加乳酸酶的易消化牛奶；牛奶不符合各种营养要求，于是又出现了经过浓缩与强化的高蛋白牛奶新产品；口味太单一，为此又推出了添加果汁、蔬菜汁、可可粉的牛奶新品种；牛奶热值高，喝了易发胖，这样又出现了脱脂牛奶、低胆固醇牛奶、低热量牛奶等新品种；牛奶是液体，不易储藏和携带，于是奶粉、奶片、奶精、浓缩炼乳等不断问世。

再简单的事物，即使看起来没有什么问题，但是只要从不同的角度去潜心研究，都是可以发现很多问题的，正所谓没有问题的事物是不存在的。

（3）专题观察体验法。即先把注意力放到某一类事物上，再从中对各个具体的事物进行观察或体验以搜寻解决问题的方法。例如：我们关心太阳能利用的问题，就首先把注意力锁定在"太阳能利用"这个专题上；然后，找出与太阳能利用有关的各种具体事物，如光电池、太阳能热水器、太阳能汽车、太阳能路灯、太阳伞、太阳镜等；最后，再对所列的具体事物进行缺陷的挖掘，以提出多种多样的问题。

2．**调查研究法**。创新者除了直接地观察和体验外，间接地感受别人的观察和体验也可同样可以发现问题、提出问题，这就是调查研究法。一个人的视野和阅历范围毕竟有限，每样事物都亲身体验是办不到的，调查研究法就可弥补这些不足。调查研究的方法主要有以下两种：

（1）横向调查研究法。即针对某一类事物，广泛地征询意见。意见薄、建议箱就是具体形式之一。厂家随产品发出的征求意见报告单、对某些产品进行定向的赠送试用、企业鼓励职工提合理化建议等等都是横向调查法的体现。

案例八：丰田汽车公司董事长说："日本工人的特征之一就是他们既动手又动脑。我们的工人每年提供150万条建议，它们的95%被投入实际的使用。"例如：在1998年之前的几年中，冰箱在日本市场上严重滞销，零售价以每年5%的幅度下跌，各个厂家叫苦不迭。当时，日本三菱公司在广泛征集用户对冰箱使用的意见中发现：—18℃的冰箱把肉食冻得很硬，食用时很不方便，而0℃左右的冷藏室无法冻肉，两者都有缺陷。于是，他们增加了—7℃的软冻室。这正是促成冰箱市场由冷变热的技术创新。

（2）纵向调查研究法。即针对某一事物，从事物的形成、现状及发展过程中去调查研究，从而在事物的动态发展变化中去发现问题、预测问题。

综上所述，问题导入法是简便有效的创新技法，它是一项基本的技法，其应用广泛且贯穿创新活动的过程始终。但要注意的是，对已知的某些事物缺陷还可考虑是否能变害为利、变废为宝，因为世间的任何事物在变换了特定的条件和环境后，都是有可能由好变坏、由坏变好的。

案例九：苍蝇是"四害"之一，但合理地利用也可以变害为宝。某农家姑娘就依托养蝇办起了养鸡场，从而改变了自己的命运。她先把苍蝇养起来，用鸡粪养蛆，用蛆来养鸡，同时再喂几头猪，形成一个小小的生物链，这样产生的鸡蛋成本可大大降低。100多笼苍蝇，每天可以生产鲜蛆100多斤，足以满足1000多只鸡的日常饲料供应。由于她养的鸡不喂普通饲料，蛋味香，色泽好，在市场上很抢手，加上她的饲料成本低，因此利润也较高。养鸡场的全部饲料以鲜活昆虫为主，不含任何药物残留，因而她养的鸡属绿色安全食品，产品已远销全国市场。她以蝇蛆、黄粉虫等为饲料培育的虫子鸡，吃蝇蛆、啄蚯蚓，而且以这样独特配方养殖而成的"虫子鸡"可卖到100元一只。如此之贵的生鸡，不仅不愁销路，而且有不少有名的酒楼、超市提出包销。

实操训练

练习1：利用上述要点与技巧列出不少于7个人们所关注的产品或事物。

练习2：对所列出的每个产品或事物提出不少于5个问题。

练习3：您能用问题导入法在厨房用具中提出新的创意吗？

练习4：您能用问题导入法在小家电领域提出新的创意吗？

练习5：您能用问题导入法在养生领域提出新的创意吗？

第二节　优势扩展法

> 成功的人生皆源于对自身优势的深入挖掘和极致发挥。
> ——高林玉

启示与原理

早在20世纪80年代，日本许多产业的发展已超过美国，日本企业世界企业500强中占了近1/3，和美国相差无几。20世纪90年代初，美国派出了一个高级代表团，对日本进行全面考察，回国后向总统汇报，认为日本在传统领域里已经钻研完善至极，无法与其竞争。美国只能另辟蹊径，依靠自身的科学创新优势来应对日本的挑战。为此，美国利用互联网的崛起和发展优势很快又超过了日本，现在世界500强中日本企业降到1/5，而美国企业已经超过半数。可见，个人、企业、地区乃至国家都要善于从自身优势处着手去追求创新，结合实际走特色发展之路，才能在激烈的竞争中博得立足之地，这就是优势扩展法。所谓优势扩展法，是指创新者立足于自身所拥有的优势去寻找发挥优势的创新方向。

优胜劣汰是人类社会发展进程中的一个重要法则。所以，创新者从自身所拥有的优势之处着手去创新，往往可以达到事半功倍的效果。例如，在笔记本电脑产品的竞争中，其电池的供电长短是一项重要参数，也曾是发展中的一个瓶颈。大部分人认为，解决笔记本电脑电池供电时间太短问题的办法是研发新的电池。而3M公司的研究人员却借助于自己发明的一种亮度增强薄膜技术，把这种薄膜技术优势用在提高显示屏幕的亮度上，使显示器的用电量降低而减少用电量，在笔记本电脑电池不变的情况下，大大延长了电池的使用时间，从而形成了自己的产品竞争优势。

要点与技巧

优势扩展法在创新中的丰富实践，给了我们太多的启示。了解这些启示，可以让我们更好地去应用优势扩展法。

要点1．超前领先是优势

能在某行业领域内的发展进程中超过所有的竞争对手，是一种难得的优势，而获得超前领先优势的唯一途径来自于超越竞争对手的持续不断的创新。

📦 **案例一**：在家电市场竞争日益残酷的今天，细心者不难发现：海尔的一批高端产品在国内外市场上销量第一，已然形成了"冠军"产品团队。这些高端产品的发明就来自于海尔持续不断的创新领先优势，表现在以下两个方面：

第一，以用户需求为导向。海尔光波增鲜冰箱独有的光波增鲜功能变被动"保鲜"为主动"增鲜"，成为消费者储存年货的首选。据销售统计数据显示，春节期间海尔冰箱销量同比增长70%。2006年，海尔针对美国消费者需求，组建跨国团队整合全球资源，开发出世界首创三门结构的对开门大冰箱。大冰箱深受美国消费者喜爱，售价为2000多美元，赢得美国主流渠道的大量定单。据中国最权威市场咨询机构中怡康统计数据显示，在2006年开门冰箱品牌的市场占有率排名中，海尔以30.5%的份额领先韩国三星品牌夺得冠军。

第二，用户需求的实现依赖技术创新的支撑。2006年，海尔累计申报专利突破7000项，其中发明专利1234项，是中国家电行业申请发明专利最多的企业。海尔将技术创新优势转换为标准，2006年，海尔集团共主持或参与100项新标准制定，其中有国际标准提案3项，参与制定国家标准35项，制定行业及其他标准62项。海尔平均每周创造2项新标准。例如："家用保鲜电冰箱"标准属于协会标准；海尔高端07鲜风宝空调，拥有"鲜风空调器"行业标准；海尔"防电墙"热水器的"防电墙"技术已经成为国家标准；海尔不用洗衣粉洗衣机拥有"家用和类似用途电器的安全洗衣机的特殊要求"国际标准提案。

企业的生命力就在于它的创新能力，主要包括新产品的创新、技术的创新、市场的创新以及组织的创新、企业文化的创新等等。永无止境的创新是企业长期稳定发展的要诀。

要点2．特长特色是优势

在自然界中，不论是人还是事物，都不可能在所有方面都有优势，正所谓"寸有所长，尺有所短"，重要的是我们能否扬己之长、为我所用。因此，创新者要善于利用所拥有的特长而走与众不同的特色发展之路，这是提高竞争力的有效途径。

📦 **案例二**：索尼爱立信手机S700C就是曾靠拍照特色而引领手机百万像素潮流的，并为索尼爱立信在高像素可拍照手机市场上抢占到了领先位置。S700C曾是索尼爱立信在全球发布的第一款百万像素级拍照手机，也是中国市场第一款130万像素手机。有了百万像素特色的支持，手机的拍摄功能再也不是摆设。在S700C之前，可拍照手机的像素虽然从最初的区区10万迅速提高到了30万，但由于不能满足人们正常拍摄的需要，手机中的拍照功能只是被人们用来记录简单的影像，并没有多少实际应用价值。因此，可拍照手机虽然市场潜力无限，但始终没有得到真正的普及。S700C的出现彻底扭转了可拍照手机的尴尬局面，让手机真正进入了可拍照时代。索尼爱立信正是通过创造手机拍照特色而赢得了市场。

要点3．专、精、尖是优势

激烈的市场竞争告诉我们：一般而言，业余水平不如专业水平，大路货不如精品，常规技术不如尖端技术。因此，创新者要善于通过专业或专门化手段实现精品、尖端优势，这是一种有效的"人有我优"创新策略。

案例三：现在市场上的连锁经营模式就是应用了专门化的思想而体现了竞争优势。这是一种纵向发展的垂直营销系统，是由生产者、批发商和零售商组成的统一联合体，它把现代化工业大生产的原理应用于商业经营，实现了大量生产和大量销售相结合，对传统营销渠道是一种挑战。在传统经营模式中，各分销商都同时承担买卖两个职能，而在连锁经营模式中，这两种职能由总部和分店分别专门承担。总部负责专门集中进货，不仅可以取得价格优势，增强竞争实力，还可以在实践中不断提高选购商品的准确性和科学性；而各连锁分店则既能享受到集中进货带来的低成本优势，还可集中力量专门从事销售业务，并能利用深入消费腹地的特点与消费者建立密切的情感纽带，及时了解消费变化趋势，以供总部作为进货依据。各自专心做专门的事，以此形成的优势就是连锁经营模式的奥妙所在。

要点4．高效是优势

这里的"高效"是指投入产出比小，就是用相对较少的时间、较少的成本和代价、较少的资源、较少的付出去获得较高的回报或效益。

案例四：沃尔玛的经营创新可以给我们这方面的启示。1999年沃尔玛公司的销售额高达2000亿美元，其在"全球500强"的排序仅次于通用汽车、奔驰、福特汽车三大公司。作为一家商品零售业其营业额能与巨型汽车公司并肩，成绩实在骄人。沃尔玛公司的成功经验众多，但最重要的是它实现了一场高效的商业革命。沃尔玛总经理大卫·格拉斯道出了其中的奥妙：沃尔玛的商品进价成本低，所以商品的售价低。通过这种低成本、低价格的销售优势实现了资金和商品的高效周转，从而获得了持久、稳定和可观的利润。可见，高效优势往往是与我们活动的终极目标直接关联的。

要点5．特殊价值是优势

某些事物在时代变迁和环境变化过程中所表现出的那种特有的价值，是一种宝贵的资源。创新者一旦把握住这种特殊价值，就能掌握优势。

案例五：曾经有个与前苏联做贸易的台湾商人，在前苏联解体后，手中积压了大量的前苏联商品卖不出去，陷入了破产的窘境。这个台湾商人对此作了深入的思考，认为其中含有许多未被发掘的特殊价值。为此，他依据对这种特殊价值的把握而形成的优势，开始了他的"伤感商品销售"。他打出"挥别苏联""再见苏联"为宣传主题的广告，强调印有"苏联制造"字样的产品将成为绝版，极有可能由一般消费品变成抢手的收藏品。于是，人们纷纷收集这些"绝版品"，希望将来奇货可居。如前苏联产的"红星"手表工艺粗糙，但因苏联的解体，许多人就专门购买了一整套的"红星"表，显然是看中了这些表将成为绝版的价值。最后，这位商人大大地赚了一笔。

事实上，凡是存在的事物都有其存在的理由和价值，尤其是人和事物所具有的某种特殊优势或相对优势，是创新过程中的一种宝贵资源。充分地发挥这种优势资源，也就是人尽其才，物尽其用，是进行高效创新的一个法宝。

要点6．贴近市场是优势

市场需求是引发科技进步与创新的最原始动力。谁最能洞悉或觉察市场的需求，满足不同人群的愿望和需要，谁就最能贴近市场。以此优势为引导进行创新与市场的结合，是当代创新的主流趋势。

案例六：海尔蒸汽转波炉的创新就是一个很好的例子。中国家庭对"蒸"食物有着传统的习惯和感情，如何用微波炉这种现代化的家电解决中国家庭对"蒸"食物的需求，成为海尔技术创新的动力。海尔蒸汽转波炉的出现不仅从市场需求出发开辟并引领了新一代的微波炉市场，为微波炉重新定义，并把中国式的烹饪方法通过微波炉这种现代的工具向世界推广，而且紧贴健康烹饪的时代主题，为厨房家电的创新提供了新思路。对于中国消费者来说，海尔蒸汽转波炉实现了传统烹饪方式与现代工具的结合，革命性地改造了中国传统的厨房文化，让很多中国家庭淘汰了传统蒸锅。当微波炉可以用来蒸馒头、米饭、鸡蛋等主食，更可以做清蒸鱼虾、梅菜扣肉等传统中餐时，它就不再是西方舶来品，而成为专为中国家庭量身定做的现代烹饪工具。

海尔蒸汽转波炉在技术上的创新是领先于国际的。被称为全球"第四种微波炉"的蒸汽转波炉有三大创新技术：底转波蒸汽技术，微波屏蔽技术，内循环技术。它们使微波炉实现了用蒸汽加热食物，具有食物的营养与水分不易流失等一系列传统微波炉不具备的特点。

不瞄准市场需求的创新，往往是无效创新。就连大名鼎鼎的爱迪生也是有过教训的。1886年，爱迪生以报务员的身份来到了波士顿。同年，他获得了第一项发明专利权，是一台自动记录投票数的装置。爱迪生认为这台装置会加快国会的工作，它会受到欢迎。然而，一位国会议员告诉他说，他们无意加快议程，有的时候慢慢地投票是出于政治上的需要。从此以后，爱迪生决定再也不搞任何人们不需要的发明。

在创新与市场的竞争过程中，类似上述的优势比比皆是，若隐若现，比如人才优势、服务优势、成本优势、诚信优势、质量优势等等，问题是我们如何去及时地发现和把握所拥有的优势。

如何在创新中用好优势扩展法呢？主要是通过三个技巧来实现：一是把握优势；二是发挥优势；三是善用优势。

1. **把握优势**：就是通过多视角的挖掘和比较，明确自身所拥有的优势所在。优势往往并不是显而易见的，需要我们在多视角的审思和不断的比较中才能把握住。

案例七：曾经有一个美国旅行团到澳大利亚旅游，飞机降落时，乘客看到当地居民家家门口放有一堆黑乎乎的东西。其中一个乘客下飞机后，他就去看个究竟，结果发现是一堆堆朽木。经了解，这些朽木来自政府重建城市时挖出的大量400多年前欧洲移民用于圈地的朽木，对这些垃圾，人们一直没有合适的处理办法。这位游客慧眼识宝，很快意识到此朽木的特殊价值，一个巨大商机就在面前：只要稍加处理，这些朽木就可以成为工艺品，而且一定会赢得欧洲人的青睐。于是，他开始"白手创业"行动：先和当地居民签订统一处理协议，不费分文就将这些资源据为己有；接着公开招标，让木器加工厂进行加工制作；最后即面向英联邦国家召开销售订货会。结果订货商趋之若鹜，所有产品以每个14~18美元的价格被订购一空，这位乘客由此净赚了一千多万美元。虽然别的乘客也看到了这些朽木，但并未把握住其中的价值优势，从而错失了发财的机遇。

2．**发挥优势**：就是让自身的优势得以充分地展现和扩展。我们每一个人或群体都拥有一定的优势，而优势不在于大小或多少，关键在于我们能应用和发挥多少优势。

爱迪生在试验电灯时，曾观察到他称之为爱迪生效应的现象：在点亮的灯泡内有电荷从热灯丝经过空间到达冷板。爱迪生在1884年申请了这项发现的专利，但并未进一步研究这一优势发现的应用。而其他的科学家则利用爱迪生效应发明了真空电子管，引发了电子工业，尤其是无线电和电视产业的发展。从某种意义上说，有优势而未发挥，优势等于零。培根有句名言，知识就是力量。但从今天创新的观点看，能应用知识才是力量。

案例八：荣事达多动力洗涤技术的应用就是一个成功的案例。荣事达研发了具有自主知识产权的多动力洗涤技术，并把该技术优势应用于其P5系列洗衣机机型中，使之成为荣事达2007年的主打技术产品。荣事达此次推出的多动力洗涤技术在洗衣机上设置了多个动力源，通过设定相应的洗涤程序，可以产生变化丰富的柔性水流，满足不同衣物对不同洗涤力量和洗涤方式的要求。多动力洗涤不但提高了洗净比，而且不伤衣，衣物不缠绕，真正做到了对衣物的"精洗"，是对传统的波轮或双桶洗衣机通过波轮正反向旋转的洗涤方式的一次突破，荣获了"6A家用波轮洗衣机之星"的称号。

3．**善用优势**：就是让优势效益最大化。优势可以有多种多样的应用和发挥，能选择一个最具价值和效益的方向去发挥优势则是创新者的一个技巧。

案例九：哈拉里与拉比是加拿大多伦多Spin master玩具公司的创始人。该公司创立于1994年，1998年销售额是200万美元，1999年销售额已达420万美元。1991年，哈拉里和拉比这对恋人在安大略大学读绘画艺术，并沉浸在招贴画的艺术灵感之中。有一天，拉比突发奇想，这么精美的艺术作品，何不将作品拿出去卖钱？两人一拍即合，立即行动，没想到一幅招贴画竟卖了5美元！5美元虽不多，但意义非同小可。从卖出第一幅校园招贴画开始，他们就确信，未来的唯一选择就是做一个创业者，因为他们从交易中找到了成功的感觉，最终成为成功的创业者。他们最大的成功就是找到了自己的绘画艺术优势最能发挥效益的市场。

实操训练

练习1：按上述原理和要点，思考一下：自己的优势、特长和兴趣是什么？

练习2：按上述原理和要点，寻找一下自己周围所熟悉的人具有的优势是什么。

练习3：根据自己的优势，您能提出新的应用创意吗？

练习4：您能用他人的优势，提出新的应用创意吗？

练习5：您能用互联网技术提出新的应用创意吗？

第三节　跟踪先进法

> 朝着一定目标走去是志，一鼓作气中途绝不停止是气，两者合起来就是志气。一切事业的成败都取决于此。
>
> ——［美］卡内基

启示与原理

英国曼彻斯特大学国家石墨烯研究院的两位科学家，在2004年成功从石墨中分离出石墨烯，两人也因此共同获得2010年诺贝尔物理学奖。据报道，利用石墨烯聚合材料生产出来的汽车电池，有望达到这样惊人的效果：只充电几分钟，就可以让汽车连续开行1000公里。这种技术在西班牙、韩国等地，都接近于实现突破。但这仅仅是石墨烯的神奇应用之一。据称，石墨烯材料如果取代硅，有望让计算机处理器的运行速度快数百倍；石墨烯有望引发触摸屏和显示器产品的革命，制造出可折叠、伸缩的显示器件；石墨烯强度超出钢铁数十倍，有望被用于制造超轻型飞机材料、超坚韧的防弹衣等。为此，华为宣布与曼彻斯特大学合作研究石墨烯的应用，共同开发ICT领域的下一代高性能技术，研究如何将石墨烯领域的突破性成果应用于消费电子产品和移动通信设备。所以，华为与曼彻斯特大学的合作，显然带有未来的战略布局意义。这个报道给我们的创新方法启示就是"跟踪先进法"。

所谓"跟踪先进法"，就是创新者将注意力和眼光瞄向某一先进的事物，以先进事物为坐标，通过创新或靠近看齐或为我所用或超越现有先进事物。在人类的发展、进步和创新竞争中，其进展水平是不平衡的，在某一阶段，有的相对先进，有的相对落后，这是客观存在的。正是因为这种不平衡的存在，人类通过你追我赶和跟踪先进，缩小差距，这也是实现跨越式发展和跨越式跟踪的有效创新策略。

要点与技巧

在当今激烈的竞争背景下，每个人、每个民族、每个地区，都处在不同的竞争态势下。因此，知己知彼，审时度势，正确地选择自己的竞争策略就显得尤为重要。运用"跟踪先进法"进行创新也是这样，需要结合自己的实际，选择不同的应用策略。

要点1. 以缩小与先进事物之间的差距为目的的应用策略

在现实中，我们暂时落后或与别人有差距并不可怕，可怕的是我们孤陋寡闻、井底观天、夜郎自大，自以为什么都知道，其实自以为什么都知道的人比什么都不知道的人还愚蠢。所以，虚心地对比先进，正视差距，分析差距原因之所在，明确追赶的目标，奋起直追，缩小差距，取得进步，才是智者所为。

案例一： 神奇胶水的跟踪性研究，带来了2年赚了2000万的奇迹。阮某从小生活在山区里一个贫困的小村子，经过高考失败、外出打工受挫、首次创业惨遭失败的周折后，阮某又做起了大理石生意。大理石在运输过程中容易裂开，需用一种特殊的胶水才能将其粘合起来。当时，这种大理石胶全靠进口，120元/公斤，这让阮某又看到了一个绝好的机会——跟踪国外先进技术，研发、生产大理石胶，满足国内市场需求。

他带着几个从市场买来的样品跑到上海一家研究所去化验。进口大理石胶的成分是树脂，与普通万能胶的基本成分是一样的，而万能胶的价格只有7元/公斤。得到这个信息，阮某兴奋异常，心头又涌起创业的激情。他立即赶回台州，把堆放大理石的小仓库清理出来，带了几个人就开始进行大理石胶研制。

成分虽然简单，但这种大理石胶的制造工艺就算专家也是无法检验出来的。国内没有任何经验可寻，到原产国去拜访又不切实际，一切都要靠自己摸索。整整8个月，阮某几乎没有离开过做试验的小仓库，日夜与胶水为伍。在艰苦条件和不断失败的折磨下，阮某看到一种品质成熟、性能稳定的大理石胶终于在他手里诞生了。产品生产出来后，由于价廉物美，在国内市场上十分畅销，用阮某自己的话来说就是"卖疯掉了"，在不到两年的时间里，这个产品就为阮某带来了2000多万元利润。阮某的成功创新与创业之路正体现了通过跟踪实现了创新的价值，用物美价廉的产品替代了昂贵的国外进口产品，形成了自己的产品优势，赢得了市场。

要点2. 以引进吸收先进要素为目的的应用策略

这一策略就是要创新者在发现先进的事物后，即时将先进事物中所具有的先进元素和要素引入自己的事物中，提升自己产品的先进品质，并对引进的先进元素和要素进行消化吸收，为我所用，为我所有。

案例二： "网络营销"就是一种引入网络先进技术进行营销的活动。当今的信息时代，网络技术的广泛运用方兴未艾，尤其是营销环节在引入先进的网络技术后形成了网络营销。商户在电脑网络上开设自己的主页，在主页上开设虚拟商店，陈列其商品，顾客通过网络可以进入虚拟商店、挑选商品、下订单、支付都可以在网上完成，商户接到订单就送货上门。这种营销方式在现代市场条件下运用得越来越普遍。据国际电信联盟统计显示，全球网络商业的营业额，1997年达到500亿美元，网上广告业务达9.065亿美元，是1996年该项业务的3倍多。在美国网上服务商ISP大约有1200家，全美500家最大的公司已有半数在网上开展经营，中小企业不计其数。网络营销可以促进企业通过网络快速地了解市场动向和顾客需求，节省中间环节，降低销售成本。

引进是手段，消化是途径，吸收才是目的。

要点3. 以超越先进事物为目的的应用策略

在创新中，"跟踪先进法"就是要求创新者要尽可能多地掌握某领域里相对最先进、最前沿、最尖端的成果，然后在此基础上再创新一步，以达到超越和领先的目的。

要点4. 以洞察先进事物发展走向为目的的应用策略

在现实的科技创新和市场竞争中，往往是领先者在引领着某一领域或产业的发展。所以，想要后来居上就需要从研究先进事物的发展趋势中去洞察并发现先机，另辟蹊径进行超前创新，以取得新的引导权或标准制定权，获得竞争的主动权。

案例三： 移动通信和网络技术是在现代人们生活中得到广泛应用的先进技术，但北京某网络科技有限公司却从这两大技术的发展趋势中发现了融合的趋向。2006年4月，国际知名投资银行摩根史丹利发布了一份报告证实了这一趋向，全球80%的手机用户和93%的无线互联网用户都不在美国，全球最大的市场在中国。从报告中，业内人士可以看到中国有可能成为全球无线互联网的核心市场，中国的无线互联网领域蕴涵着巨大的商机。于是，该公司洞察先机，另辟蹊径，从2002年就开始摸索利用移动终端获取海量信息的无线寻址方式。2003年10月，该公司完成开发了利用短信关键词连接长号码和信息的软件技术，建立了世界上第一个利用自然语言实现无线终端寻址的国际化无线域名系统，并在2003年10月申请了相关专利。2006年3月，作为技术提供者，该公司参与发起成立了非营利性国际组织无线网络名称与数字地址分配机构WCANN，由此成为这一市场领域的领先者。

如果把追随市场比作打靶，可以说在20世纪40年代至50年代，美国人靠打固定靶谋取了世界经济的统治地位，即瞄准固定的市场，组织生产，降低成本，提高效率，以此赢得竞争。到了20世纪60年代，日本开始崛起，他们对市场进行细分，如同射击中的打游动靶，使产品跟着变化的市场转，为自己创造了新的机会。现在，进入知识经济时代，瞄准市场就如同打飞靶，需要有前瞻性，必须不断地创新才能赋予产品生命力。我国歼-10的总设计师宋文骢院士说得好："20年前研发新一代战机的时候，出发点如果是模仿，研制出来的战机到今天就会落后20年。我国只有以20年后的领先为前提去做研发，才能使歼-10在今天处于较为领先的地位。"

应用"跟踪先进法"的第一技巧是加强调查研究，识别先进事物。

案例四： SUN公司的总裁、创始人麦克米勒是商学院毕业的管理专家。他属下一名雇员发明了JAVA语言，但由于得不到发展，向麦克米勒提出辞职。麦克米勒听完他的陈述突然惊醒，决定留下他，给他创造最好的条件，支持他发展。结果现在JAVA成为国际标准，JAVA的使用人数超过了C语言，SUN公司也由此得到了新的发展。我们可以想象得到，如果麦克米勒没有勇气和慧眼识别出他属下的这种有创意的发明，SUN公司也许就错失一次难得的发展机会。

要想从事创新，识别先进，必须大量阅读国内外的文献，掌握国内外最新产品的功能，密切关注国内外技术发展的趋势，提升感知新事物的敏锐性，这样才能把握先进事物给我们带来的新机遇和新方向。

案例五：在美国新泽西洲就曾有一家制造引爆器的市得利公司。该公司发明了一种撞击瞬间膨胀的空气袋，这种空气袋可装置在汽车方向盘上，保护汽车驾驶人。当他们向美国通用汽车推销这种技术产品时，对方却因为他们不是汽车业的同行而拒绝了。后来，日本丰田买下他们的技术，制造出成本为50美元的空气袋，而现在美国三大汽车厂商通用、福特、克莱斯勒所采用的空气袋，最低成本却在500~600美元。通用公司将送上手的先进技术拒之门外，从而丢失了在汽车安全空气袋方面的竞争优势。

应用"跟踪先进法"的第二技巧是结合实际，确定跟踪目标。世界上的先进事物或新事物层出不穷，每时每刻都在翻新变化，这正是知识经济时代的特征。创新者要善于结合自己的专业、行业或兴趣去选择跟踪的领域和方向，从中定位具体的创新目标。

应用"跟踪先进法"的第三技巧是选择跟踪策略，把握发展思路。一般而言，创新的基本价值形式有三类：一是创新出现实中原本不存在或不知道的新事物；二是创新出更好、更先进的事物；三是以最少资源或最简约方式实现同样的目的。也就是说，创新者应根据自身的实际创新能力和条件，决定是走"人无我有"的发展之路，还是走"人有我优"的发展之路，或是走"人优我特"的发展之路。

实操训练

练习1：在您所熟悉或感兴趣的产品中，您认为比较先进的产品是哪一个？先进点是什么？

练习2：您目前有关注的先进事物吗？所关注的先进事物是什么？

练习3：您有跟踪某先进事物的打算吗？跟踪策略是什么？

第四节　希望导向法

> 希望是支撑着世界的柱子。希望是一个醒着的人的美梦。
> ——［意大利］普契尼

启示与原理

在当今的信息时代，计算机已成为人们不可或缺的重要工具。曾几何时，人们在数据存储携带过程中，不得不使用数据易丢失、携带不便、容量偏小的软磁盘存储器，多么希望有一种可靠、方便、大容量的外存储器啊！为了实现当时人们的这种迫切愿望，1999年，留学归国人员邓国顺与成晓在深圳创办了朗科公司，并投入500万元用于研发闪存盘。闪存盘是世界上首创基于USB接口、采用闪存介质的新一代存储产品。朗科公司发明的闪存盘是全球基础性发明专利——"用于数据处理系统的快闪电子式外存储方法及其装置"，曾在2002年7月获得国家知识产权局授权。该专利填补了我国在计算机领域20年来发明专利的空白，荣获了中国专利特别金奖及中国专利金奖。凭着这项专利，朗科在深圳迅速产业化，仅用两年时间就实现了销售收入从"零"到"亿"的突破。朗科优盘连续3年实现全国销量第一，公司业绩增长保持年均300%的速度，目前朗科已成为全球移动存储领域的领导厂商。朗科公司表示："在成功地取代软盘软驱之后，我们又掌握了取代光盘光驱的新技术，闪存盘如今又踏上了取代光盘光驱的征程。"2005年，随着超稳定技术和智能对话闪存盘等一系列新产品的推出，朗科公司不仅成功领导了闪存盘的全球技术发展方向，更成功地占领了国内移动存储市场的大部分份额。朗科的巨大成功正是源于以计算机用户的迫切希望为导向的科技创新，这就是创新领域中的"希望导向法"。

所谓"希望导向法"，就是通过洞悉、收集和整理，列举出人们的希望或愿望，并以此为研发技术与产品的导向和目标的创新方法。人的欲望是永无止境的，由此而表现出的各种希望或愿望，正是推动人类社会发展和进步的不竭动力。从古至今，人类在改造自然和征服自然的各种活动中，总是不断地提出希望，产生各种幻想，比如人们希望能像鸟一样在天空飞翔，像鱼一样在海底漫游。嫦娥奔月、夸父追日一类的神话，呼风唤雨、移山填海一类的幻想，千里眼、顺风耳一类的神通，在科学高度发达的今天，很多都已变为现实，例如：飞机、飞船、潜水艇、雷达、无线电、人工降雨、卫星等。

要点与技巧

希望导向法的运用要把握三个要点。

要点1．希望导向法的应用要立足人类的真实需求

人类真实的需求，才是引发人类持续创新的根本源泉。那种脱离真实需求而无病呻吟的创新是一种做秀，是没有生命力的。

案例一： 针对当今世界一些地区的恐怖活动，如何有效防范它就是一种真实需求。为此，以色列开发了一种新型测谎技术，能够最大程度地确定测试者是否在说谎。当测试者戴上新型测谎眼镜接受提问时，测试者只需回答"是"与"不是"，测谎眼镜便能够即时地对测试者回答的问题进行分析，通过眼镜内置的发光二极管指示灯显示测试结果。如果指示灯显示绿色则代表回答清晰

准确,指示灯显示红色则代表测试者回答含糊不清,需要进行进一步询问。更值得一提的是,它的测谎准确率高达95%。

需求是要靠我们觉察的。1995年,Ebay上只有122人参与网上拍卖行交易,而10年后Ebay的用户就达到1.22亿人。EBay能够发展到这样的规模,主要应归功于它的创始人超前觉察到了人们有在网上进行交易的潜在需求,并通过简单易用的工具实现了用户的参与愿望。EBay所收取的只是提供交易平台和交易工具的费用。在交易平台上,EBay的用户可以自由地买卖商品。

要点2. 希望导向法的应用要借助丰富的想象

希望导向法可以是基于已有事物上的希望,也可以是超越现有事物之上的无中生有的希望,这就需要想象。通过想象,在我们的头脑中构想出能满足人类某种需要的事物,形成创意。例如,"神奇的花瓶":一粒普通的花种子放入盛有特种营养液的神奇花瓶里,在电磁场和特殊音乐的作用下,很快就能开出鲜艳的花来,而且花瓶可对开败的花朵进行营养物分解,循环使用。"电脑神笔":用这支笔写字可以把内容记忆在笔内,需要时把笔安放在一个特殊的架子上即可写出刚才的内容。这些都是通过想象而提出的美好希望,说不定什么时候就可能实现了。

要点3. 希望导向法的应用要从多视角、多途径中去获得创意

人类的需求是丰富多彩、五花八门的,创新者要能洞悉更多的需求,就得从多种多样的视角和途径中去发现。

案例二: 目前在洗衣机市场技术与产品花样翻新的今天,小天鹅却坚持从洗衣机的本位功能视角出发,找到了新的需求创新方向:力求"把衣服安全地洗干净",解决波轮洗衣机多年来存在的缠绕难题。为此而设计的小天鹅"水魔方"洗衣机在把握国际家电设计回归本位的大趋势下,用最新的技术解决洗衣机所存在的最根本的问题。"水魔方"洗衣机具有创造零缠绕的搅拌水流,通过多种水流方式的自由组合,为每件衣物创造了独立的洗护空间,彻底解决了缠绕问题。水流通过上下方向运动的作用使衣物易于翻滚,洗净比更佳,而且大大减少了波轮对衣物的直接作用,也减少了磨损,同时兼顾洗净与节水要求。

捕捉需求的触角需向顾客去延伸,全力适应、引导或创造他们的需求、需要、欲望、渴望、期望、盼望、理想、梦想、幻想等等,进而获得丰富的创意。

案例三: 某家照相机厂家发现,日常生活中许多消费者在使用照相机时总感到不方便,要学会如何定光圈、如何用快门速度、如何用光、如何取景深等等,太麻烦。因此,照相机厂就组织科研人员攻关,从迎合消费者需求出发,研制出一种全自动相机,即只需按一下快门就可照出好相片的相机来。经过反复试验,终于创新出一种由闪光灯、电眼调节器和传统照相机组合而成的"傻瓜"照相机,很快受到广大消费者的青睐。现在的数码相机更是满足了人们这方面的需求。

希望导向法可以用在已有事物上，也可以用在不存在的事物上。希望导向法的具体操作可分以下两种基本情况：

一是基于现成事物基础上的新希望点的发现、收集、提出和列举。

案例四：有一家钢笔制造厂为了革新它所生产的钢笔，对用户进行了广泛调查，归纳整理后主要有以下一系列希望点：

①希望钢笔出水顺利、书写流利；②绝对不漏水；③笔尖不开裂；④不用吸墨水；⑤一支笔可以写出两种以上的颜色；⑥笔迹能粗能细；⑦能方便地看出墨水储量；⑧省去笔套；⑨在没有灯光的地方也能写；⑩吸墨水不用拧下笔杆套子，等等。

笔厂有关人员对上述希望点进行分析后认为前三点属于钢笔制造中的质量问题，可在制造中不断改进。其他希望点一时难以实现，唯有"省去笔套"这一点很可取，于是厂方选定"无笔套钢笔"作为革新课题，终于研发出一种像圆珠笔那样可以自由伸缩的钢笔，从而省去了笔套。

对有形的现存事物，我们还可从多个角度、多个侧面对其方方面面提出希望，以取得丰富多彩的新奇创意。比如凡是有形的事物，都有功能、性能、价值、成本、结构、外观、使用方法、使用环境、材料、包装、颜色、大小、重量、生产、运输、质量等等方面的自然要素，我们就可对这些方方面面的要素提出新的需求和希望。即使是无形的事物，也可将其相应的方方面面展开来发现和提出种种希望。

二是对现实不存在事物的需求提出新的希望或创意，走别人没走过的路。这往往引发出原始创新，是一种首创性的创新方向，极具创新价值。爱因斯坦在年轻的时候，曾一直苦于自己无法在科学领域独辟蹊径，遂请教其老师明科夫斯基。明科夫斯基一时不知道如何回答，想了想后领着爱因斯坦来到一处建筑工地上，在建筑工人们的批评责骂声中和爱因斯坦走过了一段刚刚铺就的水泥路，结果在尚未凝固的水泥路面上留下了两人清晰的足迹。明科夫斯基望着脚印对爱因斯坦说："人只有走别人没有走过、不敢走的路，才能留下自己的足迹。"爱因斯坦之所以能够在世界科学史上留下深深的足迹，就是因为他走的不是常人所走的路。

案例五：《纽约时报杂志》曾制作了眺望明日世界专题，以《明日世界的多项可能》为题，提出了不出10年就要实现的科技产品或服务，大胆预测了公元2010年可能实现的人类希望。

（1）泰迪熊为小朋友说床边故事：有思想的玩具会越来越像真的，研制中的玩具可以说故事、可以唱歌，内建有软件，可以辨别主人的声音。

（2）永远不必割草：基因工程的进展可以让全美国的草坪整齐划一，不必割草。不过，有人抱怨说，这样做会剥夺他们割草的乐趣。

（3）可以让你改换肤色的化妆品：到药店买个化妆品，就可以更改皮肤色素，让想要白一点的黑人、想要黑一点的白人都很开心，将来有一天，全世界的人肤色会很像，都属于棕色一族。

（4）不会发生车祸的汽车：为了提高安全性，许多科技研究人员千方百计要让汽车学会自动驾驶，操控汽车自动对路况作出反应，避免一切可能的撞击。

（5）运用心灵力量移动物体：比方说，如果四肢都不能动，运用眼球的移动对电脑下指令，这项科技可以让未来的生活更方便。

（6）探测滋味绝不走味的仪器：舌头就好比一个化学分析仪，那么发明探测滋味的仪器就不是太离谱的事。

（7）不会杀死人的枪：激光射到人体，让人暂时无法行动，但却不会造成任何损害，听起来很神，但是已经可以办到。

（8）重建犯罪现场的扫描器：美国宇航局（NASA）的科学家利用探测小行星的化学分析仪器，研制重建"犯罪现场"的利器。未来，刑警人员利用这个设备就可以研判开枪的位置、血迹喷溅的情况，不必戴上手套，就可以采得现场遗留的证据。

（9）可以抓出坏蛋的监视器：监视器可以分析哪个家伙停留的时间不寻常地久，也可以告诉监视人员谁出入太频繁了，还可能观察人们脸部的表情，如果发现谁神色有异可以提醒警卫注意。

（10）让你穿上就神清气爽的衣服：装有电子感应器，可以根据穿着者的心情调整气味，让忧郁的人心神为之一振，效果比吃药还要好。

这些丰富的想象、美好的愿望都会在不久的将来被实现，"希望导向法"将在创新中不断推动科技的进步。

那么，人类有哪些主要方面的需要呢？有人认为有五大类需要：

（1）生理需要：指人对食物、氧气、休息及衣食住行等方面生存的最基本需要；

（2）安全需要：指对人的精神和身体提供安全与保护的需要；

（3）社交需要：指与他人保持良好的关系，需要友谊、帮助、忠诚和爱及归属的需要；

（4）尊重的要求：指尊重别人和受到别人尊重的需要；

（5）自我实现的需求：指个人的理想、能力、个性及价值等得到充分发展和体现的需要。

创新者可对上述五大类需求进行细化，对人群及市场进行细分，以便列举出一些较为具体和丰富的希望点。例如，我们从生理需要中细化出食物，再结合人群细分出儿童，提出"智能型复合食物"的创想：这是一种全营养素的食物，但这种食物被吃下后，能根据个体差异进行自动分解，人体缺的就多吸收，不缺的就少吸收，让人得到的营养不多又不少，以便儿童得到健康生长。类似这些富含奇思妙想的创意设想，可以无穷无尽，层出不穷，就看你能否想得到。

最后，利用希望导向法寻找创新设想还要满足以下几点要求：

第一，要永远保持不安于现状的心理，不断地求新、求高、求全，哪怕被认为不良心理状态的"懒惰"也可能用来提希望点。

第二，要有信心。提希望和设想时不能有任何顾虑，如这种目标我实现不了，那种设想太离奇无法做到。因为现阶段只是提出设想，还未到下阶段选择课题和解决课题的时候，何况，个人解决不了的问题集体却有可能解决，这里办不到的那里有可能办到，现在办不到的将来有可能办到。

第三，要提高自身素质，增加知识的广度和深度，知识的准确性、有效性、知识结构的合理性等都必须提高。创新者要善于接受并及时掌握高、新、尖知识，这样起点和层次就高，就可能提出各种有价值的希望，从而提出的设想也不落俗套。

第四，创新的人要积极进取、有追求、有理想、有毅力。这样才能长期不懈地去创新、去发现、去幻想。

第五，要学会对需要提希望点的事物进行调查了解，尽可能搜集掌握更多的相关信息，在此基础上再去提出希望点，这样就会避免因孤陋寡闻而产生早已被人实现了的、过时的"希望"。

实操训练

练习1：一周内从您身边所熟悉的事物选出7个用品，并对每个用品提出3个以上的希望点。

练习2：一周内提出3个以上现实中所没有的希望事物出来。

练习3：在工作、学习领域里，您运用希望导向法能提出哪些创意？

练习4：在日常生活中，您运用希望导向法能提出哪些新创意？

练习5：在养生保健领域，您运用希望导向法能提出哪些新创意？

练习6：在家居安全方面，您运用希望导向法能提出哪些新创意？

第五节 组合设想法

> 一个为了更经济地满足人类的需要而找出已知装备的新的组合的人就是发明家。
>
> ——［美］爱因斯坦

启示与原理

尽管中国国内目前各类洗衣机年生产量已超过1200万台，位居世界第一，但是，波轮式洗衣机是日本发明的，滚筒式洗衣机是欧洲发明的，搅拌式洗衣机是美国发明的，洗衣机的创新设计却与中国无缘。海尔人一直有一个梦：一定要发明出世界领先的"中国造"洗衣机。在德国柏林举行的第一届全球家电展览会上，推出并申报国际PCT发明专利的海尔"双动力"（滚筒、波轮功能二合一）洗衣机，以双一半（用水一半、用时一半）、三模式（搅、揉、搓）的卓越性能，在展览会引起人们的极大关注，成为全球家电展览会上的最大亮点。这就是将波轮式与滚筒式技术组合在一起而创新出的海尔"双动力"洗衣机。不仅如此，海尔将微波炉技术与冰箱巧妙地组合在一起创新出微波炉冰箱，被世界营销大师科特勒先生授予"创意奖"，"无需解冻即时切"技术给全国用户带去健康和便利。海尔企业在创新中用的就是组合设想法。

"组合设想法"就是将两个以上的事物或要素巧妙而合理地结合为一个有积极意义的事物的创新方法。

大科学家爱因斯坦说过："一个为了更经济地满足人类的需要而找出已知装备的新的组合的人就是发明家。"这里包含两层主要意思，一是满足人类的需要，二是对已有事物进行新组合。我们利用组合设想法寻找发明课题必须紧紧抓住这两点。

组合设想法的着眼点不仅仅是将两个或两个以上物体简单叠加，即物体和物体相加，功能和功能相加，它更关注组合后物体所具有的新功能、新意义和新形式，关注组合后在总体意义上来说有一个质的飞跃、有着明显而突出的创造性。比如把拍X光片子的机器和计算机组合起来，成为CT仪———一种现代化的医疗检查器械。

正像以创意扬名全美的广告大师詹姆斯所揭示的那样：创意完全是旧元素的新组合。一个新想法往往是对旧成分的新组合，组合是开启新想法大门的钥匙。没有新的成分，只有新的组合。任何旧事物都可以组合，但不是所有的组合均能成功。换言之，并非所有旧事物的新组合均能产生创意，但是，旧事物的新组合是产生创意最重要的来源。

要点与技巧

要点1. 组合技巧类型

组合设想法一般分4种类型：主体附加式组合，异类组合，同物组合，重组组合。

1. 主体附加式组合

在主体附加式组合法中，首先必须考虑的是根据需要有目的、有选择地确定一个主体。其次是在不变或略变主体的前提下，通过增加附属物以克制和弥补主体的不足，或使主体增加新功能，或进一步发挥主体某一部分功能的作用。在主体的附加组合物中，一种是已有成品，另一种是专为主体设计的部件或装置。

📦 **案例一**：选择自行车为主体，利用主体附加组合提出设想。

（1）为了骑车转弯能看清侧后方而又不用回头，附加后视镜。
（2）为了天黑能行车，附加车灯；
（3）为了防止丢车，附加车锁；
（4）为了方便去菜市买菜，附加菜筐子；
（5）为了方便及时给车胎充气，附加袖珍气筒；
（6）为了方便带物，车后附加衣包架；
（7）为了防止撞人，配上车铃、车闸；
（8）为了防止弄脏、弄坏衣服，附加挡灰板、包链盒；

还可根据需要增加挡风板、里程计数器、侧轮等一些附加配件，从而使自行车的功能更加完善。但不论功能怎样增加、性能如何改进，它的主体和用途都是始终不变的。因此，有关自行车的这类组合属于主体附加组合。

2. 异类组合

异类组合是指将两种或两种以上的不同功能或者不同材料的物体互相渗透、互相结合。组合物通常还保留原来各自的功能和特点，但一般对各个物体本身都作了适当的改动。异类组合的主要目的是将相关的事物集合到一起，实现一物多用。

需要特别指出的是，不同材料的组合往往导致新材料的诞生，具有划时代的意义。如钢筋和水泥组合成钢筋混凝土，就是异类组合的伟大杰作。我们知道，没有钢筋混凝土，便没有现代城市——其实这不过是在施工时，工人往水泥中埋下了几根钢筋条而已，但是新产品的性能却发生了巨大的改变。

📦 **案例二**：异类组合的示例有：

（1）将超声波技术同研磨、焊接、切削、理疗、清洗零件、洗衣等属于人们从事生产和生活所需的各种方法组合起来，形成了超声波研磨、超声波焊接、超声波切割、超声波理疗、超声波清洗零件、超声波洗衣等新方法。

（2）将"紫外线辐射能使某种物质发出光"和"在低压下水银放电能产生大量的肉眼看不见的紫外线辐射"这两种原理，巧妙地组合可以制成荧光灯。

（3）把电动机和其他物体进行组合就可生产很多新的电动用具，如：电动剃须刀、电动牙刷、电动吸尘器、电动切削器等。

（4）以前用铅笔写错字要用橡皮来擦，而这两样不同功能但具有相关性的物体是分离的，人们既要带铅笔，又必须带一块橡皮。后来美国李普曼先生将二者组合到一起，创造出带橡皮的铅笔，并申请了专利。

（5）将具有不同热膨胀系数的金属组合到一起，产生出具有受热后能弯曲这一新功能的双金属片。

3. 同物组合

同物组合是指对相同或相似的两种或两种以上物体进行组合。虽然组合物与组合前各物体的功能、性能、基本原理和基本结构等方面没有发生什么根本的变化，但组合物弥补了组合前各物体的不足之处或被赋予了新的意义。有一个故事：元旦，在某高校俱乐部前，一老妇守着两筐大苹果售卖，因为天寒，前来购买者寥寥。一教授见此情形，上前与老妇商量几句，然后走到附近商店买来节日织花用的红彩带，并与老妇一起将苹果两两一扎，接着高叫道："情侣苹果哟！两元一对！"经过的情侣们甚觉新鲜，用红彩带扎在一起的一对苹果看起来很有情趣。不多一会苹果就卖光了。老妇所赚颇丰，感激不尽。这是一个同物组合的案例。

案例三：两个单卡录音机组合成一台双卡录音机；两个单灶头煤气灶组合成一个双灶头煤气灶；两支单色圆珠笔组合成一支双色圆珠笔；几个单一的电源插座组合成一个多用电源插座。同物组合的示例还有：

（1）单色印泥盒组合成双色印泥盒。
（2）两只功率不同的白炽灯组合成子母灯。
（3）单节车厢组合成整列火车。
（4）单只挂衣架组合成多层挂衣架。
（5）单支毛笔组合成整排笔刷。

值得注意的是，由于采用了新技术、新材料和新工艺，这类组合产品的整体构造大大简化，使用方便灵活，效果奇特，常常达到极为理想的功效。

4. 重组组合

此类组合的特点是仅在一件事物的内部进行，先把这件事物分解拆散，然后再用某种方式重新组合连接起来，一般不再增加附件。因此，这是一种通过分离拆散后的自身重新组合法，有别于前面介绍的3种组合类型。

案例四：重组组合的示例有：

（1）我国古代田忌与齐王赛马的故事也体现了重组组合的创新智慧。田忌和齐王各用自己最好的三匹马来进行三场比赛。田忌的马分为上、中、下三等，齐王的马也分上、中、下三等，但田忌的上、中、下三等马与齐王对应的上、中、下三等马相比都略逊一筹，3场比赛都失败了。孙膑教给田忌一个方法，按此方法又赛一次却胜了，马都还是原来的马，只是田忌将马重新组合了一下：以自己的下等马对齐王的上等马，先失一局；然后以自己的上等马对齐王的中等马，以自己的中等马对齐王的下等马，扳回两局。结果以二比一取胜。

（2）无柱大厅。旧式大厅建筑必须有支柱，屋顶架在四壁和支柱上，而且厅室越大，支柱越多，否则屋顶便会坍塌下来。人们在旧式剧院里看戏，常因柱子挡住视线而错过欣赏机会。现代建筑技术发明了薄壳结构，将屋顶和四壁分离，舍弃原来用支柱的组合方法，而采用新型力学结构，结果建成无柱大厅，其效果令人叹为观止。

（3）一体化电话机。原来电话机的机体和话筒是分离的，现在采用重组组合的方法，将机体和话筒做成一体，便于携带，极为方便。

（4）吹吸两用吸尘器。吸尘器，顾名思义只能用来吸去灰尘，实际使用中发现对于拐角缝隙之处，吸尘器往往无能为力。如能改变电动机的转动方向，则吸尘器的"吸气"变成"吹风"，拐角缝隙处的灰尘也就容易清除了。人们于是进行重组组合，终于发明了新型的吹吸两用吸尘器。

由此可见，有一种创新想法是旧的成分的新组合，所以最杰出的创意者总是专心于新的组合。

要点2. 组合价值分析

对于用组合设想法寻找创新课题，还要特别注意进行以下分析。

一是分析组合的实际意义：有无实际需求和必要。

二是分析组合的功效：①在功能不变的情况下是否简化了结构或降低了成本。如双头煤气灶，其功效等于原功效之和，结构小于原两个单灶，一只气罐供气即可。②功能是否发生了新的变化。如机器人的组合，各种探头、感应器与计算机组合，使它具有判断应变功能，这是原有事物在组合前都不具备的功能。

旧东西之间的新组合、旧东西与新东西的组合、新东西与新东西的组合、同质组合、异质组合、多元化组合、全方位组合、与万事万物的无穷尽组合等等为组合设想法的应用提供了广阔的前景，为创新者带来了无尽的创意。

实操训练

练习1：从现实生活中找出"主体附加式组合""异类组合""同物组合""重组组合"的应用案例各1～2个；

练习2：应用上述四种组合要点各提出1～2项组合创意。

练习3：在日常生活、学习、工作中，你运用组合设想法能提出哪些新创意？

练习4：对常用随身携带物品，你运用组合设想法能提出哪些新创意？

第六节　求变试问法

> 生活就是变革，完美就是不断变化。
>
> ——［英］纽曼

📡 启示与原理

海尔集团是中国到目前为止发展速度较快、发展质量较高、发展规模较大的家电企业。海尔之所以能取得这样的成果，关键是靠自主创新，并且是独到的、差异化的、快速的创新。

以海尔的冰箱变化为例，我们可以从中得到一些领悟。上海家庭住宅面积普遍比北京小，上海人不喜欢冰箱占地面积过大，而且更欣赏外观比较小巧的造型。于是海尔针对上海区域用户的需求设计了瘦窄、秀气的"小王子"冰箱，深受上海用户的欢迎。相反，海尔在北京市场投放的冰箱则显得宽大、粗犷。另外，海尔又针对农村市场与城市市场的不同，对冰箱又作了不同的设计。海尔注意到农村消费水平比较低，对现有的冰箱价格农民难以接受，而且农村电压经常波动，电压最低时只有160伏。对此，海尔在开发农村市场时，首先削减价格，取消冰箱的多功能，价格自然就降下来了；然后对压缩机重新改造，使之更适合低压启动。经这种变化后的冰箱在农村的市场份额逐步上升。

海尔平均每天开发1.7个新产品，每天申报2.7项新专利。海尔就是要赶在别人否定自己之前先否定自己。海尔集团首席执行官张瑞敏在谈到海尔同国内其他企业的异同时，曾不经意地概括出人本企业与资本企业的区别："用一句话来说，我们是天天都在想着'以变应变，以变制变'；而中国绝大多数企业都还是'以不变应万变'。"海尔的可贵之处在于，它树立了创新无止境的观念，强调创新的空间存在于每个地方、每个人、每件事上。海尔持之以恒的求变思维，正体现了当今企业驱动创新的精髓。

创新的过程实质上就是一个寻求和实现有积极意义变化的过程。天地之间，万事万物无时无刻不在变化，而创新就是通过人的主观能动性去发现那种符合自然规律与人类发展进步所需求的种种变化。那么，如何有效地去发现事物的各种变化可能呢？"求变试问法"给我们提供了一种技巧。

"求变试问法"就是运用全面的扫描式思维，对其创新对象的主要变数（即主要组成部分）及其各种形态进行系统的变化试问，从中发现具有创新价值的变化设想。

要点与技巧

"求变试问法"是一种主动而有效的全面探索事物变化可能性的问题型技法。为了达到尽可能地不遗漏任何可变之处的效果,技法应用者应着重抓住两点:

要点1. 能将事物按要素展开

首先,要能将事物按其构成要素或可变要素展开。然后,再对展开的各个要素分别进行变化试问,以获取对事物进行细致而全面的可变性思维。例如,对有形的物品我们可将其展开为功能、外观、结构、材料、用途、原理、使用范围与方法等可变要素;有的要素还可继续细分,如又可将外观展开为形状、大小、颜色、质地等等;然后对这些要素一一进行试问,有无变化的可能和余地。

要点2. 对各要素进行有规律的可变性试问

创新的实践表明,事物可以千变万化,但有些变化的方向集中度比较高,具有一定的普遍性。为此,国内外的创新学者们在总结了大量的创新实践基础上,对常见的变化方向作了归纳分析,总结出了一些试问技巧,即:加一加、减一减、扩一扩、缩一缩、改一改、变一变、反一反、代一代、移一移、引一引、组一组等等。说明如下:

1. **加一加**:从添加、增加、加长、加宽、附加、组合等试问角度去考虑事物可否变化。

案例一:如有个小学生发明了四面篮球架,用的就是"加一加"方法。将4个篮球板面向外围成四面,中间用一共同支架支撑,就改进了供儿童练习投玩的新型篮球架,儿童可在有限的场地上从四面投篮,解决了人多篮板少的问题。JVC公司发明了3小时的录像带,以此击败索尼公司而确立了国际规格——因为特长的录像带使购买者能够录下完整的体育比赛。还有像双层公共汽车等都是这方面的应用。

2. **减一减**:对现有事物从删除、减少、拆散、去掉等角度考虑,使之出现有意义的变化。

案例二:在澳大利亚,第九电视网的凯瑞·帕克缩短了板球比赛时间,创新出了一天一场的板球赛,使之成为一个收视率很高的新的夏日电视节目。又如为使消防人员救火时省力、安全,有人用合成树脂制成水管,这种水管比原来水管的重量大大减轻。为追求更简单、更实用、更便宜,要大胆抛弃一切多余的东西。

3. **扩一扩**:增加数量,使它放大、变重、变厚、变深、变硬、强化、增加等等。

案例三:有一家生产牙膏的公司,产品优良,包装精美,很受消费者喜爱,营业额连续10年递增,每年的增长率都在10%到20%。可是到了第十一年,企业业绩停滞下来,第十二年、第十三年也是如此，维持同样的数字。公司经理召开高级会议，商讨对策。会上，总裁许诺说：谁能想出解决办法，让公司业绩明显增长，公司将给以10万元重奖。有位年轻经理站出来，递给总裁一张纸条，总裁打开纸条看完，马上签了一张10万元的支票给这位经理。那张纸条上只写了一句话：将牙膏管开口扩大1毫米。消费者每天早晨习惯挤出同样长度的牙膏，牙膏管开口扩大1毫米，每个消费者都多用1毫米宽的牙膏，每天牙膏的消费量将多出多少呀！公司立即开始更换包装。第十四年，公司的营业额增加了32%。扩一扩的创新，产生了意想不到的效果。

4．**缩一缩**：从紧缩、缩短、缩小等角度考虑事物的变化。掌上电脑、袖珍电视等都是应用了缩一缩的变化结果。

5．**改一改**：对原有的事物进行修改，消除缺点，使它更方便、更合理、更新颖。

6．**变一变**：从形状、颜色、音响、包装、结构、层次、味道、顺序等角度考虑事物变化的可能性。如将气球的形状由球形改为圆饼形、米老鼠形或唐老鸭形；日本四国岛的果农生产出了一种方形西瓜，这种西瓜每个售价为1万日元（约合人民币676元）。

7．**反一反**：从事物的正反、上下、左右、前后、横竖、运动方向等相反的方向来分析事物的变化可能性。

案例四：例如，通常企业的售后维修服务都是放在产品出现故障之后进行的，而IBM公司则创立了预防性的维护检修制度，把维护放在了产品出现故障之前。IBM的鼎盛时代是靠大型电子计算机支撑的，计算机生产商的售后服务对销售起着决定性的作用。一开始IBM就十分注重对用户租用设备进行维护保养。但在沃森一世时期，IBM对用户机器的维护保养是一种事后补救的制度，也就是在用户的设备出了故障时，尽快地派人去维修，排除故障。如果不出故障，或用户不来报告，不主动去维护。汤姆·沃森在担任了主管销售的副总裁之后，认为事后补救的维修制度已经不能满足用户的需要了，IBM应建立预防性的维护检修制度，也就是对用户使用的IBM的计算机，维修人员要定期上门检修。汤姆·沃森认为，这样做虽然会增加IBM的支出费用，可在定期的检查中，服务人员能及时地发现用户使用的机器隐患，及时采取措施排除隐患，或及时做好预防工作，也就可以减少事故的发生，既防止小毛病恶化为大问题，又可以为IBM节省维修支出。综合起来看，这种制度在经济上可能更合理。另外，这种制度还给用户提供了更可靠的服务，加强了用户与IBM的联系。从那时起，IBM的定期巡回检查维修制度也就建立起来了。

8．**代一代**：用一事物（或材料、技术、零件、功能等）代替另一事物。

案例五：代一代的例子有：符拉迪斯拉夫·伯罗用一个小球替代了钢笔笔尖，于是圆珠笔就诞生了。电子邮件替代了电报。克拉伦斯·伯德埃在加拿大的北极圈中发现了冰冻的鱼后，用冰冻替代罐头食品的制造，开创了冰冻食品业。超市使用自选商品和手推车取代了售货员。在爱尔兰，提供住宿和早餐的家庭小旅店已经取代了旅馆，并且成为这个国家旅游业的核心。在核心技术上具有自主知识产权的我国新科EVD，为成为国家标准甚至世界标准制定者而作出努力，我们看到了它取代DVD机的希望：在技术上，新科EVD已拿到9项专利证书，12项国际专利，使EVD有制定行业标准的实力。在生产上，新科EVD将建成百万台EVD产业基地，规模首次超过DVD，作为整机生产商，新科电子为EVD取代DVD提供了有力支持。在产品上，新科EVD可以替代DVD成为高清影碟机主流，这是因为新科EVD解析度是DVD的5倍，并能使DVD以下格式碟片的非高清信号转换成高清信号转，使影碟机的画质进入一个全新的层次。

9. 移一移：这个事物能移到别的地方去吗？新事物可以移到别的领域吗？如将电视上的拉杆天线"移"到圆珠笔上去，成了可伸缩的"教棒"圆珠笔；或将它"移"到鞋跟上去，可设计出后跟高低可调的新式鞋。

10. 引一引：能模仿其他动植物的结构、原理和方法吗？能引进其他事物的形状、结构、原理吗？等等。如模仿蝙蝠捕捉小虫的机制而发明了雷达，将生物领域里的神经网络处理信息的模式引入计算机领域而创新出的神经网络计算机等。

11. 组一组：此事物与彼事物能结合在一起来用吗？不同事物之间或相同事物之间能结合成有新意义的事物吗？如将手机、收音机、电视机、MP3、MP4、摄像机、手表等不同物品的性能高度组合在一起形成的高档智能手机就是典型的组合案例。

案例六：IBM公司所创立的"服务人员和销售人员一体化的制度"也是"组一组"应用的例子。IBM的管理者谦虚地认为，IBM具有强大竞争力的原因就是全心全意地为用户服务，用户不仅能买到称心如意的产品，而且能享受优质的服务，这是因为IBM实行了服务人员和销售人员一体化的制度。不管是服务人员还是销售人员，都掌握了这两个方面的技能，在同用户打交道时，都可熟练地提供两方面的服务。在许多公司，服务人员和销售人员是分开的，工作相对独立，各方只管自己份内的事情，但IBM认为这种制度弊多利少。IBM要求自己公司的服务人员与销售人员密切联系，彼此相互理解、相互尊重、相互支持。在IBM，无论是服务人员还是销售人员也都明白，成功必须靠相互支持。良好的售后服务可以扩大销售，而提供良好服务的目的也是为了扩大销售。所以，销售人员常常是边销售边服务，服务人员也是边服务边销售。

事物的变化是无止境的。掌握了常见的事物变化类型和方向，无疑可以启迪创新者产生更多更好的变化设想。

要点3. 求变矩阵图

根据"求变试问法"的应用要点和精神，我们在实施这种方法时，可以这样进行：将事物分解后的各要素作为行元素，将上述的试问方向作为列元素，然后组成一个求变矩阵。在这个求变矩阵中，对行中的每一元素按试问的各个方向逐一进行试问，以求行与列可能存在的变化交点。该矩阵示意如表3-1（以有形物体的求变矩阵为例）：

表3-1 求变矩阵图

功能	外观	结构	材料	用途	原理	范围	方法
加一加							
减一减							
扩一扩							

续表

缩一缩							
改一改							
变一变							
反一反							
代一代							
移一移							
引一引							
组一组							

案例七： 以求变矩阵在手机上的应用为例进行说明。

功能方面：

从"加一加"上考虑，能否加上防盗功能？能否加上收音和接受电视功能？能否加上MP3、MP4等功能？能否加上健康提醒的功能？等等。

从"减一减"上考虑，能否把除基本通信功能以外的所有功能都减去？以进一步减小体积和降低成本，优化基本功能？等等。

从"改一改"上考虑，现在的手机都只是进行一对一的通信，能否改成进行一对多的通信，即能和多部手机同时讲话？等等。

从"引一引"上考虑，能否引入卫星通信技术？能否引入GPS定位功能？能否引入互联网技术？能否引入语音识别技术？等等。

从"组一组"上考虑，能否将手机与轿车组合在一起？能否将手机与各种遥控器组合在一起？能否将手机与身体监护仪组合在一起？等等。

还可继续从类似"扩一扩""缩一缩""反一反""代一代"等方向上引导我们去求变试问。

结构方面：

从"加一加"上考虑，能否加上无线耳机，减少手机对人的电磁辐射？能否加上来电彩光显示？能否加点防摔附件？等等。

从"减一减"上考虑，能否减掉按键面板？能否减去外置的天线？等等。

从"反一反"上考虑，能否将天线放到手机下边，减少天线对人大脑的电磁辐射？等等。

从"变一变"上考虑，能否将手机变成手表形式带在手腕上？能否将手机变成耳麦带在头上不用手拿？等等。

依此类推，创新者还可以分别从外观、用途、材料、使用范围等方面持续地进行求变试问。通过系统而全面的求变试问，尽可能无遗漏地发现事物可变化的创意设想。

实操训练

练习1： 一周内每天选定一个所关注的物品，对其进行"求变设问法"的应用，并提出创意；

✏️ 练习2：通过一周内所提出的各种创意，筛选出相对最具价值的创意。

✏️ 练习3：对电脑产品，您运用求变试问法还能提出哪些新的创意？

✏️ 练习4：对家里的煤气灶，您运用求变试问法还能提出哪些新的创意？

✏️ 练习5：对家里照明用具，您运用求变试问法还能提出哪些新的创意？

✏️ 练习6：对眼镜，您运用求变试问法还能提出哪些新的创意？

第七节　脑源挖掘法

> 一个人的智慧总是有限的，只有那些能集合多数人的智慧的人才能真正成大事。一个人的力量是有限的，但能集合多数人的力量的人，就可能是无敌的。
>
> ——刘之余

📡 启示与原理

爱迪生以一生取得了数千项创新成果并因而名垂科技发明史册。一个人一生怎会取得如此之多的发明成果？这会给我们什么样的启示呢？1876年春天，爱迪生为生活所迫又一次迁居到了新泽西州的"门罗公园"，他在这里利用第一笔专利技术转让费建造了第一所"发明工厂"，它"标志着集体研究的开端"。1877年，爱迪生改进了早期由贝尔发明的电话并投入使用；他还发明了他心爱的一个项目——留声机，留声机是改变人们生活的三大发明之一，"从发明的想象力来看，这是他极为重大的发明成就"；电话和电报"是扩展人类感官功能的一次革命"等等。到这个时候，人们都称他为"门罗公园的魔术师"。爱迪生之所以是一个高产的发明家，其重要原因之一就是爱迪生摆脱了个人单打独斗的做法，而是通过他的"发明工厂"借助了集体的智慧和力量。

这种在经营、管理和创新等活动中充分重视人的脑力资源，并通过种种有效措施调动、激活、开发和挖掘他人与组织内每一个人的创新智慧的技法，就是"脑源挖掘法"。

在当今的知识经济时代里，人力资源是最宝贵的资源。世界银行在一份报告中指出，当今人类社会发展三大资源结构比为：土地:资金:人力资源=16:20:64。可见，人力资源已成为当代及未来社会发展的主导资源。在人类的进化过程中，人的许多机能都将衰退或被先进的设备所取代，唯有大脑越来越发达，而人的大脑正是我们的智慧之府。人类越来越依靠自己的智慧推动社会的进步和发展。在工业经济时代，其发展特征是：人们通过生产和技术向自然无情地掠夺；而知识经济时代的发展特征是：通过教育与开发向人脑要智慧。

国际一流创新企业的竞争秘诀是创新，而且是全员创新。这就是"脑源挖掘法"在现实创新竞争中的真正威力所在。我国政府提出的创新驱动战略及"万众创新"号召就是如此。

要点与技巧

如何自觉用好"脑源挖掘法"？管理者和需要合作创新的人，应特别注意下面几点：

要点1．若要释放创造力，必须首先培养创新文化

若想推动创新，就必须改变现有文化背景，以支持自己和他人的创新行为。

案例一：在文化创新方面，IBM本身就是一个很好的例子。多年来IBM一直大力建设自己的创新文化，比如有一个专供内部人员使用的"智慧园"，可接收IBM公司世界范围内30多万名员工提交的创新想法和实施方案。借助这个"智慧园"，IBM员工能够方便地交流、补充和修改新想法，并按意愿组成小组，就某项创新设想进行深入研究。"智慧园"的运行已获得了巨大成功，在开放后的6个月里，公司收到了6000多条来自全球员工的创新建议。在IBM公司里大约有45位"革新人员"，对外有各种代号，例如梦想家、创见者、讨厌鬼、叛徒、天才等等。每位"革新人员"的任期是5年，在这一段时间，他可以随心所欲地从事他唯一的任务，那就是革新制度。IBM为保护员工持久的创新积极性，早已制定了一个非常完美的点子构想权保护制度：只要是曾在公司中记载过的任何新点子，都可不必等到专利权正式生效，发明者便可能享有一切应有的权利。

要点2．切忌自以为是，要重视他人的智慧

一个高明的管理者或领导者，往往是虚怀若谷，注意倾听别人的意见，充分汲取他人的智慧。

案例二：微软公司总裁比尔·盖茨说道："我们从没改变的最重要的事情是我们雇用聪明的人。这没有任何替代品，也不像人们所说的那么容易……我们会全身心地去发现合适的人……一旦你选定了最好的，我认为最重要的是就信任他们。从一开始，我就是依靠别人的思想和经验来支持我自己的，很多时候，他们填补我知识中的空白。我们把员工分成小组，赋予他们权力去塑造我们的产品形象，提供他们所需的技术和资源，帮助他们完成工作。我们给他们成功的机会也允许他们失败，只要我们从他们的错误中学到了东西。当然，我们也给他们机会去分享他们帮助创造的成功。"

先进的管理理念告诉我们，团队中的领导要有意识地后退，学会"有所不为"。领导者不要先发言"定调子"，而是"多看一看，多听一听，多想一想"。地位越高，发言应该越靠后，以免压制了其他成员的观点或对他们造成需要服从的压力。学会开会是领导者

的必修课，在各种会议中，级别最高的领导者要能耐得住寂寞，最后一个发言，这样才能听到真话，否则听到的多是奉承话和假话。管理者切记：当我们觉得自己最正确和最聪明时，往往是自己在远离智慧、走近愚蠢。重视身边他人的智慧，智慧才会伴随着你，才会不断释放无尽的创意。比尔·盖茨说得好，"创意有如原子裂变，每一盎司的创意都能带来无以数计的商业效益"，"知识经济就是创意经济"。

本田公司告诫管理阶层应该时时自问：我们有没有给员工发挥想象力的机会？领导层是否有充足的干劲与勇气去防止组织官僚化？我们对源源不绝的新点子是否有足够的包容力？

要点3．切忌唯我是从，要善为他人构建展现智慧的平台

3M公司的管理者们认为他们的主要职能是创造"一种能够激发普通员工建功立业的组织环境"。3M公司的管理哲学不是把精力集中在控制新结构和体制所拥有的权利上，而是集中于充分挖掘每个员工的潜力，这才是创新组织中最为聪明的管理智慧。国际公认管理艺术中有一句著名的管理格言"给猴子一棵树，给老虎一座山"，说的也是这个意思。

在管理理念落后和崇尚人治的环境里，管理者常常喜欢大权独揽，唯我是从，对身边的人指手画脚，唯我独尊，要求别人绝对听话和服从，支配欲强。其实这些都是与现代管理理念格格不入的。从做事业的角度讲，一个优秀的管理者应该放下架子，淡化权力欲，以人为本，平等待人，尊重他人，努力为别人搭建施展才能和释放智慧的平台，放手放权让下面的人去自主做事。只有这样，管理者才能凝心聚力，汇集众人的智慧和力量，实现预定的事业目标。这才是高明管理者的真正职能所在。

要点4．切忌居高临下，要善于欣赏与激励

具有显著人格魅力的聪慧管理者都有一个明显的特征，那就是他们绝不盛气凌人，以救世主自居，而恰恰是视身边的人才为宝贵财富，满目尽带欣赏之光，时时以激励之心尽释他人之能和他人之慧。这早已成为国际一流企业实施创新战略的一大法宝。

案例三： 美国的IBM公司是世界上最大的计算机制造公司。该公司为了激励科技人员的创新欲望，促进创新成功的进程，在公司内部制定了一系列别出心裁的激励创新人员的制度。该制度规定：对有创新成功经历者，不仅授予"IBM会员资格"，而且对获有这种资格的人提供5年的时间和必要的物质支持，从而使其有足够的时间和资金进行创新活动。IBM公司采用这种奖励一举数得，既使创新者追求成功的心理得到满足，也是一种经济奖励，它还可以以此留住人才，并促使他们为公司的投资能得到偿还进而更加努力地去进行新的创新。

那么，在3M公司里对员工又是如何激励的呢？一个成功的创新小组的工作人员，他们的事业

前途又是如何呢？研究3M公司有20年之久的麻省理工学院的爱德华·罗伯茨作了如下描述："在3M公司，一个人只要参与新产品创新事业的开发工作，他在公司里的职称与工资等级，自然就会随着他们产品的营业业绩而改变。譬如说，他也许一开始只是个生产第一线工程师，领取这一职级最高或最低的薪水。一旦他的产品打入市场后，就可提升为'产品工程师'。当产品每年的销售总额达到100万美元时，就是'具有充分资格'的产品，而这时他的职称与薪金等级都有了重大的改变。等到该产品销售额突破500万大关的时候，他就可以做到整个产品系列的'工程技术经理'了。假如该项产品再进一步破了2000万大关，就可升格为一个独立的产品部门。他若是开发该产品的主要技术人员，这时就自然成为该部门的'工程经理'或是'研究发展主任'了。"员工发明取得成功，立刻就会受到3M公司英雄式的热烈款待。就是在这样的激励下，3M公司年轻的创新者们勇敢地怀着新构想，跃跃欲试地到处冒险。

知识经济的核心是依靠创新发展和致富，它要求企业的人力资源报酬体系作出相应的变革。只有对员工的创新行为和创新结果给予充分的肯定，并予以合理的回报，才能使创新活动持续地进行下去。如果创新者不能分享创新成果，在下一轮创新过程中就会失去创新的活力和动力。

要点5．切忌只许成功，要善于宽容别人的失败

创新是一种想别人所未想、做他人所未做、成别人所未成之事的活动。因此，创新活动必然伴随着一定的风险和失败的可能，但要创新就不能惧怕风险和失败，管理者只有宽容创新者的失败，才能让别人放下包袱，轻装上阵，从而张扬智慧。一个组织要鼓励员工创新，就应当容许员工犯错误，只要员工不犯重复的和不可挽救的错误，就给予他创新的机会，使员工在错误和挫折中尽快成长。

案例四：在3M公司，就是失败者也会受到鼓励，所谓"有志者事竟成"。莱尔董事长经常用过去的事例勉励员工，不要怕失败，即使失败也切勿气馁，应当发挥企业家奋斗的精神。他说："在3M公司，你有坚持到底的自由，也就是意味着你有不怕犯错、不畏失败的自由。"

可见，创新型企业对待创新过程中的失败就是如此的宽容和大度。宁愿承受更多的失败，也不愿对创新者有丝毫的伤害。

要点6．切忌条条框框，要善为他人营造宽松自由的创新环境

美国耶鲁大学伍德沃说："历史表明，知识增长和科学发现需要无拘无束的自由。"即思想自由度决定人的创造力。为了保证创新者的这个自由度，需坚持三个"有权"：有权思考不能思考的问题；有权讨论不能讨论的问题；有权探索不能探索的问题。

案例五：企业创新的天敌是僵化和条条框框的限制。为营造适当的环镜让员工进行创新，3M公司制定了十点管理原则：

①给员工自由：让他们以自己的方法去完成工作；

②给他们时间：去挖掘自己选择的创新计划；
③允许犯错误：让他们从错误中学习；
④给予赞赏：表扬发明英雄；
⑤由员工自行合作完成任务；
⑥管理人在面对点子时，必须保持正视、开放、乐于沟通的态度；
⑦给予激励：寻找更多的方法去奖励创新者；
⑧大胆的支持：即使遭遇阻碍，仍能为一流的创新坚持到底；
⑨运用具备强烈交叉功能的小组，去化解组织中的束缚；
⑩协助去开发创新。

更令人惊讶的是，3M公司每个新产品的发展计划书非常简短，平均大约只有5页。而在大多数的公司里，新产品提案书，通常至少在200页。在3M公司里，管理者认为第一次提出新产品提案，只需用一个条理分明的句子说明就行了，不需要过多的纸上作业与繁文缛节，要把创新者从烦杂的规章制度中解脱出来。

总之，创新需要相应的环境。自由是创新的温床，没有一个自由思维、自由表达、自由讨论的环境，创新就会被压抑，就没有滋生的机会。支配是创新的敌人，没有平等的气氛，创新就会被支配所扼杀。容忍是创新的情人，没有对他人的容忍，尤其是对他人意见的容忍，创新就会深深地埋藏在他人的心里。创新大多是在"试错"中产生的，没有对错误的原谅和允许，人们就会因怕犯错而失去创新的动机。创新也是奖励的函数，若人们的创新能得到社会的回报与鼓励，得到社会的承认与尊重，人们的创新活动就会成倍增加。

中国有一句俗语：三个臭皮匠，顶个诸葛亮。此语的意思是，再聪明的人其智慧也不如众人的智慧高。但如何有效地激发和利用众人的智慧，却是有讲究的。除了上述所讲的一些要点外，国际上还流行着"脑源挖掘法"的一些应用技巧。

1. 头脑风暴会议（创始人：美国创造学之父A·奥斯本）

"头脑风暴"最早是精神病理学上的用语，是针对精神病患者的精神错乱状态而言的，现在指通过特定的会议转化为无限制的自由联想和讨论。其目的在于通过相互激发而产生大量的创新设想。头脑风暴会议的规则和方法是这样的：

（1）准备围绕某个具体的创新主题召开会议，最好事先将会议主题通知相关参会人员。

（2）与会人员以5~10人为宜（最好能召集不同专业和领域里的人），会议主持1人，1~2名记录员（最好不是正式参加会议的人员）。

（3）会议时间控制在1小时左右，地点不受外界干扰，会前最好放点轻音乐，以营造一个轻松的会议氛围。

（4）主持人对会议主题进行说明，并宣布"严禁评判"原则，即不准任何人在会上对别人的意见进行否定、批评和嘲笑。

（5）与会人员按秩序轮流、循环自由发表意见。冷场时主持人可以加入启发式发言。会议上的所有意见由记录员一一记录在案，以便会后整理。

这种集体自由联想的会议方式可以创造知识互补、思维共振、相互激发、开拓思路的特殊效果，以达到挖掘众人智慧的目的。

要开好"头脑风暴会议"，最重要的是遵循下列原则：

（1）创设自由奔放、无拘无束的会议氛围。

（2）严禁评判的原则。

（3）相互激发的原则。

（4）只求设想数量不求设想质量的原则。

案例六： 会议主题：我们如何进一步改良现有的电冰箱？（与会人员5人）

A：冰箱颜色太单调；

B：电冰箱可以冷藏食物；

C：打开冰箱的门时冷空气会跑出来；

D：电冰箱要有电才能运转；

E：电冰箱可以冷冻食品；

A：电冰箱可以加热食品；

B：打开冰箱的门有助于将冷空气留在冰箱里；

C：电冰箱不需要电力就可以运转；

D：冷冻食品会在冷冰库里融化；

E：附设一个小型的微波炉（电冰箱可以加热食品）；

A：打开冰箱门时，冷空气会涌出直到门栏上为止（打开冰箱的门时冷空气会跑出来）；

B：装设电池驱动的电源供应器以备短暂的停电之用（电冰箱不需要电气就可以运转）；

C：装设定时的自动除霜装置（冷冻食品会在冷库里融化）；

D：冰箱内可以分区自由设定温度；

E：冰箱能否挂在墙上以节省空间？等等。

2. **默写式头脑风暴会议（创始人：西德人鲁尔巴赫）**

这种会议方式特别适合那些不善于在众人场合言辞的人使用。方法如下：

（1）参会人员6人，坐成环形，时间1个小时左右。

（2）主持人说明会议主题后，每人面前放有若干张卡片。

（3）会议开始后，每人先用5分钟时间在一张卡片上写上围绕主题的3个设想。

（4）每个人将写好的卡片依顺时针或逆时针传给下一个人，同时每个人都在接到上一个人传过来的写有设想的卡片后，在5分钟内阅读完他人的设想，然后重新在卡片上写上自己新的3个设想，不要重复，并继续下传。

（5）依此类推，循环6次，平均每人在1个小时内提出36个设想，6人共提出近216个设想，会后收集整理。

"脑源挖掘法"的实际应用技巧还可根据情况进行变换，如K·J法和纸牌法等，只要符合前面所提到的四个原则就行。

实操训练

✎练习1：应用"头脑风暴会议"召开一次创意会议，主题自选，人员自由组成。

✎练习2：应用"默写式头脑风暴会议"召开一次创意会议，主题自选，人员自由组成。

✎练习3：应用脑源挖掘法，对课桌椅来一次创意风暴。

✎练习4：应用脑源挖掘法，对书本进行一次创意风暴。

✎练习5：应用脑源挖掘法，对个人出行来一次创意风暴。

第四章 创客之道

"创客"一词来源于英文单词"Maker",是指出于兴趣与爱好,努力把各种创意转变为现实的人。如何解决问题实现创意,其中的原则方法即为创客之道。综观人类的创新成果,每一成果的产生过程虽不尽相同,但经过创造学家的研究发现,成果背后的创新方法与思路却有着一些共同的规律。为此,创造学家们总结出了三四百种创造技法。有些技法主要是用在开发创造潜能上,有些主要是用在提出问题上,有些主要是用在解决问题上,也有些技法的作用是综合性的。为了创新者便于使用,一些研究创新的学者又对技法作了更深入的研究,发现了这三四百种技法的背后还有着更具有共性的原则方法。本章就是围绕如何实现创意、解决问题的目的,介绍一些常用的原则性方法。

第一节 原点本质法则

> 外观往往和事物的本身完全不符,世人都容易为表面的装饰所欺骗。
> ——[英]莎士比亚

启示与原理

在航天科技发展过程中有这么一个小故事:宇航员随航天飞机在太空中遨游时,时常要记录所观察的现象。一次,一美国航天员拿着水笔在记录本上记录时,水笔怎么也写不出来,但水笔中是有墨水的。这一事件引起了有关科研人员的注意。经研究发现,水笔写不出字,是因为在太空中处于失重状态下墨水出不来。为此,美国航天局考虑出资研制一种太空水笔,以解决在太空中常规水笔写不出字的问题。最后,这一问题被航天员巧妙地解决了,解决方法就是用铅笔来写就可以了。这一故事实际上给人们的启示就是在面对问题时,首先要抓住问题的本质和关键去思考,或回到问题的最初原始点去解决,才能拓展解决问题的思路,避免误入歧途,这就是原点本质法则。

在太空中水笔写不出字,这只是问题的表象或是在特定书写环境下所暴露出来的问题。按照原点本质法则来思考，这一问题的本质、关键或原始点是在太空中如何有效记录，如从这方面去思考，记录工具可以是水笔、铅笔、电脑、磁笔等多种手段，为何一定要局限在水笔上呢？由此可见，人们在问题面前，千万不要把自己的思路有意或无意地限制在问题的非本质、非关键或非原点上，否则就会影响人们创造性地解决问题。

实际上，人们在解决问题的过程中，思路往往会偏离问题的本质、关键或原始点，所以，原点本质法则可以提醒人们并纠正偏离的思路。抓住问题的本质或问题的原始点，是进行有效思考和创造性思考的基本原则。

要点与技巧

运用原点本质法则去思考解决问题，要从以下要点去把握。

要点1. 回到问题的原点去选择思路

在思考要解决的问题时，大家应时刻问问自己，您的思考出发点是处在问题的原点上（上位点），还是在问题的某一思考支路上（下位点）。通常，问题的解决思路展开过程如图4-1所示：

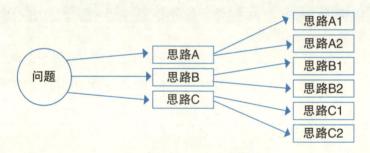

图4-1 解决问题发散思路图

假设某一问题有思路A、思路B和思路C三种解决路径，当我们选择思路B时，如果继续顺着这一思路思考下去，又有思路B1和思路B2选择（这就是下位思考），甚至还可以再往下位思考。如果思路B走不通，人们就需要回到问题原点（这就是上位思考），逻辑选择思路A或思路C。

案例一： 有一次，爱迪生在研制电灯泡时，需要知道不规则灯泡的容积。这时，爱迪生身边正好有一个数学硕士毕业的助理，于是他就把这一问题交给助理去解决，并说等一会就来拿结果。过了一会，爱迪生办完事后就来到助理的办公室去拿结果，此时看到助理正满头大汗地紧张地画着图，用高等数学的知识计算着灯泡的容积，并说再过会就好。爱迪生摇了摇头，伸手拿着灯泡壳灌满水，然后倒进量杯，立刻就知道了结果，助理顿时感到无地自容。用高等数学知识解决不规则灯泡容积问题只是其中一条思路，如果助理能懂得上位思考即回到问题的原点，想到爱迪生的办法也就不难了。

上述案例告诉我们，在面对各种复杂的问题时，要记着回到问题原点去多选择几条思路，然后选出最佳思路，这是创造性的重要表现。

要点2. 从问题的主要因素去思考

在面对各种复杂的问题时，大家不要被表象所迷惑，要善于抓住问题的本质、实质、关键或特征等主要因素去思考

📦 **案例二**：图中有几个蓝点？5个？真的是5个吗？你确定是5个吗？
提示：盯着上面中间那一个蓝点仔细看30秒再说出你的答案！

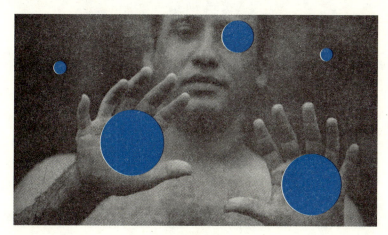

图4-2

绝大多数人的答案是5个。没错，但这图中最奇特和不同寻常的是什么？是这个人每只手有6个手指，为什么人们都没有注意到呢？可见，人们的注意力是非常容易被外界或表象所诱导的。

由此可见，当人们面对要解决的复杂问题时，更容易受到表象、他人思路、自己的先入为主或经验背景所影响，而没抓住问题的本质、实质、关键或特征，这是创造性解决问题之大忌。

通常，问题的本质不会主动暴露给问题解决者，需要创新者去努力挖掘。

📦 **案例三**：据说美国华盛顿广场有名的杰弗逊纪念大厦，因年深日久，墙面出现裂纹。为能保护好这幢大厦，有关专家进行了专门研讨。

最初大家认为损害建筑物表面的元凶是侵蚀的酸雨。

然而，专家们经过进一步研究，却发现对墙体侵蚀最直接的原因，是每天冲洗墙壁所含的清洁剂对建筑物有酸蚀作用。

为什么每天要冲洗墙壁呢？是因为墙壁上每天都有大量的鸟粪。

为什么会有那么多鸟粪呢？因为大厦周围聚集了很多燕子。

为什么会有那么多燕子呢？因为墙上有很多燕子爱吃的蜘蛛。

为什么会有那么多蜘蛛呢？因为大厦四周有蜘蛛喜欢吃的飞虫。

为什么有这么多飞虫？因为飞虫在这里繁殖特别快。而飞虫在这里繁殖特别快的原因，是这里的尘埃最适宜飞虫繁殖。

为什么这里最适宜飞虫繁殖？因为开着的窗阳光充足，大量飞虫聚集在此，超常繁殖⋯⋯

由此发现解决的办法很简单，只要关上整幢大厦的窗帘。而此前专家们设计的一套套复杂而又详尽的维护方案也就成了一纸空文。

当面临的问题比较大而复杂时，我们要把大问题分解为几个子问题去一一加以解决，因为研究较小的子问题可能把握着本质、实质、关键或主要因素，从而化难为易。

实操训练

练习1：以当前教育为例，试列出您实际最看重哪方面？教育的原点和本质又在哪？

练习2：就一个人来说，现今社会发展对人的素质需求什么最重要？

练习3：人类社会发展所追求的本质目的是什么？

练习4：在您所要实现的创意课题中，您要解决的问题的本质或实质或原点是什么？

练习5：您认为创新的本质或实质是什么？

第二节　联想启示法则

> 研究问题产生设想的全部过程，主要是要求我们有对各种想法进行联想和组合的能力。
>
> ——［美］奥斯本

启示与原理

三等分角问题是在2400年前，由古希腊人提出的几何三大作图难题之一，即用圆规与直尺把一任意角三等分。对这一数学命题，数学家早已证明用圆规和直尺是不能三等分已知角的，可是生产生活中却经常需要三等分一任意角。广东省某中学刘鸿燕同学为此绞尽了脑汁。一天，她突然联想到人们常用的折叠扇，打开扇子就看到许多等分角，受此启示，她想到了等分角的办法。扇子的轴就是各个角的公共顶点，经过进一步的研究发现，沿着等腰三角形底边上的高开一条导向槽，用一枚大头针配合，公共顶点就可以沿槽任意滑动，这样就可以任意等分角了。用此方法，刘鸿燕同学发明了非常精致又经济实用的"任意角等分仪"，凭此参加了全国第三届青少年科学创造发明比赛，并荣获联合国国际知识产权组织赠给大会的唯一一枚金牌——"青年发明家"奖章。面对如何三等分一任意角问题，联想到折叠扇，受折叠扇启示，发明了"任意角等分仪"，这个过程典型地说明了联想启示在创造性解决问题过程中的积极作用，联想启示法则也是较为常用的和本质的创造方法。

联想是利用事物之间在人脑中的关联，由当前的某一事物想到另一事物的心理过程，它对于人的思维特别是创造性思维有着重要的影响。通过联想来扩展人脑的思维活动，从而获得新的启示，探索完成创造性的解决方案，这就是联想启示法则。

当然，通过联想获得启示进而完成创造发明往往不是一次就能奏效的。如电话发明的历史已有一百多年，最初是有线、用耳听、传声的电话，一直到20世纪中叶，才有了划时代的视听电话。从这一发明设想的诞生，到以现有的技术手段去实现创新，说明联想是贯穿在整个发明活动的过程之中，一次次展开联想，一次次获得启示。所以，联想并不仅仅是一般的思考，而是思考的深化，是由此及彼、由表及里的思维的扩展。联想的范围越大，力度越深，从联想中获得的启示就越多。

要点与技巧

要点1. 联想定律

古希腊人提出了联想三大定律：相似律、接近律和对比律。按照联想定律可以把联想分为以下三种：

1、相似联想

当大脑受到某种事物刺激时，想到了与这一刺激相似的经验、动作或事物，这就叫相似联想。相似的对象是多种多样的，有规律、原理、手段、方法上的相似，也有结构、形状、功能、特征方面的相似。例如：由火柴想到打火机，由蒸汽机想到电动机，由自行车想到小汽车等。

相似联想反映了事物的相似性和共性。在进行相似联想时，我们要根据需要从眼前的某一方面去联想其他的事物。同样是对火柴进行相似联想，若是从便于携带且能生火这一功能去联想，可从火柴想到打火机；若是从摩擦取火这一方式去联想，又可从火柴想到古人钻木取火。

2. 接近联想

想起在时间或空间上与外来刺激有关的经验、动作或事物称为接近联想。如，由冬天想到大雪纷飞，由作息时间表想到自动打铃器，由年代想到历史上的重大事件，这是时间上接近的事物引起的联想，叫做时间联想。又如，由河流想到轮船，由教室想到黑板，由农村想到拖拉机，这是空间上接近的事物引起的联想，叫做空间联想。一般说来，时间上相接近的，空间距离也不远；空间上相接近的，感知时间也相近。时间联想和空间联想总是交织在一起。

3. 对比联想

对比联想是指大脑想起与外界刺激相反或对立的经验、动作或事物。例如，由天上想到地下，由火想到水，由冷想到热等等，这是指有对立关系的事物形成的联想。因此，客观事物的对立规律是进行对比联想的基础。

案例一： 下列我们举一些例子：

相似联想：

  小狮子——小花猫　橘子——柚子　火柴——打火机　螺钉——钻头

  家狗——野狼　冰球——曲棍球

接近联想：

  儿童——玩具、童装、奶粉、皮球、幼儿园、画画、游戏。

  火车——铁轨、车站、车票、列车长、汽笛、枕木、列车员、餐车。

对比联想：

（直接）：平直——弯曲　黑白——彩色　轻——重　战争——和平　高大——矮小

    冷——热　过去——未来　运动——静止　方——圆

（直接）：

  裤子 { 男性用品→女性用品（短裙）
     穿在下面→穿在上面（上衣）
     穿在路上→穿在水中（泳裤）

（间接）：

  电话 { 有线→无线（手机）
     耳听→眼看（电视电话）
     声音→文字（传真）

再举两个将三种联想串联并举的例子：

陆 —对比→ 海 —相似→ 河 —接近→ 桥

咖啡 —对比→ 茶叶 —接近→ 茶杯 —相似→ 酒杯

要点2. 联想方式

按照联想方式可以把联想分为强制联想和自由联想。

强制联想是指对准发明目标，把解决问题的要求与另外一些事物的特性强制性地联系到一起去思考的联想。例如，要开发一种收录机的新产品，把普通收录机和风马牛不相及的飞机联系起来，从体积、重量、功能、结构、形状、材料、色彩等方面去寻找新的启示，从相似、接近、对比的关联中扩大视野，开拓思路，找出发明新收录机的出路。强制联想能力越强，表明思维的灵活性越好。

自由联想是指对事物不受限制的联想。自由联想能力越强，表明思维的流畅性越高。

要点3. 联想运用

"联想启示法则"是一种主动寻求完成发明课题方案的方法。怎样有效地运用联想启示法则呢？

第一，头脑里要有比较丰富的知识、经验和见识储备。从联想中获得启示，是刻苦学习、掌握知识、勇于实践和见多识广的结果。谁想运用联想启示法则获得成功，谁就应当下一番功夫，丰富自己的知识和见识。尤其是当代的新产品、新技术、新材料、新理念等层出不穷，对这些要有个大概的了解，而且不能仅局限于对学校里几本书的学习，要博览群书，多体验、多实践。

第二，要能从有待解决的事物中抓住本质性或实质性的问题点，并以此问题点为标志，同已有事物建立起多方面的联想，这样才能突破"困境"，产生解决问题的新思路。

案例二： 用活性污泥处理工业废水的发明。工业废水处理是环境保护的重要课题，怎样使工业生产的废水变成无污染的净水呢？科学家应用联想从工业废水想到江河中夹杂着大量有机污泥和废弃物质，江河废水流入海洋，海洋却不会因此受到污染，即因为有着"海洋的自净化作用"。之后，科学家经过研究发现海洋中生长着能分解消化有机物质的净化细菌，由此获得启示，有意识地在工业废水中放入含有净化细菌的污泥，设法使净化细菌在废水中大量繁殖，终于诞生了一种新的废水处理方法——活性污泥处理法，从而把刺鼻的工业废水变成了无污染的净水。

联想的方向可以是双向的，即可从有待解决的问题联想到其他事物，也可从其他事物联想到有待解决的问题。

案例三： 多功能生态灯的发明。生态球是一种透明的、用玻璃壳封闭的生物能量转换系统。有位同学被生态球袖珍水族宫那新奇的景象迷住了，当他用手电筒照射时，看到水族宫里的鱼儿闪银光，水草如碧玉。他由此获得启示，从手电筒照射联想到台灯照射，结果把袖珍水族宫和台灯两件本不相干的东西结合起来，又加上电子音响装置、定时喷香装置、时间显示装置和存放文具装置，终于制成功多功能生态系列灯，使灯的家族又增添了一个新的成员。

科学史上，依靠联想获得启示，进而有所发明并创造成功的事例比比皆是。英国人瓦特从水蒸汽冲开壶盖的现象联想到蒸汽机：汽缸中的热蒸汽在向上推动活塞后，再将它引向另外一个小室进行冷却，这样同一个汽缸就不需要既加热又冷却了，而是始终保持在加热状态，从而节省了时间和能源，最终他发明了比纽可门蒸汽机功率更大、更加完善和实用的瓦特蒸汽机。日本人田熊常吉为了改进锅炉中的无效水流和蒸汽循环，从少年时代学过的人体血液循环理论中获得启示，把血液循环系统中动脉和静脉的不同分工，以及心脏瓣膜防止血液回流的特殊功能，应用到锅炉的水流和蒸汽循环中去，使锅炉的效率一下子提高了10%。上海和田路小学六年级学生徐琛的"防触电插座"的发明，正是从插孔的双眼联想到百货公司的转门，进而从"活门"上得到启示，打开了创造发明的思路。

实操训练

练习1：自由联想：杯子——（15个联想词/1分钟），强制联想：鸡蛋——宇宙（1分钟）

练习2：请分析管理与绘画有哪些相同点？（10个相同点/3分钟）

练习3：什么东西具有既能合并又能打开的特点？用联想启示法则列出上述所有东西的名称，想得越多越好。

练习4：上数学课时教师用的三角板只能划线。怎样用联想启示法增加三角板的功能，不仅能划线，还可画出任意角，作平行线，作分角线呢？请试一试。

练习5：用联想启示法则设计出一个能使淘米时米和沙子分离的发明方案。

练习6：在您所要解决的问题中，试利用"联想启示法则"寻找解决方案。

第三节 类比模仿法则

> 现代创造理论的主流似乎正在出现类比论的全盛时期。
>
> ——[日]市川龟久弥

启示与原理

在隧道工程中曾经得到广泛使用的"构盾施工法"的发明是这样的：1820年，英国要在泰晤士河河底建造隧道，由于土质条件很差，用传统的支护开挖法，因河底松软会导致渗水、易塌方，施工极为困难，为此工程师布鲁尔内一筹莫展。有一天，他在室外无意中发现有只甲虫使劲地往橡树皮里钻，使他产生了兴趣并作了类比：甲虫钻洞与隧道掘进是相似的，甲虫钻洞之所以高效而不受伤是因为它有一层坚硬的外壳，河床底下施工为什么不能模仿这种小虫的硬壳而掘进呢？最终他发明了"构盾施工法"——用空心的钢柱模仿甲虫坚硬的外壳打入河底，以此为"构盾"，边掘进边延伸，在"构盾"的保护下进行施工。在这里，创新的对象就是水下隧道施工技术难题，类比对象就是以壳护身钻进树皮的小甲虫。布鲁尔内通过类比模仿，将两者联系起来，产生了创造性解决问题的方法。这方法背后的原理就是类比模仿法则。

客观事物从表面看是杂乱无章的，它们以各自的特征区别于其他事物，但相互之间又存在着不同程度的对应和类似性。通过比较先找出两个事物或多个事物的类似之处，然后再据此推出它们在其他地方的类似之处，进而把有关原理、方法、特性、形态或结构等也模仿运用到有待研究或解决的事物中去，以寻找解决创新课题的思路，这就叫类比模仿法则。

类比模仿法则是一种富有成效的创新方法，有利于发挥人的想象力，从异中见同，产生新的知识，得到创造性解决问题的思路。正所谓"他山之石可攻玉"，借助其他事物的一些特征解决此事物的问题，是创新史上常用方法之一。

要点与技巧

要点1. 类比步骤

类比模仿法则的应用操作是：第一步，在有待解决的问题与其他事物之间，通过类似性找出类比事物；第二步，对类比的事物进行分析，模仿其他事物的一些新特性设想出解决问题的新方案。即先类比，后模仿。

案例一：深潜器的发明。著名的瑞士科学家皮卡尔父子是两个研究大气平流层的专家，他们设计的平流层气球，成功地飞到1569米高空，后来他们又把兴趣转移到海洋，研究起深潜器来。当时的深潜器都是采用定点悬吊法，即用一根钢缆将深潜器吊入水中。入水后的潜水器既不能自行浮起，又不能在水下自由行动，加之钢缆本身有重量和抗拉强度的限制，因而潜水器一直无法突破2000米大关。

如何革新潜水器使其能在海水中自由行动并向更深的海域挺进，这是皮卡尔父子面临的一大难题。他俩首先由海水和空气的相同之点，想到潜水与升空有类似之处，于是将构思中的深潜器与平流层气球进行了类比。

类比根据：海水和空气都是流体，都对潜水器和气球产生浮力。

结构类比：平流层气球由两部分组成，一部分是气球，内充比空气轻的气体；另一部分是吊在气球下面的载人舱。深潜器也由两部分组成，一部分是类似气体的浮体，内装比海水轻的汽油；另一部分是类似载人舱的钢制潜水球。考虑到气球上浮，深潜器下沉，所以先得在潜水球内配置重物

（比如铁砂）。

进行过上述类比后，皮卡尔父子很快就完成了深潜球的设计：一个外形和汽艇一样的浮筒，下面连着一个钢制潜水球；浮筒内充满比海水轻的汽油，为整个系统提供浮力；潜水球中放入铁砂作为压舱物，靠其重量迫使整个系统潜入深海，如果深潜器想要浮上来，只需将压舱的铁砂抛入海中；再给深潜器配上动力装置，就可以在任何深度的海洋中自由行动了。

按照这个设计出的深潜器，初次试验就下潜到1380米的深度，后来很快就下潜到4042米深的深海，最后突破万米大关，成为当时名副其实的"深潜器"。

要点2. 类比形式

类比的形式有很多，常用的有如下几种。

1. 直接类比

将要解决的问题与相类似的事实、知识或技术直接进行比较。例如，要设计一种水上汽艇的控制系统，人们可以将它们同汽车相类比，把汽车上的控制系统经过适当改造，模仿到汽艇上去，这样显然比凭空想象去设计一种东西更容易获得成功。

案例二："水流喷溅除氰法"的发明。电镀厂排出的废水中因含氰量过高而造成了严重的环境污染。如果采用化学方法除氰，不仅成本昂贵，而且会带来新的污染。

为了解决除氰的问题，人们把电镀厂废水中含氰与自来水中含氯直接类比起来。原来，自来水因用漂白粉作净化处理，而使水中含有一定量的氯气。如果直接用含氯的自来水养金鱼，金鱼则会很快死去。一般有经验的养鱼人都从实践中摸索出了一些消除自来水中氯气的办法：（1）静置日晒法；（2）剧烈搅拌法；（3）水流喷溅法。这最后一种方法是将水龙头开大，让水流激烈地喷溅下来，从而使水中的氯气跑掉。

日本一家企业正是直接类比模仿这种"水流喷溅除氯法"，发明出了"水流喷溅除氰法"，很好地解决了电镀废水中的处理难题。为此他们专门设计了一座冲击塔，让电镀厂废水在塔中反复地自上而下喷射，从而使水中含氰量大为减少。这种方法不仅造价低廉，而且效果十分显著。

2. 仿生类比

将发明对象与生物系统进行类比，从而获得自然界的启示，仿照有关生物的色彩、声音、形态、结构或特殊功能，取得创造性成果。例如，风行世界各国军队的迷彩服就是运用仿生类比设计的，由于这种军服的颜色模仿了草、树和土地交叉混合的颜色，从而很好地达到了便于隐蔽的实战目的。

3. 因果类比

两个事物的各个属性之间，可能存在着同一种因果关系，因此可以根据一个事物的因果关系推出另一个事物的因果关系。例如，在合成树脂塑料中加入发泡剂，使合成树脂中布满无数小孔洞，这样的泡沫塑料不但用料省、重量轻，又有良好的隔热和隔音性能。日本人铃木应用了因果类比法，将泡沫塑料和想要发明的新型水泥类比，在水泥中加入一种发泡剂，使水泥也变得既轻又具有隔热和隔音的性能，结果创造出一种发泡混凝土。

4. 亲身类比

亲身类比要求创新者不再按照早先分析的方法来思考问题，而是把自身的感觉、结构、功能等与问题或创造对象的某些要素等同起来，通过拟人化形式来获取关于问题的深刻见解或创造性设想。在现代化的工厂中，各种各样的机械手都是运用亲身类比，模仿人手制造出来的。人工心脏、人工肾脏、人造血管等都是发明家们在与自身相应的内脏器官进行类比后造出的重大发明。再如，挖土机也是模仿人手臂的动作进行设计的，其主臂如同人的上下臂可以上下左右弯曲，挖斗恰似人的手掌，可插入地中将土捧起。

类比模仿法则立足于把未知的有待创造发明的对象和已知的事物进行类比和模仿，用新的角度和新的认识来观察和思考所熟悉的事物，以启发和开扩思路，为创造发明提供线索，最后导致发明成果的实现。因此，决定运用类比模仿法则的先决条件是：一是要学会通过相似性，把与要研究的问题有相似之处的有关事物统统罗列出来；二是要积累有关对象的丰富知识，以便确定类比模仿的思考方向。日本物理学家汤川秀树说得好："找出彼此相似性的能力就是定向能力。它的关键在于'恍然领悟'。俗话说的'有眼力'就与定向能力有关。这种能力可以产生创造力，并可以通过训练来提高。"这里的"定向能力"正是指确立某项已知事物哪一部分的类比和模仿能力，是抓住类比关键、产生"恍然领悟"的创造能力。

实操训练

▶练习1：一般常用的地理教具——地球仪都较为笨重，携带不便。试用类比模仿法则发明一种大小可变、便于携带的地球仪。

▶练习2：用类比模仿法则设计一个新型的防跳热水瓶塞。

▶练习3：体育运动中有一个项目是跨栏比赛。现有栏板架的缺点是一旦被绊倒了需要有人扶起来。请用类比模仿法则构思出一种新型的"柔性栏板架"，一旦被绊倒了，它会自动立起来。

▶练习4：移动笨重的家具是件头痛的事，一人很难挪动它们。现有一件自行车用的打气筒，试用类比模仿法则构思出一件充气抬起家具的移送装置。

▶练习5：下面是有些人的奇思妙想，请您将它们同日常生活中所熟悉的事物进行类比，以提出可能实现这些奇想的设想方案。

（1）戴上水下呼吸口罩可直接在水中呼吸，给潜水员的水下作业带来方便。

(2) 在闹市区戴上"复眼眼镜",能保证你的安全。

(3) 可以展开为平面的鞋,方便擦洗。

第四节　迁移转用法则

> 移植是科学发展的一种主要方法。大多数的发现都可应用于所在领域以外的领域。而应用于新领域时,往往有助于促成进一步的发现。重大的科学成果有时来自移植。
>
> ——[美] W.I.贝伟里奇

启示与原理

"牛黄"即牛的胆结石,是一种贵重的药材,量小、价高,1斤牛黄价值3000多元,平常人们只能从屠宰场上偶而得到。用什么方法来提高牛黄的产量呢?广东省海康县药材公司的几位青年人在研究中获悉,牛胆结石的形成与胆囊受到某种刺激后,引起胆汁成分异常有关。那么如何人为造成某种刺激,促使牛分泌胆汁呢?他们由此寻找已经解决的同类问题,想起河蚌育珠的方法。珍珠的起源并不复杂,每当有异物进入蚌壳时,就会在异物上涂上珍珠质分泌物,即分泌一种90%的碳酸钙和一些胶状晶体物质,奇光异彩的珍珠就是这么形成的。异物就是珠核,在天然珍珠中,珠核可能是一粒沙子,也可能是一条寄生虫,还可能是一具浮游生物的残骸,或者为一条偶然钻进珠贝的小鱼或小虾。人工育珠的方法就是将少量的异物塞入河蚌体内,在异物长期的刺激下,蚌体内就会慢慢地形成珍珠。这种方法可否移植呢?要是在牛的胆囊里埋入异物,兴许就能形成胆结石——牛黄。受此启发,他们决定将人工育珠这一方法转用到牛身上。他们在牛的胆囊里放进一段异物,一年后剖开牛胆,果然获得牛黄,从而找到了一种增产牛黄的新办法。这种创造性解决问题的方法原理称为迁移转用法则。

所谓迁移转用法则,就是将其他事物或领域里的已知成果转移运用到当前有待创新的问题中去的方法规律。迁移是手段,转用才是目的。英国科学家贝弗里奇指出,移植是科学研究中最有效、最简单的方法,也是在应用研究中运用最多的方法,并往往能取得突破性的成果。

要点与技巧

有效地运用迁移转用法则，其基本要点如下：

要点1. 创新者要有广泛的兴趣和爱好，尽量去涉猎各个领域里的知识和成果，不能把自己禁锢在某个狭窄的领域里

要点2. 创新者要精通某一方面的知识或技术，要有一定特长，并以特长为中心，向各个领域辐射出去

比如你精通电子技术，就可以把电子技术应用到日常生活、工业、农业领域等多方面去。

案例一：电热技术的迁移转用。

电热丝是利用电流的热效应产生热量的电气元件，最初用在电炉、电烙铁、电烘箱等工具设备上，如果广开思路，把电热效应推广到服装、餐饮具、化妆品等许多其他领域，就会获得一系列新的发明。

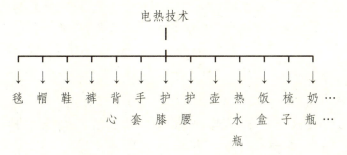

要点3. 迁移转用类型

迁移转用法则按其不同的迁移特征，可分为原理迁移、结构迁移、变形迁移、材料迁移和方法迁移等基本类型。

1. **原理迁移**

把同样的原理应用到不同的领域可以创造奇迹。例如，运用香水喷雾器的液体雾化原理，朝着喷漆、注油、喷药、燃油供给等方面迁移转用，就发明出油漆喷枪、喷注式油壶、喷射式灭蚊筒、汽油汽化器等使用功能各异的新东西。

2. **结构迁移**

有趣的是，在一些构思方案里，新的发明从里到外与原有技术结构完全一样，几乎没有丝毫的差别，基本上是对原来结构的照搬。在文学中，这叫作抄袭；但在创新的领域

中，可开拓出新的天地，称为结构迁移。

案例二：胃窥镜可以很方便地诊断胃部疾病。它将有小镜的光纤送入胃部，在体外进行观察分析，从而进行病情诊断。有人将它整体转用到树木病虫害的探查上，发明出树窥镜，获得很好的效果。虽然树窥镜从里到外都是对原来胃窥镜结构的翻版，但由于发明者成功地借用，仍然被授予了专利权。

迁移所跨越的领域越大，创造性可能越强。

3. 变形迁移

在某些迁移领域靠得较近的情况下，迁移转用的成功在于巧妙地变形。例如，双杠是男子体操技巧的特有项目，而人们由双杠而发明的高低杠，为女子一展优美的风姿提供了良好的器械。高低杠和双杠同属体操项目，而且都是两根横杠相平行，不同的只是高低杠在双杠的基础上作了巧妙的变形，把一根横杠提高起来，结果开拓出令人惊奇的女性体操项目，足见变形迁移的妙用。

4. 材料迁移

众所周知，物质产品的使用功能和价值，除了取决于技术创造的原理和结构外，也取决于材料。许多新产品的发明，实质上是物质材料的创造性应用，是材料迁移的成果。

案例三：一般情况下，制造发动机的材料是钢铁。当人们开发新型发动机时，想到将陶瓷材料迁移转用到发动机上。据有关资料介绍，这种用陶瓷材料制做的发动机，能大幅度提高热效率，降低燃料消耗，减小重量体积。甚至有人断定，这种新型发动机的发明，会引起发动机行业的"革命"。

5. 方法迁移

某领域的加工工艺方法，常常是解决别的领域难题的潜在妙法。将同一种技术方法在不同的领域使用，并由此产生一系列新的发明，称为方法迁移。

案例四：人们想让一朵盛开的鲜花永不凋谢，用什么方法进行"保鲜"处理呢？有人将塑料电镀方法迁移过来，解决了植物的电镀问题，于是开发了金灿灿的胸花。再如有人将面包发泡的方法迁移到橡胶行业，在橡胶中掺入发泡剂，发明了海绵橡胶。

案例五：一种性能优异的润滑剂的发明。一个人踩到香蕉皮上会滑跌倒，香蕉皮为什么滑溜呢？有人用显微镜去观察，发现它由几百个薄层构成，层与层之间可以滑动。据此推断，如果能找到类似的物质，就可由此发现性能优异的新型润滑剂。在对许许多多的物质进行研究后，人们终于发现二硫化钼和石墨的结构完全类似于香蕉皮的结构。石墨早已被用作润滑剂了，二硫化钼则是通过这种迁移发现的。它具有极薄的层状结构，厚度为$0.1\mu m$，仅为香蕉皮厚度的二百万分之一，其润滑性相当于香蕉皮的200万倍。它的熔点高达1800℃，常用的润滑剂黄油只能在150℃以下的条件下使用，而二硫化钼在400℃温度下使用也不成问题，是一种良好的耐热性润滑剂。

综上所述，迁移转用法则是以现有的成果去攻克自己创新课题的一种有效思路。

实操训练

✏ 练习1：利用二氧化碳的发泡作用，可以生产汽水。您能将这种泡沫技术迁移转用到别的饮料里，开发出哪些新饮料？

✏ 练习2：利用橡胶在大气压作用下对光滑平面的吸附现象，可以制作出吸盘。您还能将这种现象迁移转用到哪些新的方面？

✏ 练习3：用丁烷气作燃料的气体打火机现在很常见，您能用迁移转用法则，将气体打火机的原理迁移到什么事物上去从而产生新的发明成果吗？

✏ 练习4：以下是一些人的创造发明课题，请您思考一下，这些课题可以借助于哪些事物、原理或方法来实现？

（1）如何能探知水果内有无虫子，而不损伤水果？

（2）如何能无损探查墙壁内电线断路位置所在？

（3）采访时如何用一个话筒可以方便两人同时讲话，而不需将话筒递来递去？

（4）如何在台灯的灯罩上实现能调整室内光线的功能？

✏ 练习5：在您的创新课题中，能用迁移转用法则找到解决问题的思路吗？

第五节　潜能法则

> 潜意识是显意识力量的三万倍以上。
> ——［美］博恩·崔西

📡 启示与原理

有一个北极飞行员蹲在冰上加固飞机的着陆雪板时，忽然感到肩膀被什么猛撞了一下，他以为是同伴在开玩笑，就说道："别妨碍我工作。"可是一会儿肩膀又被什么猛击了一下，飞行员回头一看，原来是一只壮硕的北极熊站在他身后。他一惊就一下子蹦到了飞机的机翼上，同时大声呼救。闻讯而来的同伴们开枪赶走了白熊。同伴们发现飞行员站的机翼很高，就惊奇地问他："你是怎样逃到机翼上去的？""跳上去的。"他回答道。然而这确实令人难以置信，因为机翼离地面太高了。于是同伴们让他再表演一次，但复跳的高度竟达不到刚才的一半。显然，在这个生死存亡的关头，那个飞行员猛然一跳的高度几乎接近世界跳高记录。可见，人在特殊情况下，发挥出来的巨大潜力是在正常情况下无法想象的。

人的意识分为表层意识和潜意识。一个人潜意识的思考速度，是表层意识的三万倍。很多时候，我们在游泳时不用思考就可以换气，这都是因为潜意识的思维作用。潜意识可以说是一种本能反应，也可以视为一种直觉。潜能是人们在现实生活中尚未表现出来，但在当前发展阶段上已经显现出的一种潜在的有助于某项活动顺利进行的可能性，这种可能性经过一定的学习和练习能够转化为现实的能力，因而也称为能力倾向。人的潜能只是一种能力外显的可能性，"潜在人才"不等于"实际人才"，潜能不会自己成为现实。潜能的主要特点有：丰富性、差异性、隐蔽性、可开发性。美国著名心理学家、哲学家威廉·詹姆斯认为普通人只利用了他们潜能的极小部分，"与我们应该成为的人相比，我们只苏醒了一半"。我们的热情受到打击，我们的蓝图没能展开，我们只运用了我们头脑和身体资源中的极小部分（大约10%）的能量。

有三方面因素能影响潜能：一是先天性因素，二是后天环境因素，三是人的劳动活动。人们在劳动中的客观表现和主观意志力，以及积极开发自身潜能的意识，就可使得人的潜能合理而有效地为社会服务。然而，长期以来，人们对自身潜能的忽视，使潜能这一宝贵资源遭到极大的浪费。那么，我们如何运用潜意识的能量呢？

要点与技巧

潜能是由生理、心理和智力潜能三部分构成。生理潜能是基础，主要是指人的体力和体能，没有很好的生理潜能，人是无法完成持续的实践活动的。心理潜能是生理潜能和智力潜能的纽带，它通常是指人的各种非智力因素。智力潜能是潜能的核心部分，是最具有开发前景的。原则上说，人的潜能是可以开发的。那么，我们要怎样才能更好地利用我们的潜能来实现创新发明呢？

要点1. 自我暗示增强潜能

相关的研究表明，人脑具有不可估量的潜力。现代人终生学习，也最多动用了人脑容量的10%左右，大部分脑细胞的潜能未能得到发挥。大量事实告诉我们：人的潜能是巨大的，通过心理暗示教育的途径和手段可以开发利用人的潜能，即通过一系列有效的途径，比如学习、培训及其他的开发手段，将隐蔽的、沉睡的潜能变为实际能力。那我们在创新发明时怎样才能开发出我们的潜能，使得我们的灵感出现呢？目标视觉化是方法之一，就是把你的目标画成一张图片，或者写下你的梦想，让自己随时随地看看，只要不断重复就能影响到你的潜意识，久而久之，就会反复刺激你的潜意识。一旦你的潜意识记住这个目标，它就会引导你所有的行为去配合目标，并且将它实现。而无意识的消极暗示会使我们产生低沉、自卑的情绪，认为自己真的不行，所以就真的不行了。消极的暗示信息一旦进入我们的潜意识，必然会限制我们潜能的自由发展。

> **案例一：**"大象与木桩"。动物园的大象被拴在一个不大的木桩上，凭它的力量，完全可以挣脱木桩而跑掉，但是它却乖乖地被拴在那里而不逃跑。原来，大象在小时候就被拴在这个木桩上，当时因为力气小，它尝试挣脱多次都没成功。反复多次的失败暗示，使它的潜意识里接受了"跑不了"这个信息。从此以后，只要被拴在木桩上，大象就会认为跑不了了，即使它已经成年，由于先前的消极暗示信息先入为主，主导了它的意识，它就放弃再做任何尝试。由于受到"在木桩上跑不了"这个消极暗示的影响，大象产生了自卑的心理，从而限制了潜能的发挥。

要点2. 拥有雄心壮志

"世界不会满足人，人决心以自己的行动来改变世界"。成功源于一种志向，俗话说，不想当将军的士兵不是好士兵。一个人要具有远大的抱负。并为了这个抱负努力奋斗、百折不回，这种王者般的雄心壮志是成就卓越事业的基石。一般来说，教育和自我教育是开发人的潜能最有效、最直接的方法。潜能的实现是以我们的主观能动性为客观基础的，我们需要拥有雄心壮志，充分调动起我们的主观能动性来开发我们的潜能，否则，开发潜能就很难见到成效。

> **案例二：** 王健林是万达集团的创始人兼董事长，也是中国最富有的人之一。他不仅精力充沛、精明能干，更加擅于抓机会，极具抱负。他说，他的目标是将万达建设成"世界超一流级别的公司"，以提升国家的声誉。王健林认为，像美国、英国这样的世界大国的力量和影响来自于伟大公司的力量和影响，这些公司"提升了国家，造就了超级大国"。他认为，现在就是企业在中华人民共和国发挥同样作用的时刻。对他来说，中国梦的精髓就是：像万达这样的中国企业去创造财富，传播影响，为中国在世界舞台上取得主导地位铺平道路。王健林尽管拥有了世界级的财富，但在中国以外，他几乎不为人知。他的标志性项目是万达广场，目前已有60座，是多用途、自给自足的由高楼构成的微型城市。每隔两到三周，在中国的某处就会出现一座万达广场。为了迎合中国政府鼓励企业到境外投资的政策，万达以27.5亿美元收购总部位于堪萨斯的AMC娱乐公司（AMC Entertainment），这是目前中国的民营企业收购美国公司最高的出价。突然之间，万达拥有了全世界最多的电影屏幕。按面积算，王健林已经是世界第二大房东。预测在未来数年内的某个时刻，他将超越美国排名第一的商场开发商西蒙房地产集团（Simon Property Group）。

要点3. 要以非功利名誉心对待

功利心是指一个人对于名和利的追求，也可解释为野心、进取心或者实用主义的一种心态。具体来讲，功利心重就会为达目的而不择手段，但是这些恰恰是创新发明的大忌。在功利之心的诱惑下，人们一般难以放平心态、目光短浅，难以耐住寂寞、忍受挫折，种种浮躁、短视、盲目之举，皆是因为功利之心在背后作祟。对于致力搞创造发明的人来说，功利心太强就不会有所成就或者难以达到应有的成果。特别是做学问更不能急功近利，要甘于清贫、耐得住寂寞，保持好自己的心态。那怎样来调整和改进自己的心态？主要可以从这几个方面来平衡心态：（1）自我挖掘，分析自我的人格特征。比如你急功近利，这基本上是你人格特征问题，做事情太过认真、执着等，往往会给自己定太高目标，这就需要你重新制定自己的目标。（2）正确对待周围的人和事，合理定位自己，调整自己心态。（3）树立切合实际的价值观，在物质上不要有过多的追求。（4）多找自己的短处，我们往往看不到自己的缺点和错误，固执己见。（5）适当地宣泄情绪，是保持良好心态的一个好方法，可以去参加体育活动或者是到一个无人的地方进行情绪的宣泄。（6）经常多看看历史著作，从历史的长河里汲取人生的哲理和精华。

案例三：苹果公司总裁乔布斯去世后，中国媒体掀起了一股讨论"为什么我们没有乔布斯"的热潮，舆论普遍认为"创新"是苹果公司起死回生、走向辉煌的关键，并因此感叹中国人、中国企业创新精神的缺失。但乔布斯本人生前并不这样看，他说："苹果之所以能与人们产生共鸣，是因为在我们的创新中深藏着一种人文精神。我认为伟大的艺术家和伟大的工程师是相似的，他们都有自我表达的欲望。"发明创新者追求客观规律和艺术家从事艺术创作，是出自于精神上的自我满足，不是为了功利目的，更不是为了金钱和名誉。乔布斯的"夫子自道"点出了科学与艺术的一个重要特征，即非功利性。乔布斯的这种心态是当前中国社会十分需要而又严重缺乏的。实际上，功利心态已经成为阻碍我国科学文化发展的一大顽疾。我国科学文化领域缺乏精品力作和大师级人物，这和功利心态有着直接的关系。

要点4. 冥想、梦与创新意识

我们如何才能让潜意识引导我们的信念直至成功呢？一个关键就是将我们想输入的信念或者行为习惯化，重复不断地通过我们的感官输入大脑，一旦某一信息输入潜意识后，它就会直接影响我们的行为。通过放松，让你冥想的内容进入你的潜意识。只要你对你的潜意识说某一件事情能够完成，你就可以发现，潜意识可以创造很多的奇迹。例如，睡前不用闹钟，但是第二天早上仍然可以6点起床。其原因就是睡前不断的目标视觉化，在潜意识里得到确认，同时也放松了自我的心情和身体，进入一种似睡非睡状态，然后就会开始不由自主地暗示自己要起床，最后就会按时起床。

案例四：巴顿将军与卢森堡之战。1944年12月，美国的巴顿将军为与德国在卢森堡的战役而焦急，早上3点无缘无故地醒来，突然地想到这件事，经过思考在凌晨4点钟就把秘书叫到办公室。秘书见他衣着不整，知道他是刚下床就有重要的作战命令。原来巴顿将军是想到德军在圣诞节时可能会发起进攻，他决定先发制人。果然不出他所料，几乎就在美军发起攻击的同时，德军也发动了进攻。由于美军先发制人,终于阻止了德军的进攻。过了一两天,巴顿将军在同秘书谈话时,回想起那天早晨洋洋得意地说:"老实对你说吧,那天我一点也不知道德军要来进攻。""像这样的主意究竟是灵感还是失眠的结果呢?我不敢说我知道。以往的每一个战术思想几乎都是这样突然出现在我的脑海里,而不是有意识地苦思冥想的结果。"卢森堡之战的胜利是巴顿将军突然灵机一动的一大战果。

要点5:直觉与灵感是潜能释放的方式

直觉、灵感和想象是创造性思维非常重要的三种因素。直觉是人皆有之的一种潜意识行为,灵感则是一种顿悟型的潜意识活动。灵感往往在出其不意的刹那间出现,是在无意识的情况下产生的一种突发性的创造性思维活动,它在解决问题过程中所表现出的直接性、快速性和奇特性给人以神秘感。现代科学表明,灵感是大脑的一种特殊机能,是思维发展到高级阶段的产物,是人的认识的一种飞跃。灵感产生的条件必须是先有"踏破铁鞋无觅处",然后才有"得来全不费工夫"。直觉和灵感主要有以下三个方面的特征:突发性、偶然性、模糊性。虽然灵感具有神秘性,似乎让人意想不到,但是它却是我们长期苦思冥想的结果。在时间上,灵感不期而至,突如其来,这是灵感思维最突出的特征,表现为"有心栽花花不开,无意插柳柳成阴"。实际上,直觉和灵感与一个人的知识经验有着密切的关系,人们在学习和实践中习得的知识经验,总会在大脑中留下一种痕迹,或深或浅地保留在记忆之中。我们把经常活跃于显意识的知识经验称为知识"块",而把沉积于潜意识的知识经验称为"潜知"。这种知识"块"积累越多,形成各种联想的可能性也就越大。一旦这种"潜知"被显意识唤起去解决问题,灵感也便出现。可见,一个人的知识经验越丰富,直觉和灵感产生的机会也就越多。

案例五:查德威克(James Chadwick, 1891—1974年),英国实验物理学家,他发现中子的过程就是一个典型的直觉创造案例。原子是由带正电荷的原子核和围绕原子核运转的带负电荷的电子构成,原子的质量几乎全部集中在原子核上。起初,人们认为原子核的质量应该等于它含有的带正电荷的质子数。可是,一些科学家在研究中发现,原子核的正电荷数与它的质量居然不相等。也就是说,原子核除去含有带正电荷的质子外,还应该含有其他的粒子。查德威克为寻找这种粒子进行了10多年的探索。1931年,约里奥·居里夫妇,居里夫人的女儿和女婿公布了他们关于石蜡在射线照射下产生大量质子的新发现。查德威克立刻凭直觉意识到居里夫妇发现的不是 γ 射线,而是一种新的粒子,很可能是中子。在这一想法的促动下,查德威克经过不到1个月的努力,就证实了这种粒子正是中子,并于1932年2月17日发表了研究结果。

实操训练

练习1:请思考,广告有效吗?看到广告宣传得很棒你就立刻去购买产品吗?未必但是,你会发现广告商仍然会不断地打广告，其目的是什么？提示：就是为了不断地刺激我们的感官，从而让其信息刺激我们的潜意识。

✎练习2：如何挖掘潜意识的能量？上网查一下什么是曼陀罗思考法，试试能不能更好地开发你的潜能。

✎练习3：尝试一下睡前不定闹钟，但是在睡前不断地自我暗示叮嘱自己明天上午6点钟起床，第二天看你能不能在早晨6点钟醒过来。

第六节　借脑法则

> 正确对待前人理论，学百家之长，自主创新。
> （地质学家，中国科学院资深院士。活化构造学说和递进成矿理论的创立者。"地洼学说之父"。）
> ——陈国达

📡 启示与原理

"淘宝网"成立于2003年5月，由阿里巴巴集团投资创办，同年10月推出第三方支付工具"支付宝"，以"担保交易模式"使消费者对"淘宝网"上的交易产生信任，同时也消除了卖家对于先发货而得不到钱的担忧。"淘宝网"现已成为中国最大的综合卖场，以及世界最大的网络零售商圈。淘宝网仅在2015年"双十一"这一天，成交额就达到912亿元。其实淘宝的模式最早是由美国发明的，美国最大的一家网络电子商务公司亚马逊（Amazon），是最早开始在网上经营电子商务的公司之一。亚马逊成立于1995年，现已成为全球商品品种最多的网上零售商和全球第二大互联网企业，仅逊于淘宝网。当然，国外还有其他与淘宝网类似的网购网站，比如eBay，GMarket等等。

可见，"淘宝网"的电子商务经营模式是借助于其他的电子商务公司的经营方式，按照他们已经成熟的电子商务经营模式，然后再通过自己的创新，推出第三方支付工具"支付宝"，从而获得了巨大的成功。这其中就有借脑法则的运用。

借脑法则的核心就是我们在进行创新发明的时候，要借助于别人的知识、经验、技术和现今电脑里的各种信息和信息的交互，进而获得自己创新发明所需要的灵感或者解决创新发明中存在的问题。综上所述，我们可以对借脑法则的运用过程与本质进行这样的概述：人们在创新发明中遇到问题，而我们现有的知识水平不能够解决的情况下，需要利用他人存储在大脑里且自己不具有的信息和知识来为我们服务，或者是利用他人的经验来解决我们在创新发明过程中遇到的问题，或者是利用他人的技术来为我们的发明创新实现实体的制作，或者是利用电脑等工具来实现自己的创新发明，最后达到为人民大众服务的目的。

要点与技巧

依据对借脑法则的运用过程、本质与特征的认识，我们可以总结出实现借脑法则能力的五条基本原则。

要点1. 广泛结交朋友

广泛结交拥有不同知识面的朋友，哪怕是看似与你创新发明一点关系都没有的各个类型朋友。《论语·述而》中说："三人行，必有我师焉。择其善者而从之，其不善者而改之。"意思是说几个人同行，其中必定有值得我学习的老师，我选择向他好的方面学习，看到他不好的方面就参照自己的情况加以改正。不管什么人，只要他有一技之长或一得之见，我们就应该向他学习，对于别人的缺点和错误也要引以为戒，不要重犯。而且，我们不单单要向前辈学习，也要向晚辈学习，要向智慧高于和低于自己的人学习。真正好学的人不拘于专门固定的老师，随处都可以向别人请教。

案例一：国内外的一些著名大学在安排同学们的寝舍时，往往是有意识地将各个不同专业的同学安排到一起住，甚至是把文理科的同学们安排到一起。其目的就是为了让各个不同专业的同学们在平时的接触及交往的过程中，相互之间进行启发，相互之间进行知识的补充，相互之间在课余进行不同领域的交流学习，从而可能会碰撞出新的思维和新的想法。

要点2. 正确处理人与人之间的关系

怎样与人交往，怎样来交朋友？朋友关系是社会关系中一个重要的关系，大致可以分为以下几类：一是患难之交，人在患难时结交的朋友一般很少带有功利性，彼此相互取暖、性格相投、甘苦与共，一般比较可靠；二是用心相处的朋友，这种朋友一般是你在长期生活中以心换心得来，彼此相互了解、性格包容、互相支持，也是比较可靠的；三是真诚交往但关系不够铁的朋友，可以办事但不能期待办大事；四是酒肉朋友，只可同富贵，不可共患难。

案例二：俗话说："一个和尚挑水喝，两个和尚抬水喝，三个和尚没水喝。一只蚂蚁来搬米，搬来搬去搬不起，两只蚂蚁来搬米，身体晃来又晃去，三只蚂蚁来搬米，轻轻抬着进洞里。"上面的两个寓言有截然不同的结果："三个和尚"是一个团体，可是他们没水喝是因为朋友之间相互不信任、互相推诿、不讲协作；"三只蚂蚁来搬米"之所以能"轻轻抬着进洞里"，正是信任朋友、团结协作的结果。

只有处理好与人相处，我们才能更好地借用他人之脑来解决我们的问题。那么如何来处理好朋友关系呢？

表4-1 如何处理好朋友关系

学会提问	提的问题应该与你想获得对方的建议相一致,抓住重点,交流时注意回归到主题。
学会倾听	朋友在向你诉说的过程中,可以为朋友出出点子等,懂得分担别人的痛苦和欢乐。
清醒交友	交际圈中友好或可靠的朋友是你好的交际对象,但是人性复杂,与朋友交往,也要深思慎交,分出亲疏。
期待适度	交往中想请朋友帮忙是正常的,否则交友也就失去了意义。但求助必须有度。
学会付出	对朋友要真诚,你不付出是处不到真朋友的。讲到底,朋友是自己平时时间、精力、物力、财力储存的结果。
交往有度	中国有句极富哲理的话叫"物极必反"。朋友相处也是如此,把握适中的度,才能使朋友间的友谊成为永恒。
严于律己,宽以待人	要按朋友性质和能力去要求朋友,跟朋友交往,不要过于将朋友理想化,真正做到严于律己、宽以待人。
保留自我	要尊重朋友的隐私,要允许朋友跟与你意见不合的人交往。
学会拒绝,接受拒绝	朋友之间要学会说"不",朋友间常有事相托相求,但有的相托之事常超出原则和客观现实,这时就应该果断地说一声"不"。
避免功利性交往	交友互利是人之常情,但切勿把与朋友往来单纯作为功利交往,因为朋友之间的交往,除了有事相互帮助之外,还有思想交流、知识互补、情感抚慰、怡情悦性等方面的作用。

要点3:不耻下问

不以向地位低的人请教问题为耻。"不耻下问"是一句成语,比喻谦虚好学,不介意向不及自己的人请教。你向别人请教问题,那他就是你的老师,哪怕是再简单的问题,只要别人理解而你不知道,即使你是这个问题所涉及领域的专家,也该放低姿态去问。

案例三:李时珍(1518—1593年),明代著名医药学家。在数十年行医以及研读古典医籍的过程中,他发现诸家说法并不一致,且相互矛盾,存在着不少错误,从此他决心重新编纂一部本草书籍。他从35岁开始就着手编写《本草纲目》,在编写的过程中,最使李时珍头痛的就是由于药名混杂,往往弄不清药物的形状和生长的情况。李时珍认识到,"读万卷书"固然需要,但"行万里路"

更不可少。为此，他多次离家外出考察，足迹遍及许多名山大川，深入实际进行调查，收集药物标本和处方，并拜渔人、樵夫、农民、车夫、药工、捕蛇者为师，不耻下问来寻求和积累知识。比如：穿山甲是一种常用的中药，以前的书籍里记载说它能水陆两栖，白天爬上岩来，张开鳞甲，装死引诱蚂蚁进入鳞甲内，再闭上鳞甲，潜入水中，然后开甲让蚂蚁浮出，再吞食。为了证实是不是这样的，李时珍虚心求教，并亲自上山去观察。在樵夫、猎人的帮助下，他捉到了一只穿山甲，从它的胃里剖出了一升左右的蚂蚁，证实穿山甲是吃蚂蚁的。不过，从观察中，他发现穿山甲食蚁时，是搔开蚁穴，进行舐食，而不是诱蚁入甲，下水吞食，从而纠正了书籍记载的错误之处。除此之外，李时珍参考了历代医药等方面书籍925种，考古证今、穷究物理，记录了上千万字札记，弄清了许多疑难问题。经过27年的长期努力，他于明神宗万历六年（1578年）完成《本草纲目》初稿，时年61岁。

要点4：团队合作

当今社会，随着知识经济时代的到来，各种知识和技术不断推陈出新，竞争日趋激烈，社会需求越来越多样化，单靠个人能力已很难处理好各种错综复杂的问题。团队合作是一种为实现既定目标所显现出来的自愿合作和协同努力的精神。合作既是手段也是目的，是手段与目的的统一。合作的对象可以是志同道合的朋友，也可以由不同领域、不同知识人士组成。团队合作必须以别人"心甘情愿与你合作"为基础，它能调动团队成员的所有资源和才智，并且自动驱除所有不和谐和不公正的现象，同时通过合作给予那些大公无私的奉献者适当的回报。现代科学的发展必须依靠高于个体和单一学派研究能力的集体智力碰撞形成的"集体大脑"，科学交流与合作的范围愈广，频次愈高，科学家的集体研究能力就愈强，从而可以取长补短、协作攻关、优势互补、资源共享。团队合作可以发挥协同效应和集团效应，使团队业绩大大超过各成员全部付出和投入的简单加和。

对于团队而言，伙伴之间的友好相处和相互协作至关重要。团队合作的核心是大局意识、协作精神和服务精神，我们应凭借自己的性格魅力、团结、忍让、包容、谅解来赢得团队伙伴的支持。没有一个人是万能的，但他能通过建立人际互信关系以及别人的帮助，来弥补自身的不足，实现最终的发明创新。团队要想合作成功，团队成员要学会一起分享信息、观点和创意，因为这样能激发团队的工作动力和奉献精神，促使团队建立切实可行又具有挑战意义的目标。优秀的团队主要是把工作目标分解到个人，其本质是注重个人目标和责任，强调通过队员共同奋斗得到成果。正所谓"同心山成玉，协力土变金"，现代社会需要人们组成团体，通过团队的合作来解决错综复杂的问题，依靠团队合作的力量来创造奇迹。

要点5：善用"互联网+"

人类的发明创造在很多时候都依赖于意外的发现。计算机能帮助我们收获更多的发明创新,当我们想了解事物的时候,利用网络无疑是最便捷的方式。随着计算机网络技术的快速发展,网络技术已经渗透到了社会生活的各个方面。依靠网络获取信息不仅途径广、速度快,而且沟通交流便利,成本低。在网络上可以找到更多的信息和观点,而且用电脑可以方便我们储存资料,并且将资料电子化之后,可以方便我们修改、分类。在这个信息时代,想在信息海洋中找到自己需要的信息真的很难,这就要我们学习好搜索技巧,而善于搜索并不仅仅指利用百度、Google等,因为在某些领域一些专业的搜索引擎功能更强大。另外,我们应该突破习惯性行为,不要一打开电脑就去固定的网站,运行固定的程序,而应对新事物保持好奇心,经常尝试新网站、新软件和新技巧。最后,我们要习惯阅读英文,毕竟互联网上大多数内容还是英文的。综上所述,为了获得更多的创新成果,我们要善用"互联网+"。

案例四:20世纪90年代,美国斯坦福大学的计算机科学家约翰·科扎所领导的研究小组,对计算机辅助发明进行了开创性的研究。他们使用了一种模拟自然界中进化的计算机算法,即所谓的"遗传算法"。计算机把一种方案看作一个基因组,而基因组内的基因代表着如电压、材料密度等的各种参数。首先,计算机会从初始的基因库中随机产生一些基因组样品,尽管它们可能不是一个很好的方案。通过对这些基因组进行杂交,并引入"变异",这样每一个后代既包含一些来自上一代的特征,也包含一些可能有益的新特征。然后给这些后代基因组一个给定的任务,来测试它们,挑选出最好的,作为下一轮育种的基因库。这样,一次又一次地重复这个过程,就像自然选择一样,最佳的方案最终会生存下来。例如,在由美国计算机协会每年举办一次的遗传与进化计算机会议上,首届人类竞争力奖授予了一个奇形怪状的天线。这个发明是由美国宇航局资助的,它看起来像一棵繁茂且怪异的树,有很多丑陋的分支,但是它工作起来极为出色,这种看似毫无规律的天线肯定不是人类能设计出的。当计算机用于辅助发明时,它们不会被人类那些先入为主的观念所蒙蔽,所以计算机可以作出人类从来没有想过的发明。最近,位于美国的创新加速器公司开发了一种软件,可以用来帮助发明者注意容易错过的事情。他们的软件可以让你用人类的语言来描述问题,然后它会把问题拆分为大量相关的短语,并使用这些短语在专利数据库中进行搜索,来寻找哪些发明解决了类似的问题。最重要的是,这种软件还会在其他领域里寻找类似的问题。换句话说,软件能帮助你进行横向思维。在未来的发明的过程中,计算机的辅助将会发挥越来越重要的作用。现如今药物的工具软件变得越来越强大,研究人员只需要负责监视软件的活动,就可以使药物研发变成一件容易的事情。总之,计算机能帮助我们收获更多的成果。

实操训练

练习1:应用借脑法则,主题自选,在一个你不熟悉的领域,试着作出一个小发明,找一个你认为可以帮助你的朋友进行交流,看看能不能通过借脑法则完成你的创新。

练习2:当你的创新发明出现你自己无法解决的问题时,你能不能找到一个老师或者师傅来指导你的创新发明？你自己在接受老师或者是师傅的指导时，是怎么样来执行借脑法则的？

✐练习3：利用"互联网+"来找一下你在发明创新中遇到的各类问题，看看能不能受到启发。

第七节　发现法则

> 对新的对象务必创出全新的概念。
> ——［法］柏格森

📡 启示与原理

笛卡尔是法国著名的哲学家、物理学家、数学家、神学家，他对现代数学的发展作出了重要的贡献。在笛卡儿所处的时代，代数还是一个比较新的学科，几何学的思维还在数学家的头脑中占着统治地位。据说有一天，笛卡尔生病卧床，突然他看见屋顶角上的一只蜘蛛，拉着丝垂了下来，一会工夫，蜘蛛又顺这丝爬上去，在上边左右拉丝。蜘蛛的"表演"使笛卡尔的思路豁然开朗。他又想到，屋子里相邻的两面墙与地面交出了三条线，如果把地面上的墙角作为起点，把交出来的三条线作为三根数轴，那么空间中任意一点的位置就可以在这三根数轴上找到有顺序的三个数，任意给一组三个有顺序的数也可以在空间中找到一点P与之对应。同样道理，用一组数（X，Y）可以表示平面上的一个点，平面上的一个点也可以用一组两个有顺序的数来表示，这就是坐标系的雏形。就这样，笛卡儿成功地将当时完全分开的代数和几何学联系到了一起。1637年，在创立了坐标系后，他成功地创立了解析几何学，为微积分学的创立奠定了基础，而微积分又是现代数学的重要基石。笛卡尔通过探索和认识未知领域，按照科学的内在规律去发现解析几何的本质，创新地将几何图形"转译"为代数方程式，从而将几何问题以代数方法求解，把逻辑、几何、代数方法结合起来，使得数和形走到了一起。解析几何直到现在仍是重要的数学方法之一。笛卡尔创立解析几何运用的就是发现法则。

发现法则是指通过探索和认识未知领域，按照科学的内在规律去发现事物变化的因果关系及其内在联系，进而解决目前尚未解决的难题，形成新的概念，获得新的原理。发现法则又称探索法则。一般通用发现法则来解决目前科学上未解决问题的步骤是：通过研究客观事物的属性，发现事物发展的起因和事物的内部联系，从中找出规律从而形成新的概念及理论。

要点与技巧

我们把人们探索与认识自然界固有的现象或规律的过程,称为发现过程。如牛顿对一个苹果产生好奇,于是发现了万有引力;瓦特对烧水壶上冒出的蒸汽十分好奇,最后改良了蒸汽机。新的科学发明深刻地影响着人类的发展历程,如古代科技的发明将人类由野蛮带入文明;近代自然科学的诞生和产业技术革命的兴起,使人类从农业文明社会迈入工业文明社会。随着现代科技的迅猛发展,科学技术在世界经济社会发展中所占的比重越来越大,所起的主导和决定作用也越来越显著。那么,我们怎样通过发现法则来进行创新发明呢?

要点1:保持好奇心

我们人类的天性是一旦遇到新奇的、神秘的、自相矛盾的事物,就会尝试去探究。著名科学家都可以说是具有好奇心的人。好奇心是解决科学难题、形成新的概念和获得新的原理的基础。"好奇—兴趣—质疑—探索—创新"这一过程是创新的基本方法。

案例一:伽利略发明单摆。伽利略·伽利雷(Galileo Galilei,1564—1642年),是意大利物理学家、天文学家和哲学家,为近代实验科学的先驱者。在伽利略的时代,人们争相传诵:"哥伦布发现了新大陆,伽利略发现了新宇宙。"有一次,伽利略去比萨的天主教堂里祈祷。在进行祈祷时,他看见了教堂里的一只灯因为风吹不断地在晃动。伽利略站起来,在比萨的天主教堂里,一动也不动,眼睛盯着天花板,思考为什么这个灯一直在这样有规律地摆动。于是,他用右手按左手的脉搏,眼睛看着天花板上来回摇摆的灯进行计数。经过一段时间的观察,他发现这灯的摆动虽然是越来越弱,以至于每一次摆动后的距离会渐渐缩短,但是每一次摆动需要的时间却是一样的。于是,伽利略回家以后,做了一个适当长度的摆锤,测量了摆锤的速度和均匀度,最后找到了摆动的规律,使得人类找到一种可以比较准确的计数方法。直到今天,机械类型的时钟还是根据他发现的这个规律制造出来的。

要点2:发现别人所没发现

发现别人所没发现就是你的原始创新,它是指前所未有的重大科学发现、技术发明等创新成果。原始性创新意味着在研究开发方面,特别是在基础研究和高技术研究领域,取得独有的发现或发明。原始性创新始于问题,孕于积累。与一般的科技创新不同,原始性创新是个人经验或经历的积累,是学术思想或知识积累的结果。任何原创性的思想都是继承与发展的辩证统一。原始性创新也有其独特的研究技巧和方法,可以归纳出以下几条规则:(1)善于发现已有理论与实际的矛盾,勇于挑战传统理论。(2)独具创意的实验和对实验事实敏锐的观察。（3）在良好的科学基础上进行前沿性、交叉性研究。（4）对已有知识的科学整理与发掘。（5）重要科学发现直接用于技术领域。（6）理论成果的应用形成全新技术原理，并在此基础上开发研究。（7）利用特殊的仪器（设备）对自然现象进行探索或对理论预言进行检验。（8）运用众多基础研究理论解决重大技术创新中的难题。原始创新成果通常具备以下特点：一是首创性，即前所未有、与众不同；二是突破性，在原理、技术、方法等某个或多个方面实现重大变革；三是带动性，在对科技自身发展产生重大牵引作用的同时，给经济结构和产业形态带来重大变革。

案例二：史蒂芬·威廉·霍金（Stephen William Hawking），是当代最重要的广义相对论和宇宙论家，被誉为继爱因斯坦之后最杰出的理论物理学家。霍金承认外星人的存在，并声称可以制造带着人类飞入未来的时光机。霍金强调，时光机的关键就是所谓的"四度空间"。霍金表示，如果科学家能够建造速度接近光速的宇宙飞船，那么宇宙飞船必然会因为不能违反光速是最大速限的法则，而导致舱内的时间变慢，那么飞行一个星期就等于是地面上的100年，也就相当于飞进未来。对于"四度空间"，霍金认为：开车直线行进等于是在"一度空间"中行进，而左转或右转等于加上"二度空间"，至于在曲折蜿蜒的山路上下行进，就等于进入"三度空间"，穿越时光隧道就是进入"四度空间"。霍金在2010年再曝惊人言论，称地球在200年内会毁灭，而人类要想继续存活只有一条路：移民外星球。霍金的创新研究为今天我们理解黑洞和宇宙本源奠定了基础。

要点3：新理论引发新发明

"创造"在《现代汉语词典》中的解释是：想出新办法，建立新理论，取得新的成绩或东西。原始性创新成果往往会伴随着新理论的产生，而新理论的产生往往会催生出一系列的创新发明。近代以来人类文明进步所取得的丰硕成果，主要得益于新的科学发现、技术创新和工程技术的不断进步，得益于科学技术应用于生产实践中而形成的先进生产力。人类本着理想化需要或为了满足社会需求，改进或创造新的事物、方法、元素、路径、环境，并能获得一定有益的效果。可见，一旦有新的理论的出现，我们要极为关注，保持好奇心，进行再探索，往往新理论的出现就可能会有巨大创新发明的可能。

案例三：计算机（computer）俗称电脑，是一种用于高速计算的电子计算机器，可以进行数值计算，也可以进行逻辑计算，还具有存储记忆功能。它的发明人是美国的约翰·文森特·阿塔那索夫（John V. Atanasoff，1903—1995年），他在国际计算机界被称为"电子计算机之父"。计算机系统包含硬件系统和软件系统，硬件系统是计算机的基础，由机械、光、电、磁器件构成的具有计算、控制、存储、输入和输出功能的实体部件。软件系统是计算机的上层建筑，是由系统软件、支撑软件和应用软件组成的计算机软件系统。然而计算机的发明是建立在许多新的理论的基础上，电子学的理论指导了计算机的硬件的完善。莱布尼茨关于《易经》的论文标志着二进制的诞生，而二进制的理论则是计算机使用的软件的基础。计算机的发明完全是因为一系列新理论的出现而产生的巨大创新发明。

要点4：新视野催生新发现

新视野就是以不同以往的眼光来看待现有的知识和物质，通过有别于常规或常人思考的过程，从而催生出新的发现、解决新的需求。我们在通过新视野来审视已有的各种事物时，应当克服畏惧情绪、懒惰习气和保守思想。

案例四： 最初计算机发明出来是为了解决人类各种繁琐的计算工作。然而，英国科学家伯纳斯·李却以新的视野来看待计算机，认为计算机相互之间可以连接起来，相互之间可以传输信息。他在1990年开发出最早的浏览器，发明了万维网的方式。大多数网站的域名都有标识，它就是万维网——World Wide Web。他在互联网中引入了直观的图形界面，取代了抽象难懂的命令格式，从而使"上网"不再是专业人员的"特权"，互联网因此得以迅速普及，数以亿计的人能够方便地利用浩瀚的网络资源。更为重要的是，伯纳斯·李并没有为自己的发明申请专利或是限制它的使用，而是无偿地公开了他的发明成果，从而使网络以前所未有的速度获得发展。为了表彰伯纳斯·李的贡献，英国王室册封他为爵士。

要点5：交叉学科产生新发现

交叉学科是指由不同科学门类、领域、学科相互渗透和融合，凭借对象整合、概念移植、理论渗透和类比推理等方法，对世界及其变化进行再现后形成的新学科，包括边缘科学、横断科学、综合科学和软科学等。自然界现象复杂多样，仅以一种视角研究事物，必然具有很大的局限性，不可能揭示其本质，只有以多视角采取交叉思维的方式，进行跨学科研究，才有可能形成正确完整的认识。学科交叉是"学科际"或"跨学科"，其结果导致的知识体系构成了交叉科学。学科交叉是学术思想的交融，是交叉思维方式的综合和系统辩证思维的体现。当不同的学科和理论相互交叉结合，同时一种新技术达到成熟的时候，往往就会出现理论上的突破和技术上的创新。科学史表明，科学经历了综合、分化、再综合的过程。现代科学既高度分化又高度综合，而交叉科学又集分化与综合于一体，实现了科学的整体化。据报道，目前比较成熟的学科大约有5550门，其中交叉学科总数约2600门，占全部学科总数的46.8%之多，其发展表现出良好势头和巨大潜力。学科交叉点往往就是新的科学起点、新的科学前沿，学科交叉与创新发明有着必然的联系。计算机科学与许多学科诸如电子工程、数学、经济学和语言学等联系密切，这些学科之间有明显的交叉领域，因此产生了许多新的交叉学科，比如：人工智能、电子商务、计算机图形学等等。

案例五： 沃森和克里克发现的DNA双螺旋结构开启了分子生物学时代，使人类遗传的研究深入到分子层次，"生命之谜"被打开，人们可以清楚地了解遗传信息的构成和传递的途径。DNA重组技术更是为利用生物工程手段的研究和应用开辟了广阔的前景。

其实DNA双螺旋结构的发现是一个典型的交叉学科产生的新发现。克里克是一个物理学家，战后从物理学转入生物学研究。1951年，23岁的沃森来到英国剑桥著名的卡文迪什实验室，在那里遇到了大他12岁的克里克，开始了现代生物学史上最有意义的合作。沃森和克里克决定一起揭示DNA分子结构。从化学性质讲：DNA含有4种碱基，即两种嘌呤（A和G）和两种嘧啶（C和T），以及脱氧核糖和磷酸根。而DNA结构的衍射图像则是通过X射线衍射图像分析得到的，X射线衍射技术是一种重要的物理分析方法。沃森和克里克对衍射图像诠释则是经数学变换而得到的，提出DNA双螺旋结构模型。这个模型既能从螺旋性、分子直径、碱基对的几何学尺度等方面阐明X射线衍射图像，又能以碱基专一性互补配对来解释查伽夫当量定律。沃森和克里克能够在这场科学竞赛中取胜，靠的是两人的合作，靠的是知识和能力的互补，靠的是博采众家之长。这对组合最强的优势是把物理和化学的研究资料都放到生物学背景上去考虑，是学科交叉结出的创新硕果。

实操训练

练习1：你换一个眼光来看待你身边的一些日常的生活用品，比如毛巾等。它们还会催生出哪些新的发现？能够解决你的哪些新需求？

练习2：你发现你学习的各门学科往往有交叉，比如数学往往被你应用在化学、物理学里。这些应用是不是交叉学科的应用？

第五章　创新成果的分类与保护

进入21世纪，创新意识和创新能力成为决定一个国家国际竞争力和国际地位的最重要的因素。随着知识经济时代的到来，技术创新已经成为维持国家和企业经济高速发展的动力。与以往不同的是，在知识经济迅速崛起的今天，知识更新的加快需要更多人参与创造，这样才能保持国家推陈出新的活力。而知识产权制度则是当今国际通行的维护人类创造特权、促进技术创新最有效的一种法律制度，技术创新与知识产权制度正日益得到世界各国的重视。随着创新型国家战略的建立，我国越来越重视对创新成果的保护。

第一节　创新成果的分类与表达

> 要营造鼓励探索、宽容失败和尊重人才、尊重创造的氛围，使创新成为一种价值导向、一种生活方式、一种时代气息，在全社会形成浓郁的创新文化氛围，为创新提供丰厚肥沃的土壤。
> ——李克强（在国家科学技术奖励大会上的讲话）

启示与原理

在荷兰的一个小镇上，住着一位名叫阿·布鲁特的退休老人。他和不少退休老人一样，每天都是以看电视来消磨时间。有一天，电视里播放有关月球探险的节目的主持人将月球的地图摊开，并口若悬河地加以讲解。这时，布鲁特老人发现通过月球平面图来讲解效果并不好，他想到既然月球和地球都是圆的，现在有地球仪，为什么就没有月球仪呢？现在地球仪有人购买，那么月球仪也肯定会有人买。于是，他开始倾注全部精力制造月球仪并申请了专利保护。当第一批月球仪做好以后，他就在电视和报纸上刊登广告。果然不出他所料，世界各地的订单源源不断地飞来。从此，他每年靠制造月球仪就可赚1400多万英镑。老人通过联想，由地球仪联想到月球仪，从而创造出了大量的财富，这里的月球仪就是创新成果。

熊彼特认为：创新就是建立一种新的生产函数，也就是说，把一种从来没有过的有关生产要素和生产条件的"新组合"引入生产体系。常见的创新成果的形式有：产品创新、商业模式创新、管理创新、新技术创新、服务创新等。

要点与技巧

创新者首先应该知道自己的成果属于什么样的创新成果，然后才能针对自己的创新成果进行有效的保护和发展。

要点1. 创新成果的分类

当今，对于创新成果的分类方式有很多。从创新涵盖的领域来分，创新成果可以分为科技创新成果、文化创新成果、艺术创新成果、商业创新成果等。目前，我们主要是依据创新活动中创新对象的不同，把创新成果分为知识创新成果、技术创新成果和制度创新成果。

知识产权有广义和狭义之分。广义的知识产权范围，目前已被两个主要的知识产权国际公约所认可。一个是1967年7月14日在斯得哥尔摩签订的《成立世界知识产权组织公约》，将知识产权的权利客体概括为：文学、艺术和科学作品；表演艺术家的表演以及唱片、广播节目；人类一切活动领域内的发明；科学发现；工业品外型设计；商标、服务标记以及商业名称和标志；制止不正当竞争；在工业、科学、文学或艺术领域内其他一切智力活动而产生的权利。另一个是1994年的《与贸易相关的知识产权协议》（即 TRIPS），将知识产权的范围界定为：版权和邻接权；商标权；地理标志权；工业品外观设计权；专利权；集成电路布图设计（拓扑图）；未披露过的信息专有权。狭义的或传统意义上的知识产权范围包括工业产权与版权（我国称之为"著作权"）两部分，而工业产权中又包含专利权、商标权等，版权中则包括著作权与传播者权（即"邻接权"）等等。

我们现在一般会遇到的创新成果主要有：

1. **知识创新成果**

知识创新成果是指通过各种研究获得的新的技术科学和基础科学知识，这种研究包括应用研究和基础研究。由于这一类的创新成果往往需要投入大量的财力、物力，而且需要一个团体针对某一个领域进行深入的研究和实验才能够有所建树，所以这些成果往往由人类共同拥有。如微积分的发明、哥德巴赫猜想的证明等。

2. 制度创新成果

制度创新成果是指人们在现有的生产和生活环境下，为实现社会的持续发展和变革而创设的更能有效激励人们行为的新制度，往往是社会制度及企业管理制度。社会制度是政府部门按照当时的社会形势而制定的，而企业的管理制度往往涉及本企业的文化及企业的商业秘密，所以很少见到要求进行保护。如社会养老保险制度、医疗保险制度、街道的公约等等。

3. 技术创新成果

技术创新成果是指企业为占据市场并实现市场价值，将创新的知识、新技术、新工艺加以应用，在经营管理模式和生产方式上通过创新来提高产品质量，开发生产新的产品，提供新的服务。这方面的发明往往是要求保护的重点，绝大部分可以通过申请专利等来进行保护。如电话、手机、电脑、飞机的发明等。

4. 文化、艺术类的创新成果

文化、艺术创新既包含创新的一般概念，又有自己独特的个性特征。文化、艺术创新就其本质而言，必须都具备美这个前提，而"美是引起人类生命主体精神有益性的整体和谐与统一"。文化、艺术创新就是对前人的一种超越，是对传统的一种变革。完美的作品只有凝聚了创新者们的全部生命和智慧，才能获得永恒的生命力。艺术创新的主体具有个体性与集体性双重特征，这种双重性特征体现在艺术创新思维与行动的各个环节。如小说《红楼梦》、油画"蒙娜丽莎"、国画"清明上河图"、"东方红"舞台诗史剧等。

要点2．保护创新成果的积极意义

与西方发达国家相比，我国对知识产权的法律保护起步较晚。新中国成立后，我国着手建立了包括知识产权法在内的社会主义法律体系。1982年，我国颁布了《商标法》（并两次修订）。1984年，我国颁布了《专利法》（并两次修订）。1986年，我国颁布了《民法通则》，其中明文规定了对知识产权的保护。1990年，我国颁布了保护版权的《著作权法》及相关配套法规。1991年6月国务院又颁布了《计算机软件保护条例》。1993年9月，我国颁布了《反不正当竞争法》，开始明文规定保护商业秘密。随着我国市场经济目标的确立和加入世贸组织，我国对知识产权法律作了进一步的修订和完善。这些对知识产权保护的法律法规，其根本目的是调动一切创新者的积极性和主动性。

要点3．我国保护知识产权的法律体系

1. 著作权法保护

我国制定并颁布的与著作权有关的法律法规有：《中华人民共和国著作权法》《中

华人民共和国著作权法实施条例》《实施国际著作权条例的规定》《著作权集体管理条例》《计算机软件保护条例》《计算机软件著作权登记办法》《信息网络传播权保护条例》等。

我国《著作权法》列举了4项著作人身权和12项著作财产权，分别为：发表权、修改权、署名权、保护作品完整权和复制权、发行权、出租权、放映权、展览权、表演权、广播权、摄制权、信息网络传播权、改编权、翻译权、汇编权。

2. 专利法保护

我国制定并颁布的与专利权有关的法律法规有：《中华人民共和国专利法》《中华人民共和国专利法实施细则》《专利代理条例》等。主要对以下几方面作了规定。

（1）专利权的主体。涉及发明人（指对已完成的发明创造的实质性特点作出创造性贡献的人）、专利申请人（指按照法律规定有权对发明创造或设计提出专利申请的人）和专利权人（指对国务院行政部门授予的专利享有独占使用、收益和处分权的人）。如：发明人自己申请专利，获批后，则专利权人与发明人、申请人为同一人；某职务发明人，由单位申请专利，获批后，则专利权人和申请人为单位，职务发明人仅为发明人。

（2）专利法保护的发明创造。主要包括发明、实用新型和外观设计三类。

（3）法律明确规定了不授予专利的对象。包括：①违反法律、社会公德或者妨害公共利益的发明；②违反了有关法律、行政法规规定，获取或利用遗传资源的发明；③科学发现；④智力活动的规则和方法；⑤疾病的诊断和治疗方法；⑥动物和植物品种；⑦原子核变换方法和用该方法获得的物质；⑧平面印刷品的图案、色彩或者两者的结合作出的主要起标识作用的设计。

（4）专利权的取得。我国的专利法规定，专利权经依法申请并批准后才能取得。国家专利局授予发明专利和实用新型专利权的条件均为新颖性、实用性和创造性，但是这两者在创造性这一条件上的程度有所区别，发明专利比实用新型专利要求更高。外观设计专利授予的条件则为：新颖性、实用性、创造性和美感。

（5）专利权保护时间。在保护期限方面，发明专利保护期限为自申请日起20年，实用新型专利和外观设计专利权的保护期限为自申请日起10年。

3. 商标法保护

我国制定并颁布的与商标权有关的法律法规有：《中华人民共和国商标法》《中华人民共和国商标法实施条例》《特殊标志管理条例》《奥林匹克标志保护条例》等。

商标权的取得有两种方式：原始取得（必须通过向商标注册主管机关申请并获批准）

和继受取得（转让或继承）。

商标权的内容包括专用权、转让权、禁止权、许可权、标记权、续展权。商标权的保护期为10年，可续展注册。

4．反不正当竞争法保护

我国在1993制定并颁布了《中华人民共和国反不正当竞争法》，主要针对在生产经营活动中发生不正当损害他人知识产权的行为，在各项知识产权制度无特别规定或规定不完备时补充适用。

5．计算机软件和集成电路布图设计保护

计算机软件和集成电路布图设计均属著作权保护范围。

（1）我国于2001年出台了新的《计算机软件保护条例》，对计算机软件实行登记保护。计算机软件著作权的内容包括：发表权、署名权、修改权、复制权、发行权、出租权、信息网络传播权、翻译权等。计算机软件的保护期限为自然人终生及其死亡后50年的12月31日；合作开发软件的保护期限，截止于最后死亡的自然人死亡后第50年的12月31日。法人或者其他组织的软件著作权的保护期为50年，截止于软件首次发表后第50年的12月31日，但软件自开发完成之日起50年内未发表的不保护。

（2）我国于2001年制定并颁布了《中华人民共和国集成电路布图设计保护条例》。条例规定了集成电路布图设计专有权包括复制权和发行权，保护年限为10年，自布图设计登记申请之日或者在世界任何地方首次投入商业利用之日起计算，以较前日期为准。但是，无论是否登记或者投入商业利用，布图设计自创作完成之日起15年后，不再受本条例保护。

实操训练

练习1：你怎么样来理解商标权？试设计一个有关饮食类的商标并且能够获得商标权的作品。

练习2：我们现在都喜欢观看动画电影，那么你如果创造了一部动画作品，你应通过什么样的保护机制来最大程度地获得保护？

练习3：你建设了一个网站，非常有自己的特色，你想对它申请保护，请问你应该把它归属于什么来进行申请保护？（友情提示：可以从网站名称；显著性标识特征；域名等方面去考虑得到保护）

练习4：专利法保护的发明创造，主要包括哪三大类？

✐ 练习 5：中华人民共和国著作权法中主要有哪12项著作财产权？

第二节 创新成果的保护

> 完善知识产权保护相关法律，研究降低侵权行为追究刑事责任门槛，调整损害赔偿标准，探索实施惩罚性赔偿制度。完善权利人维权机制，合理划分权利人举证责任。"
> ——中共中央国务院关于深化体制机制改革加快实施创新驱动发展战略的若干意见

📡 启示与原理

日本秋田县的长井在一个星期天想修理一下家具，于是就购买了一把锯子回家。路上在一个拐角处与突然迎面跑来的一个小女孩相撞，结果锯子不小心碰伤了女孩的手臂，女孩流了不少血。长井心里为此感到很不安，而这种不安的心情促使他思考能不能制造出一种不会伤着人的安全锯。他发现削铅笔的刀可以折叠起来，刀刃藏在里面就不会伤人，于是他就照葫芦画瓢，把锯子的锯片做成在不用时也可以折叠起来的产品，并且为这个发明申请了专利。长井后来专职经营这种产品，获得了可观的收益，成了一名企业家。试想一下如果长井没有申请专利保护，他发明的这个产品其实是别人非常容易模仿和生产的。但是，由于他申请了专利，得到了专利的保护，才获得了可观的利益。

目前，对创新成果的保护涉及知识产权制度、知识产权策略、知识产权保护等，多方面是对发明人（专利所有人或专利权人）所作出的特定设备、产品或方法的发明授予一定期限内的排他性权利，而这种发明必须要满足新颖性、创造性和实用性的要求。专利制度的基本目的就是保护和鼓励发明，让发明创造获得法律的保护。如果法律赋予专利权的保护范围过小，则发明人可能更加愿意选择将其发明予以保密。

在大众创业、万众创新的时代背景下，怎样培养和保护创新者的科技创新能力和成果是一项重要任务。只有加强知识产权保护，才能给创造者提供持续的创新动力，使创造者保持积极性，大大提高技术创新效率，同时这对增强创新者的创新热情，提高创新者的创新能力，促进创新成果的产业转化，都具有重要的理论意义和实践意义。但是，目前在对创新成果的保护上还存在许多的问题，怎样才能够更好地保护创新成果，创新者们自己也应当有所了解。

要点与技巧

根据我国《专利法实施细则》的相关规定，权利要求应当说明发明的技术特征，清楚、简要地表述请求保护的范围，并且应当包含独立权利要求，也可以有从属权利要求。独立权利要求应当从整体上反映发明或者实用新型的技术方案，要求记载解决技术问题的必要技术特征，是对解决技术问题的必要技术特征的记录和对技术方案的整体反映。从属权利要求则是在独立权利要求的基础之上增加了附加的技术特征，是对独立权利要求的进一步限定，应当用记载附加的技术特征，对所引用的权利要求作进一步限定。由此可见，独立权利要求和从属权利要求记录的技术信息与技术方案的要求都是不完整的，只是对技术方案的一种"反映"，而专利说明书才是对技术方案的记载。

要点1. 发明专利法保护

发明专利分为产品发明、方法发明两种类型，是指对产品、方法或者其改进提出的新的技术方案。我们在申请专利保护时要注意：

（1）在申请专利时申请文件的填写和撰写有特定的要求，申请人可以自行撰写，也可以委托专利代理机构代为办理。

（2）在申请专利时，各种文件一律采用A4尺寸（210毫米×297毫米）的纸张。申请文件中一律使用汉字。外国人名、地名和科技术语如没有统一中文译文，应当在中文译文后的括号内注明原文。申请文件（包括请求书在内）都应当用宋体、仿宋体或楷体打字或印刷，字迹呈黑色，字高应当为3.5～4.5毫米，行距应当为2.5～3.5毫米。申请文件中有图的，应当用墨水和绘图工具绘制或者用绘图软件绘制，线条应当均匀清晰，不得涂改，不得使用工程蓝图。

（3）在专利申请过程中，申请人可以直接面交专利申请或通过邮寄的方式向国家知识产权局递交专利申请，也可以通过设在地方的代办处递交专利申请。国家知识产权局于2004年3月12日建立了电子申请系统，申请人还可通过国家知识产权局政府网站递交专利申请。

（4）申请发明专利应该准备好有关发明专利请求书、摘要、摘要附图（可不需要）、说明书、权利要求书、说明书附图（可不需要）等，各一式两份。如果申请的专利涉及有关氨基酸或者核苷酸序列的，说明书中还需要包括该蛋白质或者DNA的序列表，把该序列表作为说明书的一个单独部分进行提交，同时还应提交符合国家知识产权局规定的记载有该序列表的光盘或软盘等各一式两份,并按规定缴纳费用。

(5)依据专利法规定,发明专利申请的审批程序一般包括:受理、初审、公布、实审以及授权五个阶段。一般流程如下图5-1所示:

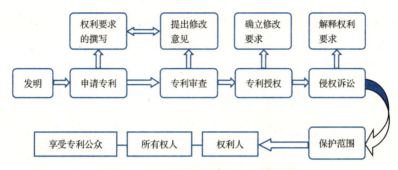

图5-1 专利申请过程的一般流程图

案例一:本发明专利"一种微胶囊茶及其制备方法",专利号:CN941019691。本发明应用微胶囊技术加工茶制品,将茶叶粉末或浸出物作为囊心物质,均匀分散于以水溶性树脂、蛋白类物质作为囊材的水溶液中,可加入絮凝剂和浸润剂以提高包覆质量。制成的微胶囊茶,充分保留和强化了茶的营养成分和风味特征,提高了茶的利用率,制品性能稳定,便于使用、存储和再加工,扩大了茶在食品和饮料行业的应用领域。权利要求书:①一种微胶囊茶,其特征在于囊心为茶叶粉末或茶叶浸出物,外面包覆的囊材为水溶性树脂和/或蛋白类物质。②如权利要求①所述的微胶囊茶,特征在于所述作为囊材的水溶性树脂可以是明胶、阿拉伯树胶、羧甲基纤维素、桃胶、淀粉、甲基纤维素、阿拉伯糖-半聚乳糖、聚乙烯醇、聚丙烯酸、海藻酸钠、麦芽糖糊精之一,或多种组合。③如权利要求①所述的微胶囊茶,特征在于所述作为囊材的蛋白类物质可以是酪蛋白钠、蛋清、酪蛋白、胶原蛋白、大豆蛋白之一或多种组合。④一种微胶囊茶的生产方法,其特征在于将茶叶粉末或茶叶浸出物,在室温和pH6.5~10条件下,均匀分散在8%~50%重量百分浓度的囊材水溶液中而成,所述囊材是水溶性树脂和/或蛋白类物质。⑤如权利要求④所述微胶囊茶的生产方法,特征在于所述囊材水溶液中加入0.2%~2.0%重量的絮凝剂,所述絮凝剂可以是单宁、鞣酸或茶碱。⑥如权利要求④所述的微胶囊茶的生产方法,特征在于所述囊材水溶液中加入2%~4%重量的多价醇作为浸润剂,所述多价醇可以是丙三醇、丙二醇、麦芽糖醇、木糖醇,它们其中之一或多种组合。

由上述专利我们可以看到申请者在专利申请时要求的权利及特征部分的主张虽然非常繁琐及具体,但是对这个专利要求的保护却非常完全。在生产时的一些条件如囊材的水溶性树脂物质、囊材的蛋白类物质、pH值、囊材重量的百分比、絮凝剂的重量百分比和浸润剂重量的百分比等都要求了一个比较大的范围,几乎要求了所有的权利,使得想生产这一类型产品的生产厂家无法钻空子再开发类似的产品,只能购买专利申请者的专利来进行生产。

所以我们在权利要求时,一般可分别以方法特征限定的产品权利要求,以用途特征限定的产品权利要求，以"方法+功能"权利要求及并列独立权利要求等方法来主张专利的保护。

要点2．实用新型专利保护

实用新型专利是指对产品的形状、构造或者其结合所提出的适于实用的新技术方案。实用新型和发明专利都是一个相对完整的技术方案，但两者也存在一定区别。

（1）在实质性要求方面，实用新型较发明要求低，实用新型的技术方案并不要求具有很高的创造性。

（2）在设计对象方面，实用新型专利要求产品具有相对固定的形状、构造或是两者相结合，而发明则无此要求，一些方法发明同样可以被授予专利权。

（3）在审查阶段，实用新型专利不需要进行实质性审查，因此实用新型专利相对于发明专利具有更快被授予权利的特点。

（4）两者的专利申请文件的要求也不相同，发明专利的申请文件可以选择附图或者不附图，而实用新型专利的申请文件中必须要有相关的图样及说明。

同样，在申请实用新型专利时应当提供包括以下的材料：实用新型专利请求书、摘要、摘要附图（可不需要）、说明书、权利要求书、说明书附图等各一式两份，并按规定缴纳费用。实用新型或者外观设计专利申请在审批中只有受理、初审和授权三个阶段。

要点3．外观设计保护

外观设计是指对产品的形状、图案或者其结合以及色彩与形状、图案的结合所作出的富有美感并适于应用的新设计。在申请外观设计保护时，我们更加应该注意表述清楚我们的外观设计的特征，尤其是与众不同的地方，在无法使用文字表达的地方尽量使用图片给予说明，以获得完全的保护。

申请外观设计专利必须提供的材料应当包括：外观设计专利请求书、图片或者照片（要求保护色彩的，应当提交彩色图片或者照片），以及对该外观设计的简要说明各一式两份，提交图片的，两份均应为图片；提交照片的，两份均应为照片。不得将图片或照片混用，并按规定缴纳费用。

专利局在受理处或各专利局代办处收到专利申请后，对符合受理条件的申请，将确定申请日，给予申请号，发出受理通知书。一项发明创造申请专利后，一旦被授予专利权，专利申请权随之被专利权取而代之，发明就得到了专利法的保护。

要点 4．专利申请的技巧要点

（1）一旦有了比较完善的想法，就应该马上申请进行保护。由于对任何专利实行早期公布、请求审查制，当一项发明申请在申请日前已有他人提交同类申请，他人申请即使未公布，此项发明申请已成为"已有技术"，从而丧失新颖性而不能获得专利保护，所以应该尽早进行申请保护。

（2）我们在申请时要注意尽量给予所有可能性的完全保护。在专利申请中，我们可以单一申请，也可进行组合申请。一般而言，对于有一定经济价值的发明创造，要尽量申请发明专利，同时，也尽量实行组合申请，这样会得到更全面、更长期的保护。

（3）在撰写权利要求书时，根据要求以"上位"方式来撰写，即独立权利要求应当具有尽可能宽的保护范围。撰写时应当首先列出前序部分，其次列出特征部分。前序部分应当写明要求保护的发明或者实用新型技术方案的主题名称和发明，或者实用新型主题与最接近的现有技术共有的必要技术特征；而特征部分则应当使用"其特征是……"或者类似的用语，写清发明或者实用新型区别于最接近的现有技术的技术特征。从属权利要求包括引用部分和限定部分：引用部分应当写明引用的权利要求的编号及其主题名称；而限定部分则应当写明发明或者实用新型附加的技术特征。

（4）要注意在获得专利的同时，发明创造的内容将被强制公开，他人将可从公开的专利内容中了解发明的原理、程序等，还可以通过扩大延伸对你申请的发明再申请专利。所以，不是所有的发明创造都要通过申请专利来保护，需根据实际情况选择申请。是否申请的判断标准就是要看他人能否通过你发明的产品反向推导出其发明技术图，如果能够推导，则应采用专利保护；如果不能推导，还是建议不申请。

（5）我国《专利法》规定申请人可以在被授予专利权之前随时撤回其专利申请。在申请进行实质审查期间申请人无正当理由逾期不请求实质审查的，该申请即被视为撤回。如果发明专利已经在外国提出过申请的，可能要求申请人在指定期限内提交该国为审查其申请进行检索的资料或者审查结果的资料，无正当理由逾期不提交的，该申请即被视为撤回。如果在对发明专利申请进行实质审查后，认为不符合本法规定的，申请人在指定的期限内应陈述意见，或者对其申请进行修改，无正当理由逾期不答复的，该申请即被视为撤回。专利申请被专利局驳回时专利申请权即告消灭。

（6）专利申请不成功被驳回的可能情况：发明专利申请经初步审查不符合专利法规定要求的发明专利；申请经实质审查，不符合专利法规定的；申请人要在指定的期限内陈述意见，或者对其申请进行修改，仍然认为不符合规定被驳回的等。

要点5. 对创意的保护

对于创意，目前并没有专门的法律法规来进行保护。但是，一个好的创意，往往可以给人带来巨大的财富，所以对于创意的保护就显得尤为重要。要想对创意进行有效的保护，我们就是要对创意进行甄别，根据不同的类别，采取不同的保护措施。就目前的一些创意来看，更多的是停留在有想法，而无具体实施，我们不必过多计较其可行性。但是我们自己仍然应该想到进行保护，对于一些具体的创意，有法律规定的，我们尽量将其归入相应的法律进行保护。

如果创意属于商标的设计，则可通过我国商标法进行保护。但是，要获得商标法保护，必须进行注册，商标的设计者要及时注册商标，避免被他人抢注而造成损失，而且法律只保护已注册的商标。注册商标的保护期法律规定为10年，保护期满后，如果商标权益人不申请续展保护期，则将不再受法律保护，当然到期后可根据具体情况选择是否延期。创意如果已经形成了文字、图像等作品形式，则尽量通过著作权法进行保护，著作权中规定了署名权、发表权等人身权利和发行权、复制权等财产权利，财产权利可以通过转让获取收益。而且，这种著作权益是自动取得的，保护期也较长。创意如果有了具体的发明成果，则可通过上述的专利申请，获得专利法的保护；如果创意不属于以上几种，则应把创意作为秘密，暂时不要宣传，进行自我保护。

要点6. 对计算机软件的保护

对计算机软件的保护范围包括源程序、目标程序、计算机程序本身及文档。我国实行了计算机程序的登记制度，计算机软件进行登记后，可以证明这个软件是你发明的。计算机软件受到著作权保护，其权利的取得是自然取得的，但是还是建议进行计算机程序的登记，以取得更好的保护效果。

要点7. 集成电路布图设计的保护

集成电路布图设计是指集成电路中各种元件的连接与排列，它本身是设计人员智慧的体现，是无形的。我国于2001年制定了《中华人民共和国集成电路布图设计保护条例》，保护条例规定集成电路布图设计专有权包括复制权和发行权，同样布图设计采取登记制度。注意集成电路布图设计保护申请需要提交4件含有该布图设计的集成电路样品。因为只有当这种设计固化到磁介质或掩膜上，才具有客观的表现形式，能够被人们感知、复制，从而得到法律的保护。

当今，要使每次的集成电路布图设计都达到显著的进步是不可能的，新的集成电路产品仅表现为集成度的提高。对于集成电路成品，复制者只需打开芯片的外壳，利用高分率照相机，拍下顶层金属联接，再腐蚀掉这层金属，拍下下面那层半导体材料，即可获得该层的掩膜图。由于以上特点，我们在申请集成电路布图设计时往往是通过一些技术手段来达到进一步自我保护的目的。集成电路布图设计一旦申请保护成功，自布图设计登记申请之日或者在世界任何地方首次投入商业利用之日起计算，保护年限为10年。但是，无论是否登记或者投入商业利用，布图设计自创作完成之日起15年后，不再受到保护。

对于创新成果的保护是一个大的系统工程，从学校层面看，需要通过教育来提高学生对于创新成果的保护意识，针对学生不同的创新成果，学校应该给予相应的保护策略指导和建议。但是，仅仅靠学校和学生本人是远远不够的，还必须从国家层面不断完善创新激励机制和创新保护机制，这样才能够从根本上保护创新成果。

实操训练

练习1：请写出一份你现在坐的椅子的专利申请书。

练习2：你先编辑一个小故事，然后来模拟为他申请保护。

练习3：当有人来咨询你问题时，你能够草拟一份技术咨询合同吗？在写技术咨询合同时我们应该主要注意一些什么？

练习4：请为你撰写的小说，申请合适的保护方法。

练习5：在你手中的笔有一个创新，你是怎么样来为这个创意进行保护？是采用发明专利申请保护？实用新型申请保护？还是外观设计申请保护？它们的区别在哪里？

第三节 创新成果的转化

> 要坚持创新驱动，推动产学研结合和技术成果转化，强化对创新的激励和创新成果应用，加大对新动力的扶持，培养良好创新环境。
> ——习近平

启示与原理

2015年3月，国务院办公厅印发《关于发展众创空间推进大众创新创业的指导意见》，鼓励大众创业者应用新技术、开发新产品、创造新需求、培育新市场、打造新业态，为经济发展注入源源不断的动力和活力。2015年4月下旬召开的国务院常务会议明确，支持高校、科研院所等专业技术人员在职和离岗创业，对经同意离岗的可在3年内保留关系。目前，创客空间如雨后春笋般涌现并迅速成长，在如火如荼的创新创业氛围下，科技成果怎样才能进行更好地转化呢？

广义的科技成果转化是指将科技成果从创造地转移到使用地，使应用者的素质、技能或知识得到增加，劳动工具得到改善，劳动效率得到提高，经济得到发展。狭义的科技成果转化实际上仅指技术成果的转化，具有创新性的技术成果从发明者（单位）转移到生产部门，愿意以有偿或无价的方式，提供给愿意付价的另一个人或企业，技术接受者将该技术加以妥善运用、调整、吸收及创新，使新产品增加，工艺改进，效益提高，获得经济利益与提升企业竞争力。我们通常所说的科技成果转化大多是指狭义的科技成果转化。技术一般是无形的，但仍可以和有形物品一样进行转让与交易，为技术接受者创造经济利益，而技术提供者也可以在技术转让的过程中，获得合理的报酬，进而达到双方互利的结果。

要点与技巧

要点1．科技成果转化的方式

科技成果转化的途径，主要有直接和间接两种转化方式，但这两种方式也经常是相互包含的。

科技成果的直接转化主要包括：科技人员自己创办企业；高校、科研机构与企业开展合作或共同研究；高校、研究机构与企业开展人才交流；或是高校、科研院所与企业沟通交流的网络平台等。

科技成果的间接转化主要是通过各类中介机构来开展的。机构类型和活动方式多种多样：在体制上有官办的、民办的，也有官民合办的；在功能上有大型多功能的机构（如既充当科技中介机构，又从事具体项目的开发等），也有小型单一功能的组织。所以，科技成果的间接转化可以通过专门机构实施科技成果转化，通过高校设立的科技成果转化机构实施转化，以及通过科技咨询公司开展科技成果转化活动。

要点2．科技成果转化的价值评估

科技成果转化的价值不能仅以经济效益进行衡量，还需要从社会效益的角度进行评估。科技成果有着不同形态，如专利、论文、技术，它们的价值量也不同，很难进行正确的评估。如果要想进行科技成果转化的价格评估就涉及该技术的发展程度。一般技术生命周期有不同的阶段，泰瑟思认为技术生命周期可以分为四个阶段：一般性研究发展阶段、应用研发阶段、大量制造生产阶段及市场扩张阶段。显然技术处于不同生命周期阶段时其转让的价值是不同的。因此，在进行技术计价时，需要判断技术或产品所处的阶段。目前，我们采用的比较通用的科技成果转化的价格评估方法有：

（1）新的技术或新的产品由买卖双方对技术进行价值判定，一般认为使用等级法较为适合。等级法可由专家建立该技术的评估因素及权重，交由实际执行技术转让的相关人员回答，回收问卷计算结果，再比较类似契约设计，推论出合理的价值范围。这个方法较适用于经常技术转让的单位，但是参考数据不容易找。另外，此法的运用不一定是依据技术接受者的公司规模来确定，也可是基于买卖双方间的某种合作策略来确定。

（2）采用预估未来及所投入成本的方式来判断。估价方法可采用现金流量折现、蒙地卡罗分析及成本法。现金流量折现法受经济景气波动状况影响大，对于未来营运结果不易评估，所估算的价值往往会较偏低。

（3）成本法强调的是评估其资产本身的投入成本价值，不是衡量因资产所产生的未来收益。这种价值评估方式不确定，主要原因是投入成本金额的信息与其产出价值无关，其所产生的结果不能成为影响决策的重要因素。

（4）产业标准法是指以市场类似技术的价格作为参考价格，同时比照产业已发生的利率作为价格的参考。此法的缺点在于：①类似技术的参考价格不易获得；②已交易的事例一般皆会列为公司机密，真正的交易价格不易取得；③未考虑企业方面的风险。

要点 3. 科技成果转化合约

科技成果转化难的结症不在于科技成果本身，而更多的在于科技成果以外的诸多市场因素。所以，怎样签订科技成果转化合同则是一个重要的环节。

合同（Contract）又称为契约、协议，是平等的当事人或当事双方之间设立、变更、终止民事权利和义务关系的协议。依法成立的合同，受法律保护。广义合同是指所有法律部门确定权利、义务关系的协议，狭义合同是指一切民事合同。

通常各省市的科技主管部门都会制订技术合同的示范文本，有的甚至强制要求使用示范文本。虽然示范文本对于没有法律常识的合同当事人而言非常方便，但是示范文本通常太过简单，并不能适用于每一个个案，签订技术合同最好还是聘请专业律师参与合同谈判，制作合同文本。

一般情况下，一份完整的技术合同应当包括两个部分：一部分是合同条款，约定双方当事人之间的权利和义务关系；另一部分是工作说明书，详细说明技术合同所涉及的技术项目范围及实施方法、实施的过程、进度以及验收方法等。在工作说明书中应当将项目实施过程拆分成若干阶段，详细描述每一阶段的目标、合同双方的责任、完成本阶段工作的标准，以及本阶段应当提交的成果。技术合同条款一般包括以下内容：名词和术语的解释；项目名称、内容、范围和要求；履行的计划、进度、期限、地点、地域和方式；双方的权利和义务，除约定双方的主权利和义务外，还应当约定双方如何相互配合、如何对对方的工作和要求等做出反馈等。通常应当指定项目代表，行使权利、履行义务；技术情报和资料的保密。保密义务应当是双方的，而不是单方的。要约定保密义务的范围、方法、保密处理程序、保密期限以及失密救济等内容；风险责任的承担；技术成果的归属和收益分成办法，价款、报酬或使用费及其支付方式；验收标准和方法；违约金或者损失赔偿的计算方法；解决争议的方法。除了上述必备条款外，与履行合同有关的技术背景资料、可行性论证和技术评价报告、项目任务书和计划书、技术标准、技术规范、原始设计和工艺文件，以及其他技术文档，应当列为合同附件，作为合同的组成部分，以备合同履行或者解决争议时参考。

对于发明者而言，技术开发、技术咨询、技术服务是其主要的业务内容，而就这些内容与其他公司签订相关技术合同则是发明者必经之路。因此，如何依法签订、履行、管理各类技术合同，对于发明者至关重要，而其中签订环节则是重中之重。

1. 专利权转让合同

关于专利权转让合同，需要注意的是：专利权转让合同（包括专利申请权转让合同）在签订合同后，要经过专利局登记和公告才能生效，如不经专利局登记和公告则合同无效，而不生效的合同对当事人没有任何法律约束力。专利实施许可合同中值得引起当事人注意的是，独占实施许可合同和排他实施许可合同中发明者的义务。在独占实施许可合同中，在授权范围内发明者不能许可第三人实施专利，自己也不能实施专利。在排他实施许可合同中，在授权范围内，发明者不能许可第三人实施专利，但自己可以实施专利。当事人可以根据需要，选择适合自己的实施许可形式。

2. 技术秘密转让合同

技术秘密是新合同法中新增加的概念，保密条款主要是用在技术秘密转让合同中，也可以用在其他技术转让合同中未公开的技术部分。技术秘密转让合同第一个需要注意的问题就是怎样认定技术秘密的可靠性和实用性。当事人可以在合同中约定一个双方都可以接受的检验方法。在技术秘密转让合同中，让与人有提供技术资料和情报的义务，而不能为了保密而不将技术"交底"。其实保证技术秘密不泄露完全可以通过签订保密条款来达到。

3．技术咨询合同

在技术咨询合同中，被咨询一方应就特定技术问题进行调查论证，在规定期限内完成咨询报告，委托人应按合同约定支付报酬。双方当事人应对技术问题、咨询报告的内容、期限、质量进行详细约定，尤其对于咨询报告可能出现的虚假、延误问题，应明确其违约责任。

4．技术服务合同

在技术服务合同中，技术一方须完成服务项目，按期交付工作成果，委托人则须提供工作条件、接受工作成果、支付报酬。双方当事人在该合同中须注意的重点问题仍是关于工作条件、工作成果等技术事项的约定。如果约定不明确，一旦出现纠纷，双方将各执一词，不利于对守约方权利的保护。

在签订合同过程中，主要的问题包括：与公司签订的合同仅有签约单位授权代表签字无公司盖章；盖章不规范，盖的是没有经过授权的项目部、采购部、办事处、业务部门等部门的印章。因此，在合同审查时，一定要注意结尾签章处与合同开头当事人名称是否一致。

合同的签约时间和地点属于合同的必备条款，虽然字数不多，但同样极为重要。合同的签署时间的重要性表现在：（1）如果合同没有另行约定生效时间，法律也没有要求合同必须经过登记或审批才生效的，一般合同的签署时间也就是合同的生效时间。（2）合同生效时间确定以后，才可能确定相应支付条款的时间依据、诉讼时效的起算依据等时间点。合同的签约地点的重要性表现在如下方面：（1）签署地点的是合同管辖的法律依据之一。（2）如果是涉外合同发生争议时，在没有约定地点的前提下，签约地点是确定准据法的依据。

实操训练

练习1：你与你的同学相互之间模拟进行一次自己发明的手机技术专利转让过程。

练习2：我们来撰写一份合同，与你的同学进行签约。签订好以后你可以模拟执行，看看你能不能找出合同中的漏洞。

练习3：当有人来咨询你问题时，你能够草拟一份技术咨询合同吗？在写技术咨询合同时我们应该主要注意一些什么？

✏练习4：假设你发明了一种床，有一些技术的秘密，你认为可采用什么方式才能够较好地保护你创新的利益？

✏练习5：对上述你发明的床，你应该怎么样来评估你的发明创新的价值？

「创业篇」

　　创业活动久已有之，通常创业者就是投资者。技术创新的加快和社会需求的多样化为人们提供了更广阔的创意空间，使得拥有技术和发现市场机会的人可以充分发挥自己的才干、寻求资金的支持从而成为创业者。资本、技术、社会需求这三方面的变化降低了创业的门槛，最终形成了席卷全球的创业热潮，使每一个人都有机会成为创业者。

第一章 世界这么大 我要去创业

青春梦想的舞台，
总有许多值得大展身手的机会。
创新连着创业，成就更好的自己！
创新连着创业，让自己的明天更灿烂！

近年来，网上"抢红包"已成为热门话题。如果红包跟上网络潮流，势必引发人们交流方式的改变。在互联网的时代，"发红包"和"抢红包"已成为微信群、QQ群交流的重要话题之一。

"红包"改变世界，品牌代表一切，这充分印证了创新创业已成为中国社会发展的新潮流。作为群体的现代学生敢于憧憬、敢于向往、敢于幻想、富有激情、敢于超越。现如今，各种因素和动力都在吸引和推动着学生加入大众创业、万众创新的潮流，因此学生们必须勇敢面对。

第一节 直面创业

> 真的要选择创业之前，还是要想清楚，一旦要走这条路，就要目标明确、坚定不移。不止要有追求，还要有坚强的意志品质，既能做群胆英雄，更能做孤胆英雄。
>
> ——柳传志

创业指南

在市场配置资源的模式下，没有谁能给你"铁饭碗"，人们除了自主择业外，还要有自主创业的观念。创业不是通过传统的就业渠道谋取职业，而是依靠自己的学识、智慧和能力开办新企业。对于许多人来说，迈向创业的第一步就是观念的转变，传统的就业和生活观念已经落伍。一个成功的创业者绝不能因循守旧、墨守成规，应该以灵活的态度、良好的素质适应经济社会发展，以主动作为的精神勇敢创业。创业不仅有利于缓解国家的就业压力，也为社会创造了新的就业机会。创业者通过创业活动发挥才干，发掘潜能，促进自我的完善。《国际歌》里唱道："世界上从来没有什么救世主，要创造人类的幸福全靠我们自己。"从这个意义上说，创业者就是自己的"救世主"。

一、什么是创业

创业既是一种精神，也是一种理念，更是一种行动。在英文中，企业家和创业者是同一个词，即"entrepreneur"。在此基础上，将创业视为"创办自己的企业"或"自己当老板"，是对创业最直接也是最普遍的理解。在这里，我们所说的"创业"就是以企业为载体，以正当赢利为目标创办企业的活动，主要有以下四个特征：

1. 创新性

创业是一个从无到有的过程，有两个突出的表现：一是增量，即在同样的技术水平基础上，创办一个过去并不存在的新单位，使社会物质财富的生产、服务更加丰富多彩，满足社会需求，繁荣市场经济，同时扩大选择范围。如新的加工厂、新的饭店、新的旅行社、新的农业合作社等。二是增质，即应用新技术，创造新产品或新服务，促进社会生产力的发展。如纳米技术的应用、太阳能汽车的发展等。

2. 收益性

创业的高收益具有巨大的吸引力。创业一旦成功，将会带来丰厚的利润，甚至改变人的一生，也给社会创造巨大的物质财富。如比尔·盖茨创办微软公司，使他一度成为世界首富；俞敏洪创办新东方教育集团，使他一度成为我国"最富有的教师"。

3. 风险性

创业之所以难，是因为其风险大。我国企业平均寿命不足10年。创业一般都有成功与失败的两种可能性，创业成功固然可喜，但如果创业失败，创业者也要勇敢面对。比如安徽怀远人史玉柱几度创业，经历过巨大的失败，但他依然挺了过来，创办"脑白金"和"黄金搭档"等家喻户晓的名牌。

4. 科学性

创业不仅是一项实践活动，也是一门科学、一门艺术。创业是有规律可循的，但绝不是单靠书本知识就能创业成功，它往往更需要实践的勇气和能力。一个企业成功与否的关键是创业者能否实现能力、科学和艺术的有机结合。

大多数创业英雄都是白手起家，并没有接受过系统的创业教育。那么，创业能否教出来呢？比如说炒股，不懂经济学知识、甚至大字也不识几个的老头老太照样能炒股，而且炒得不错。那么，能不能说股票不是一门学问，或者说炒股不需要教呢？答案显然不是，学过股票知识的人肯定要比不懂股票的人成功的机率大一些，也可以更好地回避风险。

囯案例

微信自媒体+米线=月入5万元

2013年7月，从学校毕业的刘大白，同其他毕业生一样，按照自己的专业投简历、找工作。最后，她在徐州一家商贸公司应聘为出纳。但性格大大咧咧的她很快发现，这份精细的工作并不适合她。有次她写错一个小数点，导致公司要多交1万多元的税，老板为此大为恼火，狠狠骂了她一顿。大半年后，刘大白从公司辞职。在一次机缘巧合下，她了解到一位朋友有调制米线配方，而且朋友家做的卤鸡爪、鸡翅、猪蹄、牛肉更是美味，还有徐州人爱吃的把子肉。但这位朋友收入可观，对餐饮业并不感兴趣。

在刘大白的鼓动下，这位朋友愿意拿出秘方与刘大白合伙。经过3个月的选址、装修，以及挑选食材进货渠道，刘大白的米线店终于试营业了。借助自媒体的传播，她的米线店越做越大。她说，这个两层的米线店，是她朝着品牌连锁梦想迈出的第一步。经过3个月，刘大白的米线店每天的销售量都有几百碗，她个人每月也纯收入2万元以上。从月入3000元的上班族到月入50000元的老板，刘大白只用了2年时间。这个90后的女孩说："移动互联网时代激发了她身上所有能量。"

（选自2016年2月25日《今日徐州》）

评析：刘大白的创业经历告诉我们，在这个创业风起云涌的新时代，年轻人只要有创业的梦想，找对创业的方向，并且坚持下去，就一定会成功开创自己的事业。

二、什么是创业教育

虽然有些人天生有一种创业本领，无师自通，但是创业教育依然有其必要性。创业教育不仅能够帮助创业者掌握创业知识和技能，而且能够降低风险，提高创业的成功率。

创业教育可以简单地概括为培养学生创业能力的教育。创业能力并非所有的人都天生具备，有的人可能有一些，但不够全面；有的人可能有创业的欲望，但是没有创业的能力；有些人可能有知识、有技能，但是没有魄力。这些缺陷都需要通过创业教育来弥补。

创业教育作为一种新的教育理念，其核心是以开发和提高学生的创业基本素质为目标，培养学生从事创业实践活动所必须具备的知识、能力、心理素质以及开创性的个性，培育创新创业人才，使学生毕业后能够走上自主创业的道路。

1. 创业教育是一种全新的教育理念

传统的教育主要是通过知识学习和技能培训，使受教育者能够具备一定的素质，能够适应岗位要求，毕业后能够胜任工作，实际上是一种就业能力的学习。毕业生不能只满足于懂得一种专业知识,掌握一项专业的技能,还可以试着创办投资(咨询)公司,或者涉足其他行业。当然,创业教育并不是鼓励不敬业,但敬业不等于一辈子踌躇不前、原地踏步,而应该有所创新、有所进步。

2. 创业教育旨在培养一种自我实现的价值观

按照美国心理学家马斯洛的需求层次论,人的需求分为五个层次,即生理需要、安全需要、社交需要、尊重需要和自我实现的需要,依次由较低层次到较高层次,自我实现的需求是最高层次,如图1-1所示。马斯洛理论的核心是自我实现。虽然有很大一部分创业者都是在没有找到工作或生存需求的刺激下产生创业的动机,但是当生存需要得到满足后,他们追求的就是进一步的发展,或者说是自我实现的需要。学生自主创业既能解决自身就业难的问题,还能为社会拓展就业渠道,更重要的是满足学生实现自我价值的需要。

图1-1 人的需求

3. 创业教育是一种面向未来的教育

创业教育不可能在一夜之间造就一个企业家。真正意义上的创业教育应该着眼于未来,为未来培养有创业潜力的人才。创业教育的成果不可能是立竿见影的,即这种成果在短时间内不可能显现出来,而要经过几年甚至十几年才能反映出来。

三、创业教育的内容

创业教育是指提高学生的创业素质和修养的教育,即创业素养的教育。创业素养主要包括创业意识、创业精神、创业能力和创业品质四个方面。

1. 创业意识

创业意识就是一个人根据社会和个体发展的需要所引发的创业愿望、动机和意向,也就是为什么而创业。美国经济学家熊彼得对此在精神层面上进行了剖析,他将创业动机归纳为"建设私人王国,对胜利的热情,创造的喜悦"。有很多学生毕业后先在别人那里打工,积累一些经验以后便自己当老板,问他们为什么自己当老板,大多数人的回答是自由一些,自己可以做主。这种自由自在、没有约束、自己做主的愿望就是创业意识的萌芽,这种独立、自由和自我发展的想法就是创业的关键动机。

2. 创业精神

创业精神既是创业的动力，也是创业的精神支柱，更是成功创业的前提。创业精神包括四个方面：（1）欲望是成功创业的内在动力。有人说："一个人的梦想有多大，他的事业就会有多大。"创业者的欲望与普通人欲望的不同之处在于，创业者的欲望往往有更高的追求，需要打破他们的现状。（2）自信是成功创业的心理支柱。创业者一般非常自信，相信自己的能力和经验。一个人的成功不是命中注定的，而是完全靠自己掌握，自己可以支配自己的命运。时间在变，机遇在变，唯一不变的是成功的信念。（3）忍耐是成功创业的必要保障。对一般人来说，忍耐是一种美德；对创业者来说，忍耐却是必备的品格。（4）胆量是成功创业的必要基础。寻求机会最重要的是要摆脱经验的束缚，在别人看不到、想不到的地方捕捉商机，大胆创新并付诸实践。

3. 创业能力

商场如同战场，没有过硬的本领是不能打胜战的，只有具备全面、扎实的创业技能才能经得起惊涛骇浪。创业能力包括专业技术能力、经营管理能力和综合性能力。

专业技术能力是指创业所需要的专业知识和应用技能。比如做建材生意起码要知道建材的种类、型号、性能和价格；生产或销售汽车就得了解汽车的结构、工作原理和各种汽车的特点；经营商业就要了解进货和销售渠道、商品特点、财务知识等。

经营管理能力是指市场营销能力和经营管理经验。

综合性能力包括很多方面。如社交沟通能力、分析和解决实际问题的能力、信息接收和处理能力、把握机会和创造机会的能力、应变能力、经得起挫折和失败的能力、为人处世的能力、整合资源的能力。

案例

"忽悠"三十万

有一个虚拟的故事形象地说明了整合资源的意义：美国有一个农村老头，和小儿子在家里相依为命，小儿子长得很帅，也很聪明。有一天，城里来了个商人，对老头说："我想把你儿子带到城里，行吗？"老头不愿意。商人接着说："我在城里给你儿子找个对象，你看如何？"老头还是摇头。商人又接着说："如果我给你儿子找的对象是洛克菲勒的女儿，你愿意吗？"老头心想：洛克菲勒是石油大王，世界首富，哪还有不愿意的？于是老头点头答应。但是，商人提出一个条件："如果你的儿子做了石油大王的女婿，你要给我10万美元的介绍费。"老头答应了。接着，商人又去找洛克菲勒，对他说："洛克菲勒先生，我给你女儿介绍一个对象，你看怎样？"洛克菲勒差点没有把他踢出去，心想：我是石油大王，还要你给我女儿介绍对象。商人没有生气,接着说:"如果我给你女儿介绍的是世界银行年轻有为的副总裁,你愿意吗?"洛克菲勒笑着答应了。商人也向他要了10万美元介绍费。搞定这两人后,商人又找到世界银行总裁,对他说:"你必须任命一位副总裁。"世界银行总裁不解道:"为什么我要听你的?"商人说:"如果你任命的副总裁是洛克菲勒的女婿,你还问为什么吗?"总裁一听喜上眉梢,马上答应了。商人也向他索要了10万美元介绍费。

评析:商人没花1分钱,挣了30万美元,这就是整合资源的魅力。如果学生毕业后能够有这样的能力,那他们创业成功就有望了。

4. 创业品质

创业品质与创业者个人的性格、气质有密切的关系,反映了创业者的意志和情感。它包括独立性、果敢性、坚忍性、克制性、适应性和合作性。独立性是指能够独立地进行思考和判断。果敢性是指敢冒风险,并且能够承担责任。坚忍性是指为达到某一目标不屈不挠。克制性是能够克制情绪,冷静、不冲动。适应性是指能够及时适应环境和条件的变化,善于进行自我调整。合作性是指愿意向他人学习,善于与他人交往、合作。

表1-1 创业素养的教育

层次	主要内容
意识培养	启发和培养学生的创新意识和创业精神,使学生了解创新型人才的素质要求,了解创业的概念、要素与特征等,使学生掌握开展创业活动所需要的基本知识。
能力提升	解析并培养学生的批判性思维、洞察力、决策力、组织协调能力与领导力等各项创新创业素质,使学生具备必要的创业能力。
环境认知	引导学生认识当今企业及行业环境,了解创业机会,认识创业风险,熟悉商业模式开发的过程,掌握设计策略及技巧等。
实践模拟	通过创业计划书撰写、模拟实践活动开展等,鼓励学生体验创业准备的各个环节,包括创业市场评估、创业融资、创办企业流程与风险管理等。

创业小助手

十条准则告诉你如何创业

1. 愿意迎接实现梦想过程中所面临的任何挑战。
2. 永远都不会满足于安逸。
3. 比任何人都要更加努力地学习和工作。
4. 从错误和失败中汲取经验教训。
5. 每天都要读书。
6. 保持心理和生理的双重健康。
7. 和志同道合的人做朋友。
8. 帮助需要帮助的人,关心你所爱的人。
9. 做一个诚实的人。
10. 为了取得成功,你要做的是高瞻远瞩,而不是拘泥于眼前。

创业新视野

准备好了再出发

随着"大众创业、万众创新"热潮的兴起,越来越多的毕业生加入创新创业的队伍中来。毕业生在创业之前应该要搞清楚自己是否适合创业,是否已经具备丰富的行业知识,是否已经了解政府的创业优惠政策。"准备好了再出发",这句话适合每一位有创业意向或即将创业的毕业生。

1. 正确评估自我是成功创业的前提

对自身的准确评价和定位,拥有明确的目标和方向是创业者成功创业的前提。创业者的自我评估可以从动机、知识、技能、性格特征等方面来进行。创业动机是指你为什么选择创业,你希望通过创业获得哪些收益。创业动机的形成主要来源于校园创业氛围、高校创业指导课的熏陶、政府优惠政策的鼓励等。拥有明确的目标和方向是指通过分析自身的教育水平、专业背景、技能培训,来发现自己的长处和不足,从而决定应该在哪个行业实现创业。性格特征是评价自己是否适合创业的重要因素。思想独立、敢于挑战、勇于创新的品质是创业者成功创业的重要因素。

2．丰富的行业知识是成功创业的砝码

创业者对即将创业的行业要有一定的了解。比如从事电子商务行业，就要对电商的战略、运营、品牌、市场、客服等相关工作环节和流程有清晰的认识；从事餐饮行业，要对项目选择、目标市场、餐厅定位等方面都有一定的认识和了解；从事服装营销行业，要对市场定位、进货渠道、营销技能有一定的了解和把握。有了行业知识的积累，各种新奇的创业点子也随之而来，也许是某项技术的改进，或是创业模式的更新，或是管理方式的改变，这些即为创新。在创业的道路上，厚积才能薄发，一点一滴的小积累、小创新都会有大的突破。

3．享受政府扶持政策是成功创业的垫脚石

充分利用政府的扶持政策，是成功创业的必要条件。当前，政府通过开展创新创业培训、设立创业孵化基金、建立创新创业实践基地，鼓励大学生进行创业，并在政策咨询、项目开发、融资服务、跟踪服务等方面提供了"一条龙"服务，在小额担保贷款及贴息、税费减免、落户等方面出台一系列扶持政策，在"零首付"注册、行政事业性收费减免、房租、水电、物管费减免等方面也有一定的优惠政策。有创业意愿的毕业生可以在各地创业服务机构了解和咨询相关政策，从而降低创业成本，提高创业成功的几率。

（选自2016年1月27日《合肥晚报》）

第二节　走进创业新时代

> 无论是一个企业，还是一个人，都一定是时势造英雄，千万不要英雄造时势。顺流而上，这是手法。形势好了，大家才有机会成为英雄。只有成为英雄后，才有可能去适应时势、改造时势。
>
> ——朱骏

创业指南

2015年，一款名为"脸萌"的手机APP一夜爆火，由这个软件设计的卡通形象在几天之内占领了朋友圈头像的半壁江山。该软件上线近半年，用户突破2000万，一度更是高居AppStore里的下载排行榜首，可见它有多火。这个爆红软件的开发者，是广东一名年轻的"90后"小伙郭列。"因为热爱，所以坚持"，是这位创业青年的信条。事实上，像郭列

这样的"90后"创业者并非个别现象，而是已经形成了一股强劲的潮流，成为创业大军中一支不可小视的力量。

一、迎接大众创业的浪潮

2015年6月，国务院出台的《关于大力推进大众创业万众创新若干政策措施的意见》明确提出：推进大众创业、万众创新，就是要通过结构性改革、体制机制创新，消除不利于创业创新发展的各种制度束缚和桎梏，支持各类市场主体不断开办新企业、开发新产品、开拓新市场，培育新兴产业，形成小企业"铺天盖地"、大企业"顶天立地"的发展格局，实现创新驱动发展，打造新引擎、形成新动力。国家鼓励让每个有创业意愿的人都有自主创业空间，让创新创业的血液在中国全社会自由流动，让自主创业蔚然成风。

案例

从保安到身家39亿

近年来，服装行业持续低迷，但有一家企业在2014年新增了1000余家店铺，拥有总共7000多家店铺，保持78天的库存周转天数，每天净赚116万元，现在市值已经达到100亿港元以上，这就是都市丽人。它的创始人及董事长郑耀南在20年前还是沃尔玛的保安。但是，正如某媒体报道中所说："郑耀南如何从一个超市小保安起家，只用了20年时间就做到一家上市公司老板，这个奋斗史不是重点。重点是，当国内服装行业一片哀鸿，实体门店已经被电子商务冲击得七零八落的时候，一个卖内衣的都市丽人竟然在全国330多个城市开设了7000多家门店，而且这个开店的速度还在以每年1000家的速度增长。"

1995年，20岁的郑耀南凭着福建古田人敢闯敢拼的劲头，怀揣着500元，毅然来到深圳。刚刚中专毕业的他，找到的第一份工作是沃尔玛中国总部的保安，负责看大门。几个月后，郑耀南迅速得到赏识，职务也随之变化，由总部大门的保安升级到卖场的保安。在郑耀南看来，这个转变是他人生的一个巨大转变。他曾说过："消费者进来后，为什么会买这些东西？这些销售人员怎么用最简单的技巧把货卖给消费者？又该怎么去管理这些商品……这些都让我很着迷。"

2年后，郑耀南选择遵从内心，用自己积攒下来的加上父亲资助的2万多元，开了第一家化妆品店。在悉心打理下，他仅用了1年时间，就拓展业务做到了拥有10家化妆品店。

尽管化妆品生意做得挺红火，但郑耀南还是看到了市场的"天花板"。为此，他开始寻找新的机会，这时一个卖文胸的小店生意火爆吸引了他的注意。随后，郑耀南立刻着手考察内衣市场。经过调研，他发现了一个市场空白点：当时女性内衣专卖店两极分化，要么是大商场的高端品牌，要么是小超市的中低端品牌，根本没有适合大众的专卖店。另外他还发现，女性顾客要想将不同品类的贴身衣物买完，需要逛很多店。于是，一个想法在他脑海中诞生，即改变传统的内衣销售模式，将与贴身衣物有关的各种品类统统集成在一个门店中，这就是后来内衣行业有名的"贴身衣物一站式采购"模式。后来，都市丽人完成了品牌化转型，从"生产+销售"转向了"品牌+销售"的业态。

到2013年年底，都市丽人的终端销售额接近60亿，门店数量超过5800家。在这20年的时间里，绝大部分人都是庸庸碌碌、一事无成，而郑耀南却从社会底层变成了中国最富有的人之一，上演了一场精彩的逆袭。我们看到的多是郑耀南人前风光的一面，但因为他是白手起家，他的背后一定有着不为人知的努力和坚持不懈。从看大门的保安到懂销售的个体小老板，再到做品牌的知名企业家，他这一路走来远没有别人想得顺利。他也曾膨胀过，创业两年后被当时的合作人骗走了所有资金；他也曾失误过，由于盲目高估市场而高速扩张企业，差点给整个企业带来灭顶之灾。但正如郑耀南所说的那样，每一个过程都有很多的挑战，不去尝试你永远不知道自己的能量有多大。

评析：郑耀南"华丽转身"，实现了他的创业梦想。创业之旅有顺利，也有挫折。随着鼓励创新创业的相关措施陆续实施，创业门槛逐渐降低，民众的创业精神正在焕发，"全民创业"成为可能。在960万平方公里大地上，一股"大众创业""草根创业"的新浪潮正在袭来。

二、政府出台创业优惠政策

近年来，为支持学生创业，中央和地方各级政府出台了许多优惠政策，涉及融资、注册、税收、创业培训、创业指导等诸多方面。对打算创业的大学生来说，了解这些政策是走好创业的第一步。

1. 在注册资金方面有优惠

毕业生在毕业后2年内自主创业，到创业实体所在地的工商部门办理营业执照，注册资金（本）在50万元以下的，允许分期到位，首期到位资金不低于注册资本的10%（出资额不低于3万元），1年内实缴注册资本追加到50%以上，余款可在3年内分期到位。

2. 实行税收优惠

毕业生新办从事咨询业、信息业、技术服务业的企业或经营单位，经税务部门批准，免征企业所得税两年。毕业生新办从事交通运输、邮电通讯的企业或经营单位，经税务部门批准，第一年免征企业所得税，第二年减半征收企业所得税。毕业生新办从事公用事业、商业、物资业、对外贸易业、旅游业、物流业、仓储业、饮食业、教育文化业、卫生业的企业或经营单位，经税务部门批准，免征企业所得税一年。

3. 在贷款方面有优惠

国有商业银行、股份制银行、城市商业银行和有条件的城市信用社要为自主创业的毕业生提供小额贷款，并简化程序，提供开户和结算便利。贷款额度在2万元左右，贷款期限最长为2年，到期确定需要延长的，可申请延期一次。贷款利息按照中国人民银行公布的贷款利率确定，担保最高限额为担保基金的5倍，期限与贷款期限相同。

4. 给予行政人事方面的服务便利

政府人事行政部门所属的人才中介服务机构，免费为自主创业毕业生保管人事档案（包括代办社保、职称、档案、工资等有关手续）2年；提供免费查询人才、劳动力供求信息，免费发布招聘广告等服务；适当减免参加人才集市或人才、劳务交流活动的收费；

优惠为创办企业的员工提供一次培训、测评服务。

5. 在收费项目方面有优惠

凡是毕业生从事个体经营的，除国家限制的行业（包括建筑业、娱乐业以及广告业、桑拿、按摩、网吧、氧吧等）外，自工商部门批准其经营之日起，1年内免交登记类和管理类的各项行政事业性收费。

各地政府为了扶持当地毕业生创业，也出台了相应的政策法规，而且更加细化，更加贴近实际。了解这些优惠政策，会让更多毕业生感受到政府的支持，更加坚定创业的决心。

三、青年人创业具有得天独厚的优势

从创业地位看，20年前，创业并不被主流观点接纳，甚至是"走投无路"的选择，而在当今社会，自主创业已经成为最积极、最主动的就业形式。除了全民创业热情高涨外，创业支撑条件也日趋完善。中国经济发展更加注重提高自主创新能力，提高节能环保水平，提高整体经济素质和国际竞争力，为创业者提供了创新动力。新技术的涌现、互联网的运用以及新能源和新材料的开发，为创业者提供了全新的空间。结构调整和体制改革，以及健全的创业服务体系，使得创业者的创业之路更加顺畅。

从创业形势看，创业由"跑马圈地"变为"插位创业"。20年前，创业常常是填补某个领域和市场的空白，产生颠覆式的效应，而如今的创业者常常需要直面行业巨头的压力和日渐成熟的行业格局，在夹缝中求生，即"插位创业"，而创业优势也从"信息不对称"变为"数据利用"。在当今的创业环境下，尤其是互联网和移动通讯设备带来随时随地的顺畅沟通和信息密集的交流，大大缩减了数字鸿沟，因此在大数据时代，如何更好地挖掘和利用数据背后的商业信息成为替代信息资源不对称的另一种优势。

从创业主体看，创业活动带来了全新的"社群经济"和"众筹思维"，从生产关系到管理模式都产生了一种"破坏式"的创新。正如克里斯·安德森所言，20世纪的合作模式是企业雇佣员工，而21世纪的合作模式是关于社群的非正式形式。从脸萌到一批批崛起的"90后"CEO，新的创业主体正在瓦解传统的金字塔管理模式，将"中心"边缘化，用"自由组织"取代"结构化"，重新构建一种以贡献值、文化标签、兴趣爱好为规则和约束力的生产关系，用"众筹思维"获得共赢。"90后"是备受关注的一代个性化群体，他们具有的标新立异的思维模式很好地契合了创新创业的理念。

17岁少女创业融资2000万

"创业是我们这代年轻人唯一的晋升通道。"张嫣听了王凯歆这句话,毅然从腾讯辞职,成为了这个1998年出生的小姑娘的合伙人。

"95后"、"萌霸总裁"、"休学创业"、"少女CEO",这些标签在春节前被频繁地贴在王凯歆身上。新一代的年轻人发展得如此之快,还没到过年,她创办的"神奇百货"的新版本就要上线。

王凯歆创办的公司获得了2000万人民币A轮投资,由经纬中国领投,真格基金、创新谷跟投。经纬中国副总裁丛真表示:"在王凯歆身上看到了一名合格商业领袖的潜质,现在她缺乏的仅仅是经验,我相信给她时间和指导,她会做得比现在大部分创业者都出色。"

这个管理着50多人团队的17岁女生戴黑色美瞳,顶着亚麻色短发,在采访开始前吃着桌上的蛋糕水果。直到品牌负责人张嫣说:"来,我给你介绍一下,不过你先把嘴上的奶油擦干净。"

"三个投资人看好的就是我王凯歆这个人。市场前景不用说了,他们之所以投我,愿意跟我一起承担风险,就是因为他们认为我除了具备一个创业者基本的品质和志向外,还有很强大的规划、领导能力。"王凯歆说道。

王凯歆在西安读高一时,每晚7点放学,她都会路过在学校对面吃烤串的同学,一个人去旁边的中国银行的ATM机里取出对于当时的她来说很厚的一叠钱。同学们不知道她每天跑去银行干什么,在他们的印象里,班里这个女生总是喜欢卖点小商品,帮同学抄抄作业,有时甚至偷答案赚些小钱。直到一天,她把两万元现金拍在了课桌上,证明自己开始赚"大钱"了。

班主任闻风而来,"老师当时也挺尴尬",王凯歆说,"因为我上课总是趴在那儿,班主任以为我在睡觉,就喊我去教室后面罚站,其实我在用手机做生意。"

王凯歆月入10万的生意,就是在QQ空间卖东西,如漫画书、衣物、各种品类的零食、稀奇古怪的小玩意儿。先是卖给身边同学,"从我这里买的东西拿到学校,没有同学是不看的,他们会觉得好潮,是现在最火的",王凯歆说,由于她总是找一些奇特的商品,价格不透明,所以抽成常为50%至80%,甚至翻2倍价格。

王凯歆在QQ空间开店,用QQ和顾客交流,以QQ钱包作支付工具。然而,她并不满足于把东西卖给身边同学,于是请几十万粉丝的QQ空间大V帮她推广,她说,"这样我就吸了很多粉,盘子越做越大,全国各地都有小孩来我这里买"。此后,王凯歆的工作开始变得繁重,她又当客服又当售后,每天要解决几百号人的问题。

评析:王凯歆以年轻人特有的激情开创了一条崭新的创业之路。

在这个提倡各种创新创业的时代里,年轻人要跟上创业发展的步伐,做一个敢想敢拼的有为青年,在创业的时代里勇于创新,做加快培养大众创业、万众创新的主力军。

创业小助手

什么是企业孵化器

孵化器，英文为incubator，本义是指人工孵化禽蛋的专门设备。后来引入经济领域，它是指一个集中的空间，能够在企业创办初期举步维艰时，提供资金、管理等多种便利，旨在对高新技术成果、科技型企业和创业企业进行孵化，以推动合作和交流，使企业做大。美国孵化器专家鲁斯坦·拉卡卡认为：企业孵化器是指具有特殊用途的设施，专门为经过挑选的知识型创业企业提供培育服务，直到这些企业能够不用或很少借用其他帮助将他们的产品或服务成功地打入市场。企业孵化器指在中国也称"高新技术创业服务中心"，它通过为新创办的科技型中小企业提供物理空间和基础设施，提供一系列的服务支持，进而降低创业者的创业风险和创业成本，提高创业成功率，促进科技成果转化，培养成功的企业和企业家。孵化器通过为初创企业提供生产研发空间以及基础设施服务，来降低创业成本并提高效率，连接风险投资机构和初创企业，降低双方存在的信息不对称，提供一种合理分摊创业者创业成本和创业风险的工具。

创业新视野

不同的观念　　不同的结果
——穷爸爸与富爸爸语录

穷爸爸建议为企业而工作，富爸爸则建议拥有自己的企业。

穷爸爸鼓励成为聪明人，富爸爸则鼓励雇佣聪明人。

穷爸爸爱说：我可付不起。富爸爸则说：我怎样才能付得起。

穷爸爸说：努力学习能去好公司工作。富爸爸则说：努力学习能发现并将有能力收购好公司。

穷爸爸会说：我不富有的原因是我有孩子。富爸爸则说：我必须富有的原因是我有孩子。

穷爸爸爱说：挣钱的时候要小心，别去冒险。富爸爸则说：要学会管理风险。

穷爸爸相信：我们家的房子是我们最大的投资和资产。富爸爸则相信：我们家的房子是负债，如果你的房子是你最大的投资，你就有麻烦了。

两个人都会准时付账，但不同的是：穷爸爸在期初支付，富爸爸则在期末支付。

穷爸爸努力存钱，富爸爸则在不断投资。

穷爸爸教我怎样去写一份出色的简历以便找到一份好工作，富爸爸则教我怎样写下雄心勃勃的事业规划和财务计划，进而创造创业的机会。

（选自《富爸爸，穷爸爸》）

第三节 炼就创业"金刚钻"

> 对所有创业者来说，永远告诉自己一句话：从创业的第一天起，你每天要面对的是困难和失败，而不是成功。我最困难的时候还没有到，但有一天一定会到。
>
> ——马云

创业指南

中国有一句老话："没有金刚钻，别揽瓷器活。"这句话同样适用于警醒当下对创业心生向往的青年人。创业不仅需要努力、坚持和拼搏，而且需要掌握必要的专业知识。曾经有一位杰出的科学家到银行借贷创业资金，但他说不清产品的市场在哪里，也未曾接触任何可能的潜在客户，因为他认为作市场调查并不必要，只要产品功能优异，顾客自然就会上门。结果，尽管他有高明的创意和高科技产品，银行还是没有贷款给他。孤芳自赏，是许多创业者的通病；不知道市场在哪里，是创业者的最大禁忌。一个创业者如果没有一定的专业知识做基础，那么等待他的必将是市场的"惩罚"。创业者在创业过程中经常用到专业知识，所以通过学习专业知识，可以提高自己的创业能力和水平。下面介绍几种在创业过程中经常用到的专业知识。

一、精打细算学会计

会计活动主要是用来反映、记录企业和单位生产经营活动的过程，诸如物资的采购、发出和结存；资金的增加、减少和结余；工资的结算和支付，盈余的计算和分配等等。会计最早的职能就是反映（记录）。随着经济的发展和管理的需要，会计出现了很多新的职能，如监督、预测、决策、计划、控制、分析、考核等，这些职能与企业管理都有关，同样对创业能力的形成和提升有莫大的帮助。

1. 通过会计的学习，从资金的角度认识创业

对于创业者来说，在创业初期，不可能有很多专职的财会人员，更没有自己的财务顾问。因此，创业者要了解自己企业的经营情况和经营成果，起码要知道最基本的会计知识，能够看懂会计账簿和会计报表，能够进行简单的财务分析。只有这样，创业者才能从资金的角度了解企业，掌握企业，知道自己的优势和劣势，发现自己存在的问题，这些对于企业的成长是必不可少的。相反，如果创业者不具备会计基本知识，不了解自己的财务情况，创业就不可能长久。

案 例

糊涂账和明白账

莫小慧、钱成和张大可是某中职学校的好友，他们分别毕业于会计学、市场营销和计算机专业。他们毕业后在一起创业，合办了一家公司，专门从事软件开发和销售。他们通过各种渠道融资了20万元，可是1年公司经营下来，总计各种费用，全年总收入也只在20万元。看到这种情况，张大可有些泄气。钱成也说："真是的，还不如受聘到其他公司搞营销，每年还能拿到可观的工资，不如我们散伙吧。"莫小慧听了以后，笑笑说："别泄气，你们算得不对，今年我们并没有亏，而是盈利4.5万元，主要是你们不懂会计，算错了账。而且我们每人已经拿了3万多元的工资，还有盈余，以后前途无量，继续努力吧。"莫小慧是这样算的：

融资金额（元）	成本（元）						盈利（元）
	租金	折旧费	材料费	营业费用	工资	管理费用	
20万	2万	0.5万	1万	1.5万	10万	0.5万	4.5万

看到莫小慧的精算，钱成和张大可心里踏实了，更加愿意全身心地投入到公司的发展中去。

评析：要是没有精通会计的莫小慧算账，这个好不容易才创办起来的公司就有可能中途夭折。

2. 通过学习会计，形成理财能力

理财能力主要有三个方面：

第一是精打细算，开源节流。创业成功与否，主要是看效益的好坏。而增加效益取决于两个方面：一是增加收入，广开财路，这就是开源；二是勤俭节约，管好每一笔开支，要算细账，制定好费用预算，尽量节省，这就是节流。

第二是资金的营运效率。企业创建以后，就要投入生产经营，也就需要使用资金。创业初期的资金肯定不是很多，这就需要创业者提高资金的使用效率。资金从投入开始，到生产出产品销售回笼资金结束，叫作完成1次周转。完成1次周转的时间越短，1年当中周转的次数就越多，资金的利用效率也就越高。10000元钱，如果1年只能周转1次，那么只

能当10000元钱使用；如果能够周转10次，10000元钱就相当于100000元钱的使用效率。可见，资金只要使用得好，周转得快，就有这么大的效果。怎样提高资金的使用效率，会计告诉我们有很多方法，比如可以通过提高应收账款的周转速度，通过提高存货的周转速度来加速资金周转。

第三是投资效果。不管是对外投资（如股票投资，债券投资），还是对内投资（固定资产的购建），都有一个投资收益问题，也就是能否使资金增值。投资收益关系创业的效益，进而直接影响创业的成败。对外投资效益的好坏可以通过股票投资的收益率和债券的利率等来判断。对内投资效益的好坏可以采用管理会计中项目投资决策的方法来判别，如现值法、净现值法、内部收益率法等。

可见，学习会计专业知识可以提升资本的运作能力，而这恰恰是创业能力当中最重要的部分。

二、分析判断会统计

统计是人们通过一定的方法采集数据、整理数据、分析数据和由数据得出结论的实践过程，是人们从数据上对客观世界的一种认识活动。统计有三个职能：第一是信息职能，就是通过搜集、整理和分析数据得到大量的以数量为特征的社会经济信息；第二是咨询职能，即通过对掌握的信息进行分析和研究，为社会提供建议和对策；第三是监督职能，就是对社会经济发展情况进行监测和预警。统计对于学生创业能力的影响主要有以下几个方面：

1. 在统计课的教学中，有意识地培养分析判断能力

在创业能力当中，一个很重要的方面就是分析判断和决策能力。首先，创业者都要在众多的创业目标当中选择一个比较适合自己的行业，这就需要决策能力。其次，在创业过程中，创业者要在复杂的现象中找到事物的本来面目，认清事物的本质，同样需要分析和判断能力。

统计是和数据打交道的，通过数据分析，可以去伪存真，看到事物的本来面目。

案 例

统计数据的迷惑

在美国与西班牙交战期间，美国青年不愿意参军。当时美国海军征兵人员运用了这样一些数据来说服人们：美国海军在此战争期间的死亡率是9%，而同时期纽约市居民的死亡率是16%，所以参加海军比呆在家里更安全。但是，100个人中死亡9%和100万人当中死16%哪个更安全呢？打仗时海

军的死亡率和处在和平状态下居民的死亡率是不可比的。

统计中还有一个令人感兴趣的指标就是平均数。假如某个小城镇居民去年的平均收入是10000元，今年一下子增加到30000元，有人要你去进行商业投资，说这里的购买力高，你千万不要相信，那可能是因为某个亿万富翁刚搬到这个地方住。

平均数容易造成迷惑。有一首打油诗能够很好地说明："张家有财一千万，邻居九个穷光蛋，要是拿来一平均，人人都是张百万"。破除平均数迷信只需要把另一个指标结合起来考虑就可以了，那就是标准差。一个班级语文平均分是80分，并不意味着人人都是80分，也不意味着这个班级语文整体水平高。但是如果语文成绩的标准差只有1分，这说明大家都在80分左右，因为平均只相差1分。如果标准差很大，只能表示大家的成绩参差不齐。

在股市中人们都喜欢看大盘指数。大盘涨了，人们马上跟进，结果一下子被套住了。学过统计指数的都知道，指数上涨并不意味着所有的股票都上涨，可能只是几只权重股在涨，带动指数上涨。

评析：这些案例告诉我们，在报纸、杂志和书籍中看到统计资料、结论以及数据时，应该经过认真的思考，判断其真伪，再考虑是否要接受它们。在统计教学中，几乎所有的统计方法都能和创业能力挂上钩，如大量观察法、指标分析法、动态分析法、指数分析法、相关分析法等。老师们可以有意识地把这些方法同创业联系在一起，一方面潜移默化地培养了学生的创业意识，提高学生的创业技能，另一方面也增加了学生的学习兴趣。

2. 通过统计课的学习，能够培养预测能力

统计预测不仅能够帮助创业者预测未来、谋划未来、把握全局，还能有效地规避风险、减少失误。预测不是算命，而是建立在科学分析基础上的评估。统计中的预测是根据已知的量预测未知的量，其方法主要有以下几个方面。

（1）抽样调查和估计，根据样本推断总体。

由于我们面临的实际现象往往差别很大，通过进行全面的调查以取得资料来了解认识它几乎是不可能的，或者没有必要。比如说某人创办了一家小型食品企业，生产面包和蛋糕，但他又不知道哪些人喜欢吃面包和蛋糕，需求量有多大，喜欢什么类型的。这时他就可以组织抽样调查，在居民中随机抽出几百人进行调查，然后根据这几百人的需求进行推断。

（2）回归分析和预测，根据因果关系推断。

居民的购买力和收入之间是有关系的，一般来说，居民的收入增加，购买力肯定会增加。但两者之间不是函数关系，不是说收入增加1元钱，支出就一定增加0.5元，即不是一对一的关系。社会经济现象中很多都呈现这种关系，叫相关关系。回归分析就是针对这种不严格的相互关系进行分析和预测。

创业活动中的各种因素之间的关系一般都比较复杂，不是单纯的函数关系。统计中的这种相关回归分析对于了解各种复杂现象之间的关系很有用处。

（3）动态分析，根据过去分析未来。

一个商店如果前年1年当中各月的销售都是增长的，那我们可以相信今年上半年，至少前3个月的销售仍然有这样一个趋势，这就是动态分析和预测，即整理过去的历史资料，发现它的规律，然后再根据规律来推测。

不仅如此，动态分析还可以找出季节变化规律。电风扇、空调，冰激凌的销售在夏天肯定多一些，棉衣、羽绒服的销售在冬天则多一些，国庆节、春节期间的销售比一般时候又多一些，这就是季节变化规律。创业者通过对以往的资料分析，可以避免盲目进货，造成积压。

三、筹措资金学信贷

"巧妇难为无米之炊"。当创业目标确定以后，最大的一个难题就是如何筹集资金，即便是低成本创业，也需要一定的铺底资金。

信贷是指信用借贷行为。银行信贷，专指以银行为中介，以偿还计息为条件的货币借贷。创业者要了解银行信贷有哪些种类，如何取得银行贷款，更重要的是要提升筹集和运用资金的能力，能够从各个渠道（包括银行）融通资金。创业者要考虑如何在资金短缺，甚至没有资金的情况下通过银行信贷来创业。

1. 选择低成本行业创业

创业者可以先试着开办家政公司、搬家公司、中介公司。这些行业可能不是你最终的目标，但是它们不需要多少资金，可以在这些行业完成资本积累，等到时机成熟再转型。

2. 充分挖掘利用资源和信息

"空手套白狼"从文字上来说带有贬义，但是从经济角度来说，如果不违法，则体现了高超的运用资金的能力。

3. 借势创业

如果有一个赚钱的金点子，或者有一项发明专利，或者设计了一个好的时装式样、一个好的动漫设计，但是创业者缺少资金，不能把它形成产品，怎么办？出现这种状况时，创业者可以借助于风险投资。创业者没有钱，并不等于别人没有钱。温州的民间游资很多，上海、广东的私人老板资金也很宽裕，在投资买房、炒股、炒期货、炒煤矿这些都热过以后，他们可能会转向风险投资，投资创业。创业者有智力资源，私人老板有资本资源，两者可以结合共创大业。当然，创业者不能坐等别人上门投资，要主动出击，寻找风险投资基金。

4. 银行借贷

这是狭义的银行信贷。学生创业可以从银行取得各种比较优惠的贷款。创业贷款在利率、还款期限、抵押、质押条件等方面都有一些优惠，如小额抵押贷款、大学生创业贷款等。小额抵押贷款又叫"个人定期储蓄存款存单小额抵押贷款"，是指借款人以未到期的定期存款存单作抵押，从银行取得一定金额的贷款，贷款额度起点为1000元，最高为10万元，比较适合学生创业初期的资金需求。当然，学生也可以用父母的未到期存单作为抵押，这比用房产或其他不动产抵押贷款要方便。

案 例

细节决定成败

穆波是个时尚前卫的女孩。正是对自己的独到眼光特别自信，所以在大学毕业后，学外语的穆波没有急着找工作，而是开了个时装店，自己当起了老板。创业的前三个月她辛辛苦苦还是赔钱，半年之后生意开始火爆，可是到第九个月房东要收回店面，穆波的时装店就关门了。说起自己的当老板经历，穆波的脸上没有失败者的颓唐和消极，她说："如果我的房东不那么狠，也许我的小店会很红火。"

评析： 穆波失败的原因，首先是找店铺操之过急，没有认真考虑店铺的位置；第二就是在租用店铺的时候，没有和房东订立合同；第三就是在出现问题时，没有积极地想对策，而是用一种很消极的方式去解决。刚毕业的学生社会阅历毕竟还是少，所以难免会在创业上遇到挫折，尤其是在人际关系上。毕业生在创业遇到问题时，千万不能冲动，要有心理上的承受能力，失败了也不要气馁，要及时总结，这样才能在以后的创业中更加成熟。

四、做好买卖靠营销

市场营销是指个人或集体通过交易其创造的产品或价值，以获得所需之物，实现双赢或多赢的过程。通俗的解释就是想办法把自己生产的产品或劳务推销出去，开拓广阔的市场，满足社会需要，同时实现自己的价值。

营销是企业正常运转的前提。只有通过营销，把企业的产品卖出去，实现其价值，回收垫支的资金，补偿生产消耗，生产过程才能继续下去。高级营销不仅能够促销产品，而且能够开拓市场，发现商机。所以，营销本身也就是创业。

1. 推销观念

推销观念产生于卖方市场向买方市场过渡的时期，表现为"我卖什么，顾客就买什么。"虽然注重了推销，但仍然是以产品为中心。

案 例

碎酒秀茅台

我国的茅台酒是海内外知名产品，茅台酒的成名得益于市场推销。据说在1915年的巴拿马万国博览会上，一开始，茅台酒无人问津。为此，茅台酒厂的经营者别出心裁，在人最多的大厅上故意把茅台酒瓶打碎，顿时酒香四溢，一举成名，大家争相购买，产品供不应求。最后，茅台酒在这次博览会上获得了金奖。

评析： "酒香也怕巷子深"，哪怕是茅台酒，也要吆喝起来。

2.市场营销观念

市场营销观念是以满足顾客需要为出发点，表现为"顾客需要什么，我就生产什么"。市场营销观念是企业经营观念的一场革命性变化，它是以满足顾客需要为前提，创造市场，创造需求。

案例

卖鞋和卖梳子

第一个是卖鞋的故事。一家鞋厂派业务人员到非洲某国去考察市场，第一个业务员回来说那个国家没有市场，因为那里的人都不穿鞋子。第二个业务人员拍电报却说那里的市场很大，因为每个人都还没有鞋子穿。他通过示范、宣传等手段说明穿鞋子的好处，结果开辟了一个大市场。

另一个故事是向和尚推销梳子。第一个业务员到寺院看到和尚都不留头发，觉得他们不需要梳子，于是打道回府。另一个业务员极力向方丈推销，说服方丈同意在梳子上刻上"积善梳"三个字卖给香客，结果推销了几千把梳子。

评析： 两个故事中前后两个推销员的营销理念不同，结果也不一样。第一个业务员持消极态度，基本上属于以产品为中心的推销观念；第二个业务员以积极的市场营销观念营销产品，没有市场就开拓市场，没有需求就创造需求。

社会市场营销观念是对市场营销观念的修改和补充，因为市场营销观念回避了消费者需要、消费者利益和长期社会福利之间隐含着的冲突现实，而社会市场营销观念兼顾了三个方面的利益，即企业利润、顾客的利益和社会效益。

案例

老李的店关门了

老李是个下岗职工，面对生活的压力，他在权衡许久之后，看上了一个投资少却回报快的项目——风味灌汤包。为了开店，老李除了把自己的储蓄拿出来，还向朋友借了1万多。但不管怎么样，老李总算是把自己的店开起来了。开张后的1个多月里，老李的生意好得不得了，可能是因为有风味小吃的诱惑，老李的店每天都有很多顾客。可是就在这之后，风味灌汤包的小吃店如雨后春笋般出现在市内的大街小巷，没过几个月，老李小店的顾客数量明显减少。老李在朋友的建议下，在小店里也开始卖其他风味小吃，但生意还是没有大的起色。在连续亏了2个月后，老李的店就关门了，老李说他还了外债之后，还赔了1万多。

评析：上例中的老李就缺少市场调查和市场预测的能力。同学们在准备创业的时候，一定要学会一些必要的技能，如市场营销、市场调查等，创业决不能盲目跟风和随从，一定要有自己的判断。

创业小助手

从种子轮到天使轮

对大部分初创创业团队来说都有一个很大的困惑，那就是项目从种子轮到天使轮，团队到底要投入多大成本？通常情况下，种子期项目到下一轮天使融资的时间为3个月左右，平均一个种子期项目的团队规模为3~5人。这个时期创业团队的钱一般都会花在什么地方呢？下面我们来计算一下。

1. 办公场地。种子期的创业团队因为人数规模和工作关系，大多数会选择租一套商住两用的民居作为初期的"创业根据地"。为了节约时间成本和经济成本，大家吃住在一起。假设一个团队有4人，需要一套四居室的房子，按照北京的租房行情来说，找一套不太核心地段的四居室的房价大约是5000元，算上水电网费，我们把它算为5500元，那么3个月的支出大约是16500元。

2. 后勤补给。俗话说"人是铁，饭是钢，一顿不吃饿得慌"。虽然每一个决心创业的人都有自己的过人之处，但是也得吃饭。4个人一日三餐都是自己在家买菜做饭，我们也不能把标准定得太差，每天150元的标准。我们1个月在吃饭方面的开销就是4500元，3个月的支出是13500元。

3. 办公设备。正所谓"工欲善其事，必先利其器"，办公设备必不可少，我们得购买4台电脑，假设其中包括2台苹果机（给设计师和技术大牛准备的）和2台其他电脑，以及路由器、打印机等其他设备，给出的预算是35000元。

4. 其他支出。包括日常耗材，日用品，交通费用等，3个月给出的预算是20000元。

综上所述，现在我们就可以算出种子期项目发展3个月大约需要投入的成本是：16500+13500+35000+20000=85000元。

种子期项目在这3个月需要做的是：（1）完成产品原型；（2）试运行一段时间，积累了一些用户数据；（3）模式得到市场验证，运行状态良好。而完成这三点需要的成本不超过10万元。

创业新视野

俞敏洪：创业就是一个从家狗变成狼的过程

创业必须付出行动，光靠看书不会起到太大作用。在创业这条路上实践要比学习理论更加重要，当然有理论指导更好。

创业就像游泳，你得让自己跳下水里，有一点要注意，不会游泳就跳到深不见底的大海里去游，如果没人救你铁定被淹死。你可以从能踩到底的游泳池开始，慢慢学会游泳，再到小河、池塘，紧接着到长江中间，再到大海。创业也是这样循序渐进的过程，当然如果有像我这样的（投资）人帮你，你可以大胆一点。

创业有两个要素。第一，你必须从对自己安全的地方开始。创业不是上来就铺开做大的事情，而是从小事做起，然后做成大事。但如果你的创业起点不一样，那你就可以大胆一点，拿出你的商业计划、商业模型，告诉我们（投资人）说你能成为游泳健将，说服我们了，我们就可以给你安排游泳池，甚至是大海，对你进行保护，最后你来游。我们把自己当教练看，但首先你要跳到水里游泳，这是第一个要素。第二，创业一旦开始，是很难有回头路可走的。这个道理非常简单，我觉得创业是把一条家狗变成一只狼的过程。从小到大在学校学习，你一直处于安全范围之内，而创业像把你从游泳池扔到大海，如果你在大海游习惯了，你一定不会再选择游泳池，就像你现在让我再次选择，我仍会选择辞职创业一样。因为我从北大辞职创业以后，才发现校园外面是一个更大的海，是可以为更大的梦想而奋斗的世界。马云做阿里巴巴是他做的第五个公司，前面四家没有做成功，他回去当老师了吗？没有，他已经做野了。

你一旦习惯狼的生活以后，要想回到家犬的状态这是几乎不可能的，而且我也鼓励这种状态，因为人的生命就是一种扩张，人的生命就是一种兴奋，人的生命就是一种在未知道路上的探索，遭遇一个个人生中的意外之喜，这种意外之喜伴随着很多艰难困苦等等。

按照美国心理学最终结论，如果一个人在奋进的道路上遇到艰难、困苦、绝望等事情，就能够培养出自己坚毅能力。一旦你下海以后，这个心智是不得不养成的。我总结人生几个挫折给我带来的都是好处，我高考前两年失败，没考上大专，所以你可以发现有的时候相反的东西是另外一个你的生存道路新的展现。

这么多年的生活磨练，我养成了一个心智模式。我认定任何一个生命中的伤痛都是打造完美的人的前提条件，如果你这么想了，你遇到很多事情就能够抓住任何机会往前探索。

如果你创业失败了，就像马云那样想，当时马云把所有朋友再次请到杭州告诉所有人，我们做的这家公司叫阿里巴巴，我们一定能够把它做成世界上最大的公司。他自身显露出来的自信，让"十八罗汉"尽管未必完全相信，还是把钱拿了出来。

所以坚决地相信自己能够做成事情是非常重要的，有这样不回头的勇气，面临失败之后反而觉得这是老天在锻炼你的能耐，这样创业（成功）这件事情就离你不远了。至于创业多大多小无所谓，重要的是你在人生道路上几十年，由于你自己的热情，对自己一生有了比你原地不动更好的选择，甚至给世界留下痕迹的交代，这才是重要的。

（选自"青年创业网"）

创业设计

一、教师在课前准备一两个学生创业成功的经典案例，或播放中央电视台经济频道制作的《赢在中国》，使学生感受到创业成功的成就感。

二、让学生找出自己的长处和拥有的资源与条件，设想如果要创业适合往哪一方面发展，制定一份个人创业发展规划。

第二章　三百六十行　行行可创业

没有互联网，你会明珠暗淡！

没有先进制造业，你是空中楼阁！

那我们携手，让世界爱上中国造！

2015年12月初，一则刘强东与董明珠的原声对白、卡通形象演绎的广告片在众多电视台的黄金广告段位播出，两个"萌萌哒"的企业家形象，瞬间吸引了人们的眼球。人们之所以青睐这则广告，是因为这则广告形象地表明当今我国先进制造业与互联网电商二者之间相互依存的关系。格力是我国家电业龙头，京东是我国电商巨头，两者牵手体现了"互联网+中国造"的战略。

我国正在以创新驱动发展战略为引领，大力推进大众创业、万众创新，从中央到地方，"双创"氛围浓厚，活力迸发。各级政府以创业园区为载体，搭建了众多创业平台，创业环境得到极大改善，都市型、商贸型、劳动密集型和社区服务型等各种创业形式，满足了各类创业者的需求。青年学生可以根据自己的专业特点，评估各种创业行业和项目，选择正确的创业方向，实现自己的创业梦想。

第一节　认识创业领域

> 是谁成就谁没有什么意义。我们两个人都是创业者，所以我们做好自己能够做的事情是最重要的。我能够把雅虎做得好，那就是我的成功；他能够把软银做得好，那就是他的成功。
>
> ——杨致远

创业指南

青年学生在创业之前，必须了解创业的领域，明确创业目标，选择你所熟悉的行业和感兴趣的项目。从宏观层面看，我国的产业分为三个部分：产品直接取自自然界的第一产业，对初级产品进行再加工的第二产业，为生产和消费提供各种服务的第三产业。

一、第一产业

第一产业是指生产不必经过深度加工就可消费的产品或工业原料，包括农业、林业、畜牧业、渔业等产业，见图2-1。

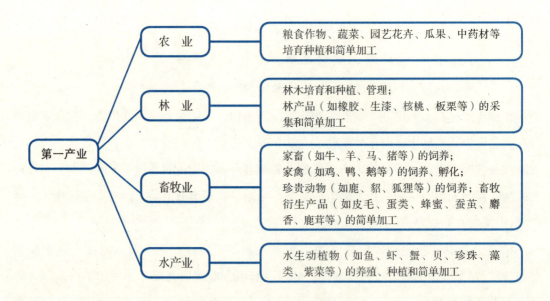

图2-1 我国第一产业分类图

随着我国改革开放的深入和经济结构的调整，三种产业之间的比例关系有了明显的改善，产业结构正向合理化方向变化，尤其是以科学技术为主要特征的现代农业是发展的重中之重。当前，政府正在加快转变农业发展方式，不断巩固农业基础，加快农业现代化步伐，努力走出一条产出高效、产品安全、资源节约、环境友好的中国特色现代农业发展道路。

案例

种植蘑菇　创业有成

在安徽凤阳小岗村，有一群种植蘑菇的年轻人，他们大多是安徽科技学院毕业生。在一次同学聚会时，这几个年轻人经学校食用菌专业的一个同学介绍，了解到种植蘑菇大有可为，于是他们来到凤阳小岗村创业——种植蘑菇。

然而万事开头难：他们的父母希望他们留在城里工作；他们到银行贷款一波三折；有人善意提醒他们，种蘑菇可不比种别的，弄不好还要赔本。但这些都没有难倒这群年轻人，他们相信，只要好好干，在农村一样可以成就事业。于是他们把户口迁到小岗村，开始了种植双孢蘑菇的创业征程。

生产双孢蘑菇的主要原料是稻草和牛粪，牛粪的味道特别难闻，他们中一个女同学实在没有办法，就一手捏着鼻子，一手去拣拾牛粪。因为天天呆在那种环境里，他们后来已经闻不出牛粪的味道了。

不经一番寒彻骨，怎得梅花扑鼻香。经过努力，他们种植双孢蘑菇终于成功了。为了更好地推动蘑菇种植业的发展，他们成立了凤阳县小岗村食用菌专业合作社，希望能在蘑菇种植的创业道路上走得更远。

评析： 种植蘑菇是绿色环保的民生项目，具有广阔的发展前景。这群年轻人之所以可以取得创业成功，除了因为他们具有专业知识和坚韧的创业精神外，很重要的一点是他们选取了正确的创业项目。

当前，很多地方在坚持以农业为核心的前提下，按照农牧结合、种养加销旅等深度融合的思路，加快构建现代农业产业体系。其中包括：重点发展农副产品加工业和食品工业，打造"互联网+"现代农业和乡村旅游等新兴产业，延伸产业链、打造供应链、形成全产业链。这些都为有志创业者提供了广阔的创业天地。

中国作为农业大国，农业的发展存在诸多结构性矛盾，如种植业结构不优、种养业结合不紧、农产品加工尚处在初级阶段、二三产业对农业的深加工和服务依然滞后，以及保鲜、包装、储运、销售体系发展较为缓慢等。这些问题是经济发展的"短板"，但从另一角度看，却是青年创业可以选择的领域。

二、第二产业

第二产业是对第一产业提供的产品（原料）进行加工的部门，包括制造业，采矿业，电力和建筑业等。

制造业在我国国民经济中占有重要份额。制造业的制造活动是多样的，它按照市场要求，对物料、能源、设备、工具、资金、技术、信息和人力等资源进行加工和制造，将其转化为可供人们使用和利用的大型工具、工业品与生活消费产品。制造业通常分为轻纺、资源加工、机械电子制造等类别。见图2-2。

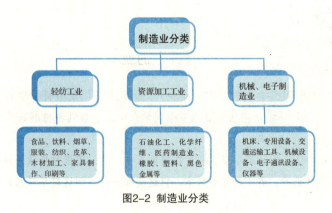

图2-2 制造业分类

改革开放以来，我国制造业的发展取得了举世瞩目的成就。作为国民经济的主体和支柱性产业，制造业为我国国民经济的发展奠定了坚实的基础。但是，目前我国制造业总体仍然处于工业化初级阶段，产品的附加值不高，发展模式尚未根本改变，物耗高、能耗高、污染高的"三高"问题依然突出，调整产业结构和产业发展模式已成当务之急。

案 例

小小圆珠笔 球珠靠进口

在一次钢铁煤炭行业发展座谈会上，李克强总理透露了一个现实：近年，我们在钢铁产量严重过剩的情况下，仍然进口了一些特殊品类的高质量钢材，因为我们还不具备生产模具钢的能力，包括圆珠笔头上的"圆珠"目前仍然需要进口。因此，中国需要调整产业结构。

中国作为一个"制笔大国"为什么一个小小圆珠笔的"球珠"却需要进口呢？原来，笔头和墨水是圆珠笔的关键，其中笔头分为笔尖上的球珠和球座体。目前，碳化钨球珠在国内外应用最为广泛，我国对此已经具有很好的生产基础，不仅可以满足国内生产需要，还可以大量供出口。但球座体的生产，无论是设备还是原材料，长期以来都掌握在瑞士、日本等国家手中，从而形成了我国当前圆珠笔产量第一，但核心材料和设备却大量依靠进口的尴尬局面。

评析：这个案例告诉我们，一个国家要想从制造大国走向制造强国，必须提高科技含量，提升自主研发和创新水平，增强核心竞争力。

然而这样的尴尬不仅仅表现在圆珠笔产业上，我国制造业很多领域都面临类似的问题。当前我国正在实施《中国制造2025》，就是要改变制造业大而不强、大而不精的现状，加快从制造大国向制造强国的转变。在这种形势下，青年人创业必须坚持创新驱动、智能转型、强化基础、绿色发展，在传统制造业转型升级过程中，加强工业化和信息化的深度融合，使制造业迈上网络化、数字化、智能化的新台阶。在制造业领域创业，要瞄准新能源、清洁技术、生物健康、都市型食品加工等领域的创业亮点，通过技术工艺创新、信息技术融合和商业模式创新，推动生产方式向柔性、智能、精细转变。

三、第三产业

我国第三产业包括流通部门、为生产和生活服务的部门、为提高科教水平和居民素质服务的部门等。服务业是第三产业的主体，宽泛地说，第三产业大致等同于服务业。

一般认为，服务业是指生产和销售服务产品的生产部门和企业的集合。服务业与其他产业部门的基本区别是：服务业生产的是服务产品，服务产品具有非实物性、不可储存性和生产与消费同时性等特征。服务业有传统服务业和现代服务业之分。

现代服务业是指以现代科学技术特别是信息网络技术为主要支撑，建立在新的商业模式、服务方式和管理方法基础上的服务产业。它既包括随着技术发展而产生的新兴服务业，也包括运用现代技术改造和提升的传统服务业。

现代服务业是现代社会最重要的产业内容，也是提供就业机会潜力最大的领域。当前，我国服务业在国内生产总值中的比重逐年上升，2015年就已经占据"半壁江山"。一个地区第三产业的发展情况，在一定程度上标志着这个地区的现代化程度。加快发展第三产业有利于加快经济发展，提高国民经济素质和综合国力；有利于扩大就业，缓解我国就业压力；有利于提高人民生活水平，实现小康目标。

随着经济的发展和服务业的结构优化与规模扩大，我国的传统服务业正在逐渐向现代服务业转型，现代服务业的创新理念和较高的技术与管理水平，也正在促进着传统服务业的改造和跨越式发展。当前，各地都以建设服务业集聚区为突破口，推动生产性服务业向专业化和高端化发展，生活性服务业向精细化和优质化发展，高技术服务业向集聚化和集群化发展。

传统服务业
· 为人们日常生活提供各种服务的行业。
· 传统服务业的特点：劳动密集型，就业者不需要很高的技术或知识；它所提供的服务主要满足消费者的基本需求。
· 传统服务业类别：仓储、批发、零售业、餐饮、旅游、家政服务、邮电业等。

现代服务业
· 依托于信息技术和现代管理理念，是信息技术与服务产业结合的产物。
· 因信息化及其他科学技术的发展而产生的新兴服务业形态，如计算机和软件服务、移动通信服务、信息咨询服务、健康产业、生态产业、教育培训、会议展览、国际商务、现代物流业等。
· 通过应用信息技术，由传统服务业改造和衍生而来的服务业形态，如银行、证券、信托、保险、租赁等现代金融业，建筑、装饰、物业等房地产业，会计、审计、评估、法律服务等中介服务业等。

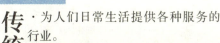

宠物市场的互联网思维运用

李明祥是山东某职业学院2012级汽车运用与维修专业的一名学生，上学时却在宠物养殖上创业，并巧妙运用互联网思维拓展营销，实现了创业的成功起步。

据李明祥自己介绍，在校读书时，他上网看到很多网友在讨论饲养各种宠物的话题很是心动，于是他到县城的宠物市场买了一对金花松鼠来饲养。此后，李明祥就开始关注网上宠物养殖技术，并且开始了解网上宠物市，学着从网上买卖宠物，而且生意越做越大。

2014年，李明祥开始逐渐扩大养殖规模，在农村老家专门搭建了养殖棚。随后，他又在淘宝上开设了宠物兔专卖店，并通过QQ群、QQ空间、微信、论坛、58同城、赶集网、百姓网等多种互联网渠道进行推广。目前，李明祥的宠物除了在省内热销外，还打开了黑龙江、上海等多个省市的市场。他还打算毕业后在城里开一家宠物实体店，实现"线上线下"结合。在师生眼中，李明祥是学校青年创业的典型。

评析： 李明祥创业之所以渐入佳境，是因为他顺应时代发展趋势，善于利用跨界融合手段，将自己的养殖业向互联网延伸，积极探索多元化营销合作模式，根据不同业务发展需要，选择相应的营销模式。

创业小助手

什么是"互联网+"

"互联网+"是新一代智能终端、新一代网络技术和新一代新型服务创新的集聚融合。通俗地说，"互联网+"就是"互联网+各个传统行业"，但这并不是简单的两者相加，而是利用信息通信技术及互联网平台，让互联网与传统行业进行深度融合，创造新的发展生态。"互联网+"代表一种新的社会形态，即充分发挥互联网在社会资源配置中的优化和集成作用，将互联网的创新成果深度融合于经济、社会各领域之中，提升全社会的创新力和生产力，形成更广泛的以互联网为基础设施和实现工具的经济发展新形态。

"互联网+"有两个重要特征：

一是跨界融合。"互联网+"的本质是跨界，利用互联网技术和平台，使互联网和各行各业进行深度融合。在"互联网+"时代，行业之间的界限变得模糊，跨界、跨行业成为社会经济发展的新常态，越来越多的企业利用自身优势和互联网技术力量开展跨界融合。例如：阿里巴巴进军汽车、金融、文化、医疗、智能家居等产业；中国电信跨界进入互联网金融、文化产业、电子商务等领域。

二是创新驱动。促进经济持续增长，必须由投资驱动转向创新驱动。互联网尤其是移动互联网迅猛发展，促进商业模式创新，从而促进企业提质增效，是企业发展的重要选择。传统的应用、服务、产业互联网化进程不断加快，成就了一大批成功的产品和企业。例如：传统的集市加上互联网，成就了淘宝、京东；传统的银行加上互联网，成就了支付宝；传统的红娘加上互联网，成就了世纪佳缘。

近几年来，"互联网+"已经改造并提升了众多传统行业，当前大众耳熟能详的电子商务、互联网金融、在线旅游、在线影视、在线房产等行业都是"互联网+"的杰作。互联网与我们的生活息息相关，从到店才能购买演变为动动手指就能买到喜欢的物品，互联网带给人们的便利越来越多，让人们拥有更方便、更快捷、更多选择的生活方式。

创业新视野

奔跑吧，创业者们

春色渐浓，一波强劲的创业春潮也迅速奔涌。在北京、深圳等大城市，各式"创客空间""创业咖啡"遍地开花，怀揣梦想的年轻人在这里寻求将奇思妙想变为现实的创业机会。成千上万的创业投资机构活跃在各个领域，培育能够长成参天大树的创业幼苗。创业也不再是与年轻人、高科技画等号的名词，如中年创业、巾帼创业、返乡农民工创业等同样热情高涨。

就在几年前，人们听到的更多是"国企热""公务员热"，如今"创业热"扑面而来。这一转变的背后，不仅是全社会对于不同职业价值评判标准的变化，也与中国经济发展进入新阶段，以及产业组织方式的深刻变革等因素密切相关。去年，全国新注册企业在上年大幅增长的基础上又新增1200多万户，其中首次参与投资创业的自然人多达291万人。无处不在的创业激情表明，我们正处在一个大众创业的黄金时代。

中国经济转型升级造就了创业大环境。改革开放30多年来，中国经济取得了巨大的发展。当经济发展进入新常态，劳动力、土地等生产要素的成本在上升，过去依靠数量规模扩大、依靠要素驱动和投资驱动的发展模式难以为继。中国经济要走得更远，必须依靠广大微观主体的创新精神和创业活动。亿万百姓中蕴藏着无穷的创造力，如果全国有1亿至2亿人去尝试创业，就可以打造出推动经济增长的新引擎。尤其在当下，中国经济下行压力加大，稳增长就更需要激发市场活力，实现大众创业、万众创新，让无数市场细胞活跃起来。

政策面的托举为创业注入源源不断的动力。去年以来，一系列旨在降低市场准入门槛的改革组合拳连续出手：注册资本登记制度改革将注册资本从"实缴制"改为"认缴制"，取消最低注册资本限制，"一元钱开公司"成为可能。加上年检制变年报制、"先证后照"变成"先照后证"等，都在为创业人群"大开绿灯"。为鼓励创业，国家还出台了很多新政策，包括税收优惠、对小微企业定向降准、设立新兴产业创投引导基金、支持发展"众创空间"等等，对创业人群利好的政策从未像今天这样密集。创业门槛低了，阻碍少了，服务好了，创业创新的原动力被迅速激发。

新一轮科技创新也让创业离普通人更近。过去，创业对于很多人来说似乎遥不可及。然而，随着互联网与传统产业不断融合，创新创业的组织方式也在发生深刻变革，一家企业可以不再需要办公地点，甚至不再需要雇佣员工就可以顺畅运转，这使得创业不再是少数人的权利，而成为大众生活的一部分。此外，我国移动互联网的巨大潜力、制造业的强大支撑等，都为创业带来了更大空间。

当然，创业在任何时候都是一个风险较高的选择。要让创业者更有底气，政策扶持必不可少。用政策为创业者提供基础保障，最终形成政府鼓励创业、社会崇尚创业、百姓乐于创业的氛围，就能让更多的人在创业中提升自己的人生价值。正如网上走红的那句话——"梦想还是要有的，万一实现了呢？"

（选自2015年4月13日《人民日报》作者午言）

第二节　总有"一款"适合你

> 企业的竞争力，不是简单的一种业务模式就可以取得一切，需要从内质上细化上去挖掘，才有可能保持持续增长和发展。
>
> ——周成建

创业指南

"选择比努力更重要"，这是很多创业成功者的感悟。创业之初的激情与冲动在经过市场调研、周密评估之后，创业者无一例外都要回归冷静和理性，去考虑创业方向的选择，即创业者要根据自己的实际情况选择适合自己的创业方向和创业项目。一般说来，选择创业方向应符合本地区的资源优势和产业发展导向，具有带动就业的潜力，具有较强的可操作性和较好的市场前景。

一、农业创业

当前，农村产业结构调整为农村经济发展带来了有利的契机，种养结构随着市场需求变化得到调整和优化，这为农业创业开辟了巨大空间。毕业生尤其是来自农村的同学，可以到农村这个广阔天地去创业。

在选择农业创业项目时，要从区位条件、自然人文景观、商品经济发展程度、经营人才素质等方面考虑，选择那些具有发展潜力的行业作为创业项目，发挥资源优势，推出市场竞争力强的农副产品。例如，进行农产品精深加工、食品加工和饲料加工，把种植业、养殖业和加工业、销售业紧密结合起来，延伸农业产业链条。

1. 农副产品精深加工

创业者可以根据各地不同的农业资源，开展多种多样的农林牧渔产品加工、批发和销售。比如，粮食加工（米、面制品），饲料加工（猪饲料、家禽饲料、鱼饲料），蔬菜加工（鲜菜、干菜、罐装菜、腌菜），水果加工（包装、保鲜、果酱、瓶装水果），水产品加工（活体保鲜、冷冻保鲜、水产食品），肉制品加工（香肠、烧鸡、烤鸭、腊肉），干果加工（板栗、核桃、山楂），竹木制品（竹编、家具、工艺品）等。

在进行农副产品精深加工时，创业者要随时关注市场变化。随着城乡居民收入的逐步增长，居民消费结构发生了质的变化，比如人们食物构成中的肉、蛋、奶、蔬菜等比重越来越大，直接消费粮食越来越少。创业者在农村创业必须顺应这种消费结构的变化，可以对畜禽等肉类产品进行深加工，对粮食、蔬果产品进行绿色转化，也可从事中草药、花卉、蜂业、奶业、水产等种养。

2. 生态农业

随着农业产业结构的调整，传统农业种植逐步减少，蔬菜、瓜果、园艺等高效农业种植逐渐扩大。很多地方都在建设一批现代农业特色园区，吸引生态农业企业、生态农业项目入驻。例如，合肥市的环巢湖生态农业建设，突出农业生态循环，政府对创建蔬菜生产基地、水生蔬菜生产基地、苗木经果生产基地等项目，还将予以奖补。

案例

互联网改变了"西黄山"

在安徽南部的石台县，那里农民的主要收入来源于茶叶制作，而大多数农民种茶后自产自销，或依托当地茶厂进行茶叶加工生产。

一家名叫"西黄山"的企业，原本只是农民专业合作社，却打出互联网牌，为企业发展创造了更好的条件。这家企业在西黄山的高山茶园建立互联网，将生态茶园的所有生产场景搬到网上，从生产到加工制造出来的茶叶都要全程质量可追溯。

更有意思的是，这家企业利用互联网开展网上众筹，将茶园分成很多份，每份以699元或899元的价格众筹出去，认筹一份茶园就是园主，并能获得认筹证，还与石台当地旅游结合起来，园主可以在石台县免除住宿费。现在这个茶叶众筹活动已经有2000多人参加，而该活动的结果是：当茶叶还在山上的时候，茶叶生产的资金就已经提前收了回来。

评析： 现代众筹指通过互联网方式发布筹款项目并募集资金。相对于传统的融资方式，众筹更为开放，可以给更多小本经营或创业者提供较为充足的资金。山区农民利用"互联网+"创业获得成功，这对当今毕业生是一个有益的启示。

3. 绿色农业

绿色农业是指充分运用先进科学技术、先进工业装备和先进管理理念，以促进农产品安全、生态安全、资源安全为目标，以倡导农产品标准化为手段，推动农业可持续发展的发展模式。绿色农业以"绿色环境""绿色技术""绿色产品"为主体。人们开始越来越关心健康，注重食品安全，保护生态环境，特别是对没有污染、没有公害的农产品备加青睐。

在这样的背景下，绿色农业及绿色食品以其固有的优势被广大消费者认同，成为具有时代特色的必然产物。高山产出的无公害蔬菜，各种谷类、豆类杂粮，都是天然的绿色食品，通过筛选、精加工，可以制成多纤维、多维生素的"粗粮"，这些都具有较强的发展势头和市场竞争力。

在农村创业要树立"大农业"观念，因地制宜地调整产品品种结构，大力发展名、特、优、稀、高产、高效、高创汇和低耗、低残毒、无污染的种养殖业，建立具有地方特色的无公害农副土特产品生产和加工基地，创造更多的农副土特产品名牌，进行绿色食品加工。需要注意的是，从事绿色农业创业要有科学的管理方法、先进的工艺，从土地到餐桌，从生产、加工到储运、包装、销售的全过程都要科学、安全，符合食品卫生许可标准。

4. 休闲观光农业

休闲观光农业是指利用田园景观、自然生态及环境资源等，通过规划设计和开发利用，结合农林牧渔生产、农业经营活动、农村文化及农家生活，提供人们休闲，以增进人们对农业和农村体验为目的的农业经营形态。休闲观光农业是伴随着社会经济的发展和人们生活水平的提高而发展起来的，它具有文化性强、大自然意趣浓、乡村特色突出等特点。

休闲观光农业之所以受到人们青睐，是因为它将休闲农业与乡村旅游结合在一起，许多城市居民在美好乡村体验游活动中远离都市喧嚣，消除身心疲劳。例如农园采摘、鱼塘垂钓、附设小土屋、露营区、烤肉区、戏水区、餐饮、体能锻炼区及各种游息设施等，为游客提供综合性休闲场所和服务，以及突出农家风情，主打以干传统农活、吃乡村饭为主要内容的体验性"农家乐""农家游"。休闲观光农业项目建设周期较短，能迅速产生农产品收入和旅游收入。例如在合肥市环巢湖休闲农业基地，游客在狩猎活动中获得的小禽畜、在垂钓活动中获得的鱼、鳖、虾、蟹，由基地直接销售给游客，由于减少了包装、运输等中间环节，其价格略低于市场价格。

我国是一个农业大国，农业人口占80%以上。由于观念、资金、技术等因素的制约，不少地方农业产业化进程缓慢，特别是山区和丘陵地区，工业化水平偏低，农户难以单独承担农产品面向市场的风险。随着工业化的推进和农村城镇化水平的提高，第一和二产业在国内生产总值中所占的比重逐渐降低，因此对有志于创业的青年来说，创建绿色农业、休闲观光农业和精致农业，发展非农产业，提升农业产业化，都是创业者的一个选择方向。

现在，农业不止在农村，在城市同样也大有可为。当前各地都在着力打造具有鲜明地域特色的都市现代农业体系，大力推进单功能的传统农业向多功能的现代农业转型升级。例如在丰富市民"菜篮子"方面，建立食用菌、都市精品菜、特色瓜果菜、生态水生菜、高效设施菜、园区伏缺保障菜等优势蔬菜基地，建立生猪、家禽、河蟹、龙虾等优势品种标准化养殖场等，都是各地政府重大的民生工程，当然也是创业者值得进入的领域。

二、制造业创业

制造业是国民经济的支柱产业，在工业化国家，约有1/4的人口从事各种形式的制造活动，即使在非制造业部门，也约有半数人的工作性质与制造业密切相关。在国际上，我国被称为"世界工厂"，无论是褒是贬，它都说明"中国制造"在我国国民经济发展中发挥了不可替代的作用，制造业成为GDP增长的主要支撑力量。因此，在制造业方面创业，也是青年创业选择的重要方向之一。

制造业包罗万象，大到通用设备、专用设备、交通运输设备、电气机械及器材、仪器仪表等机械行业，小到五金百货等生活日用品的制作。毕业生创业不可能一开始就从事那些大型的制造业，一般都是从小型甚至微型的制造行业开始，如小食品厂、农副产品小加工厂、小工艺厂、废弃资源和废旧材料回收加工等。

青年在选择制造业创业时，首先，应该紧跟时代步伐，倡导创新驱动、质量为先、绿色发展的理念，面向市场，贴近需求，着力提升核心竞争力和品牌塑造能力。其次，要遵守国家法律法规和相关的产业政策，选择国家近期鼓励发展的行业，例如发展太阳能、风能，进行秸秆气化、工业废渣制砖、垃圾分类处理等。最后，要尽量回避产业结构调整中面临淘汰或限制发展的产业，更不能选择那些能耗大、污染严重、附加值低的行业，如小钢铁厂、小造纸厂、塑料厂等。

从事制造业，除了设备、技术、人才等因素外，原材料的供给也是创业者必须优先考虑的重要因素。如果选择了某种制造业，一定要分析不同地区的资源特点、区位优势，因地制宜。例如：安徽省亳州是全国重要的中药材交易集散地，你可以在当地从事中成药的研制和开发；浙江永康是全国著名的"小五金之都"，如果你是学工业机械专业的，可以到那里进行创业；某些山区林木多，可以进行茶叶生产、根雕和木艺加工等。

三、服务业创业

服务性行业分为传统的服务业和现代服务业。

传统服务业是指运用传统的生产方式经营，并且在工业化以前就已存在的服务业，包括交通运输业、商贸流通业、餐饮业、酒店住宿业等行业。

现代服务业是伴随着信息技术和知识经济的发展而产生的，用现代化的新技术、新业态和新服务方式改造传统服务业，创造需求，引导消费，向社会提供高附加值、高层次、知识型生产服务和生活服务。它主要包括现代物流业、现代金融业、服务贸易、房地产业、社区服务业、市政与公共服务业、农村服务业等行业。

从以往毕业生的就业方向来看，加工、制造业是吸纳毕业生最多的地方。随着产业结构的调整，农村城镇化步伐加快，服务性行业给毕业生提供了一个广阔的就业和创业空间。下面介绍几种适合毕业生创业的服务行业：

1. 餐饮服务业

人们每天都要吃饭，而且随着生活水平的提高，人们对饮食格外关注。餐饮业作为我国服务业的支柱产业，有着众多的消费群体和广阔的市场空间，当然也存在着激烈的市场竞争，这就需要餐饮经营者对市场有准确的定位。毕业生创业一般不会走高档路线，而是以普通大众为目标，通常会在花色品种上下功夫，凸显经营特色，寻找市场空当，准确把握市场动态，准确了解当前需求。例如：城市近郊的农庄，生意非常红火，是因为其本身定位客源来自市区有车一族，而销售的品种和服务有农庄特色，迎合了现代人返璞归真的需求，因而大受欢迎。

2. 生活服务业

随着小城镇规模的逐步扩大，居民人口越来越多，各种与居民生活相关的服务需求也越来越多，在社区创业有着广阔的空间。见表2-1。

表2-1　居民服务业分类表

序号	项目	内容	范围
1	家庭服务	指为居民家庭提供的各种家庭服务。	保姆、家庭护理、厨师、洗衣工、园丁、门卫、司机、教师、私人秘书等；病床临时护理和陪诊服务。
2	托儿所	指社会、街道、个人办的面向不足3岁幼儿的看护服务。	看护服务可分为全托、日托、半托，或计时服务。
3	洗染服务	指专营的洗染店以及在宾馆、饭店内常设的独立（或相对独立）洗染服务。	洗衣店、干洗店、洗染店及皮草服饰护理服务。

续表

4	理发及美容保健服务	指专业理发、美容保健服务，以及在宾馆、饭店或娱乐场所常设的独立（或相对独立）理发、美容保健服务。	理发、美容、减肥、皮肤保健护理等服务。
5	洗浴服务	指专业洗浴室以及在宾馆、饭店等场所常设的独立洗浴服务。	洗澡、洗浴、温泉、桑拿、修脚等服务。
6	婚姻服务	指从事婚姻介绍、婚庆等服务。	婚姻介绍所、电子红娘、婚庆公司以及专门为婚礼提供汽车、服装道具、摄像、照相、宴请、送礼等服务。
7	殡葬服务	指与殡葬有关的各类服务。	殡葬礼仪、殡葬用品（花圈、寿衣等）及墓地安葬等服务。
8	摄影扩印服务	指摄影及图片处理等服务。	一般照相、婚礼摄影、艺术摄影、照片扩印以及图片加工处理等服务。
9	其他居民服务	指上述未包括的居民服务活动。	社区服务中心、配送（送水、送奶、送报）服务。

社区居民生活需求的多层次和多样化，决定了居民服务业形式多样、种类繁多，这就为从事居民服务业创业提供了巨大空间。在小城镇上开一个门面，从事居民生活服务是一个投入较少、成本不高、收入稳定的创业方式。对于部分动手能力强的毕业生来说，提供上门服务也是一个不错的生存型创业模式。上门服务的创业模式在发达国家十分流行，如汽车和家电上门维修、家具和皮具上门保养、健康理疗上门服务等，这些项目不仅创业成本低，还能随着客户群的积累逐渐由生存型创业模式转为机会型创业模式。

3. 小商品批发与零售

一般说来，小商品是指那些生产点多面广、品种花样繁多、消费变化迅速、价格相对较低的小百货、小五金、某些日常生活用品以及部分文化用品等。如果你住在小城镇或大城市的郊区、城乡接合部，可以利用交通便利、商业气氛浓厚、市场活跃等有利条件，开展农副产品、生活日用品的批发与零售。

4. 老人用品、小孩用品服务

随着生活水平的逐步提高，我国已经正式进入老年型国家的行列。据预测，到2050年，我国60岁以上老年人数将近5亿。人群集聚处必有商机，因而经营老年用品有着广阔的市场前景。老年人用品如保健器械、保健食品、垂钓用品，以及在市场上不易买到的老年人服饰等，都蕴含着巨大的商机。

孩子是祖国的未来，也是家长的希望。家长对孩子的生活、教育、娱乐都舍得投资，因而，经营婴儿、儿童和学生用品，如服装、食品、玩具、读物等，也是不错的创业选择。

5. 旅游服务业

（1）家庭旅馆。如果你家处在风景秀丽的景区，可以办一个家庭旅馆，为旅游提供住宿、餐饮服务。你在向游客提供当地的美味佳肴、风味小吃的同时，也可以向游客讲述当地的风土人情、历史典故、逸闻趣事，为游客当间接的导游。

（2）"农家乐"旅游观光。如果你家离城市不远，而且当地的农业比较有特色，你可以与他人合伙开办绿色农业生态乐园，种植无污染、优质、高效的农副产品以及品位高、种类多的花卉，游客们可以在这里体验播种、浇灌、翻地、除草、收获的滋味。你还可以饲养一些猪、羊、鸡、鸭、鹅之类的畜禽，安排一些诸如烧柴做饭等农家特色项目，让城市人认识农业，喜爱农村，让他们吃农家饭、住农家屋、干农家活，品尝农家生活乐趣，使工作压力大的城市上班族回归自然，精神得到放松。农业生态乐园的产品既可观赏，也可食用或出售。

（3）旅游商品的销售服务。有旅游的地方，就会有旅游工艺品、土特产品、旅游纪念品等生产销售。你可以挖掘当地的旅游商品资源，组织生产、收购、销售当地有特色的旅游商品，比如竹雕、根雕、草编等。

6. 网上创业

多年前，英特尔董事长安迪·格鲁夫就曾说过："未来只有一种企业——互联网化的企业。"十几年来，互联网给我们的生活、工作都带来了很大的变化。互联网以其强大的渗透能力和宽广的包容胸怀，全面介入到国民经济、产业发展和人类生产生活各个领域，并逐步改变了传统农业、制造业和服务业的生产技术、管理理念和商业模式。

在互联网迅猛发展的今天，借助互联网实现商业模式创新，从而促进企业提质增效，是企业发展的重要选择。现如今，国家制定"互联网+"行动计划，推动移动互联网、云计算、大数据、物联网等与现代农业、现代制造业结合，各种颠覆式创新、跨界创新和跨代创新层出不穷，基于互联网的技术应用又成为新一代创新技术、商业模式创新和创业的巨大孵化器。"互联网+"更使服务业呈现出了最为丰富的产业发展状态，成为服务业创业与发展的新引擎。

利用互联网来创业，相比在传统行业进行创业，无论是在资金还是在物力等方面，都有很大的优势。网店是当下不少青年学生创业的主要方式，因为网络创业成本低、风险小，发展网上客户群不会像经营实体店那样受到很多限制，有更好的开拓空间。

青年学生还可以借助于更加新潮的微信这种公众平台，助力创业梦想的实现。微信原本是腾讯公司推出的一款免费聊天工具，用户可以通过网络给对方发送语音、视频、图片和文字。在微信上建立公共账号，通过认证就可以发布一些商业广告或提供各种服务。

第二章　三百六十行　行行可创业

农家山货网上"吆喝"

一年多前，小朱没有想过，只要动动手指，老家最常见的冬笋、茶叶、腊肉，就可以销到几百公里外的城里。

小朱的老家在黄山黟县，春天出新茶，冬天出冬笋。一开始，她将老家的新鲜冬笋等山货挂到朋友圈里"叫卖"，惊讶道："短短20天，从我手里出去的营业额大概就有五六千块钱。"

说到"触网"经历，小朱说要从去年说起。她说："当时我父亲在老家做一些土特产，也没有店，空闲了就摆个小摊。正好去年底的时候同事要买年货，我就推荐了老家的山货。没想到他们很喜欢，买了不少。"

这次的经历让小朱萌发了"代购"的念头，就是将老家的农产品放到网络上卖。他说："比如我有朋友想买皖南的臭鳜鱼和腊肉，我家没有，我就帮他去其他农户那里看，找到了再帮他买下来寄给他，赚一点差价。"

小朱坦言，这样的"触网"只是最初级阶段，还不能把它看作一门生意。他说："买的人都是朋友，给的价格都非常便宜，总的来看能有10%的利润就不错了，农户要想真的做起来还得看规模大不大。"

评析：如今互联网与电子商务的大潮正改变每一个行为，网上创业已成为青年学生创业最常见的形式。案例中的小朱能识别网上创业机会，推介农产品并落实货源，这还只是"触网"的第一步。开设C2C网店，进行网络推广，进行电子支付与发货操作，能给客户提供网络服务，能撰写网上创业计划书……这些都将是每一个网上创业者的必备技能。

现代服务业具有"三高""一低""一强"三大特点。"三高"是指技术含量高、知识水平高、附加值高；"一低"是指资源消耗低；"一强"是指带动就业强。对于毕业生来说，现代服务业中可供创业的机会很多，如高级家政、医疗服务；动漫设计、服装设计；汽车上门维修、皮具上门保养，等等。同时，随着社会的发展，将来肯定会不断衍生出更多的行业和职业，只要你善于寻找和发现，就不愁没有创业机会。

创业小助手

"B2B"是什么意思

"B2B"（Business to Business）是一种常用的电子商务模式，即从企业到企业，是企业与企业之间通过互联网进行产品、服务及信息的交换。

传统的企业间的交易往往要耗费企业大量的资源和时间，无论是销售、分销还是采购都要占用产品成本。通过B2B的交易方式，企业和企业之间通过电子商务在网上完成整个

169

业务流程。对于一个处于流通领域的商贸企业来说，由于它没有生产环节，电子商务活动几乎覆盖了整个企业的经营管理活动，因此可以更及时、准确地获取消费者信息，从而准确确定产品、减少库存，使企业之间的交易减少许多事务性的工作流程和管理费用，并通过网络促进销售，以提高效率、降低成本，获取更大的利益。

创业新视野

借电商翅膀　助农产品高飞

在"互联网+"的风潮下，越来越多的农产品企业看中农产品电商这片蓝海，其中不少还摸索出了自己的发展思路。不过，能否成为这片蓝海中的"弄潮儿"，他们都还不敢给出最肯定的答案。从网上下单订购，在家里坐等生鲜蔬菜上门，成为一些忙碌的上班族"逛菜场"的方式。随着互联网触角的不断深入，农产品企业也纷纷"牵手"电商，并在发展的过程中逐步摸索不同的模式，有的大而全，有的小而美。

类型一：自产自销

主打产品：自种蔬菜

每天一大早，在合肥市三十岗乡，陶海峰和朋友一起创办的"小蚂蚁市民菜园"内场面总是很火爆。他自豪地说："我们现在已经有几千位会员，每天有四五千公斤的蔬菜运送到市民手里。"

2011年10月，毕业于合肥学院的陶海峰和朋友返乡创业，在三十岗乡建起"小蚂蚁市民菜园"。他们按无公害标准种植蔬菜，没有农药残留。大棚里安装有摄像头和监测仪器，会员可通过物联网实时看到蔬菜的生长画面与相关数据。这种不用市民自己种、自己去菜场买，有专人将时令新鲜蔬菜从地里采摘下来送到家门口的模式很是受消费者的欢迎。

短短几年时间，他们在合肥市已有两处生产基地。陶海峰介绍道："现在我们的平台上不仅销售蔬菜，也开始配送面、米、油、鸡蛋等。"他还说，"小蚂蚁"虽然早已"触网"，不过他们目前的经营模式仍旧是以自产自销为主，这可以在最大程度上进行品质管控。

类型二：垂直平台

主打产品：水果与花卉

对于汪涛来说，最近一年比较忙碌。去年底开始考虑企业转型，今年6月完成准备工作，他一手操办起来的"花果山水果花卉"电商平台也正式上线。目前，平台已经完成了天使轮的融资，正在进行A轮的融资。

看起来顺风顺水的汪涛，之前也经历了一段"试错"的过程。18年前，汪涛进入农产品领域，一直在行业内打拼，有高峰也有低谷。2011年，汪涛和他的企业开始与互联网结合。他说："当时考虑得比较简单，就是把农产品放到电商平台上去卖。"但在实际操作过程中，他发现现实并非那样美好。

"最大的问题就是高额的配送成本和高额的损耗。"汪涛说，"由于农产品的特殊性，如果通过其他平台来配送的话，很容易出现消费者收不到货，或者收到货但已经不新鲜的情况，这不仅给企业带来负面影响，也让消费者流失比较严重。"

经过多方考察，汪涛发现住宅小区周边一般都有水果店和花店，如果把这些店整合起来，建立一个平台呢？经过深思熟虑后，他决定建立一个综合性的农产品平台，只做水果和花卉，将小区周边的水果店和花店纳入进来。他介绍说："相当于一个很多个体工商户对个人用户的平台，我称之为'小B2C'平台。这样就降低了配送成本和损耗成本，很好地解决了配送等问题。"

类型三：京东模式

主打产品：蔬菜与生鲜

作为安徽景徽菜篮子电子商务有限公司的副总经理，吴东升经历了从景徽联合社到景徽菜篮子转型的整个过程。他回忆说，"以前已经开了170多个蔬菜生鲜店了，但觉得生鲜店存在一些问题，后来想到了生鲜电商。"其后，景徽菜篮子电商平台采用了线上与线下结合的O2O模式，市民只需点点鼠标就可以上网买菜。一般当天晚6:00前下单并付款，次日晚6:00前就会配送至小区附近的自提点。目前，自提点已经基本覆盖了合肥市所有的小区。

从模式上来看，吴东升觉得景徽菜篮子更像是大而全的京东模式。它依托景徽联合社的150多家农民合作社在全省10万多亩的农业生产基地资源、标准化加工分拣中心和冷链配送，以及景徽物联网溯源平台，同时为超市、饭店、食堂配送绿色食材。

今年初，他们在合肥市琥珀新村开了一家规模很大的线下体验店，但很快他们发现这种模式成本较高，而且很容易被市民误当成一间超市。现在，景徽菜篮子选择了"社区电管家"模式，只在合作社区开一家小规模的仅进行商品展示的店铺，并放置了线下体验机，让社区居民可以直接在机器上进行网络下单。吴升东说："已经开了十几家，今年计划开到100家，我们的计划是解决电商'最后一公里'以及社区服务的问题，从而成为合肥最大的生活互联网社区服务平台。"

（选自2015年10月26日《新安晚报》记者陈丽卿　王天昊）

创业设计

1. 按自愿原则，组成3~4个小组，每个小组成员通过收集资料和调研提出各小组创业项目，然后小组间相互交流，分析、比较项目的可行性。

2. 阅读下面材料，思考后面问题。

据2015年10月29日《深圳晚报》报道，刘晓圳是某职业学院2015届动画学院毕业生。2014年，有个叫作"围住神经猫"的手机游戏吸引了众多玩家，异常火爆。已有创业经验的刘晓圳敏锐地捕捉到了商机：H5游戏营销前途广阔。今年初，刘晓圳与几位同学共同创办深圳市烈焰文化传播有限公司，并正式入驻学校第七期学生创意创业园，开始了自己的创业之路。"会玩喔"就是公司成立后的第一个项目。

目前，刘晓圳的公司已经与奇虎360、华润置地、互联行等大企业初步建立合作关系。虽然公司创建时间很短，但已实现盈亏平衡，并有天使投资人看中公司发展潜力，多次表达了投资意愿。

刘晓圳与他的同学选择手机游戏的优势有哪些？你能否从中得到启发，利用互联网觅得适合你的创业商机？

第三章　创业计划书　圆你创业梦

> 这一天我开始仰望星空发现，
> 星并不远梦并不远只要你踮起脚尖。
> 我从此不再彷徨也不再腼腆，
> 张开双臂和你一起飞得更高看得更远。

一个新的创业意向是美好的梦想，是浪漫的"星工厂"，要让梦想变为现实，就必须迈开双脚一步步地去走。创业是一项复杂的系统工程，从项目选择到主体培育，从品牌打造到市场开拓，从团队组建到企业管理，每一个过程、每一个环节都需要审慎评估和精心准备。撰写一份创业计划书，就是创业征程的重要一步。

第一节　创业计划书概述

> 任何时候做任何事，订最好的计划，尽最大的努力，作最坏的准备。
> ——李想

创业指南

一、什么是创业计划书

创业计划书是为创业所做的书面计划，具体描述和全面分析创业所需的各种条件和必须考虑的各种有利或不利因素。

创业计划书是一份将自己的创业愿望转化为实际操作的详细"路线图"，能使自己有明确的创业目标，客观地认识产品的优势和劣势，清楚创业的风险所在，帮助创业者理清思路，准确定位。创业不是玩游戏，创业者应该以认真的态度对自己所有的资源、已知的市场情况和初步的竞争策略尽可能做详细的分析，并在此基础上形成行动计划。

创业计划书不止是让创业者清楚自己的创业内容，坚定创业目标，更是创业者与投资人、政府有关部门沟通的"桥梁"。创业计划书就是将你的创业项目即具有市场前景的新产品或服务，向潜在投资者和合作伙伴等游说以取得合作支持或风险投资的可行性商业报告。投资人通过阅读你的创业计划书，了解你创业的目的和意义、产品定位、营销形式和营销策略、融资渠道、创业步骤等内容，进而考虑是否投资。政府有关部门通过阅读你的创业计划书，了解你的创业项目，进而从创业政策和创业环境等方面给予支持和服务。

古人说："凡事预则立，不预则废。"好的创意在付诸实践之前，拟定一份全面、科学、可行的创业计划书是必需的。

二、创业计划书的构成

创业的项目种类繁多，有加工制造、餐饮服务和商业零售；创业的形式多种多样，有实业创业和网络创业，有自主创业和加盟创业。因此，创业计划书也不可能有完全统一的模板。但作为应用文体，创业计划书必须包含基本的创业要素，遵循写作的逻辑顺序。创业计划书一般由首页、目录、正文和附录四部分组成，见图3-1。

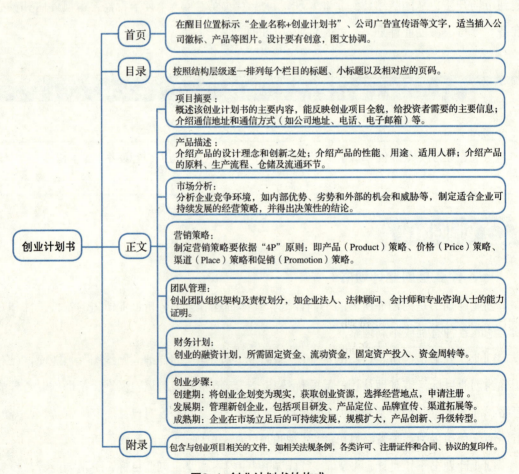

图3-1 创业计划书的构成

明确了创业计划书的基本要素只是写作的第一步，创业者撰写计划书时要进一步拓展和细化，周密安排。具体说来，要考虑到以下内容：

（一）首页

设计一个图文并茂、富有创意的首页，既反映创业者对该创业项目的重视，也给读者留下良好的第一印象，并产生对创业计划书的阅读期待，进而关注你的创业。首页要有醒目的标题，通常由"企业名称+项目名称+文种"构成，如《××公司花卉种植创业计划书》；也可省去企业名称，如《"夕阳红"养老服务创业计划书》。如果有企业徽标和广告词，也可在首页展示，但不可喧宾夺主。

（二）目录

目录是整个创业计划书的索引。按照结构和顺序逐一排列每个栏目的标题及小标题以及相对应的页码。目录为读者检索文章内容所备，是创业计划书内容信息的集中体现。目录页与整个计划书内容之间要有对应关系。

（三）正文

1. 项目摘要

摘要是对创业计划内容的概括和提炼，是整个创业计划书的高度浓缩，它能让阅读者在较短时间内了解文本的重要内容，如企业名称、法人代表、部门设置、注册地点、经营场所、注册资本、现有股东名单、股权结构及其背景资料等。如果是连锁经营，还要介绍母公司和子公司的相关情况，如法律关系、股权比例、职责权限及各部门的负责人及业务范围。

其他如产品或服务描述、行业及市场分析、销售与市场推广策略、融资与财务说明等内容都要在摘要里有简明的介绍。项目摘要是创业计划书的提纲，要与后面正文的描述有主次、详略之分，篇幅一般控制在A4纸2页以内。

2. 产品描述

产品是吸引投资者的要素之一。产品能够满足人们的需要，而且只有通过生产销售企业才能盈利，投资者才能得到回报。所以，这一部分描述如果能打动投资者，则投资款就有望了。写作时可以附上产品的图片或产销流程图，以吸引投资者。

产品介绍的主要内容可概括为"4P"，即产品（product）、价格（price）、渠道（place）、促销（promotion）。具体说来，产品描述要介绍产品或服务的特点、性能用途和特征、大小、形状、颜色和基本功能、研发情况、生产计划安排、产品的技术改造和更新换代，以及市场前景预测和竞争优势、知识产权保护等。在此基础上，产品介绍要着重描述产品优势所在，是技术含量高还是性能超群，是成本低廉还是包装独特。产品介绍可以采用一些精彩的词句，但不能不着边际地夸大其词。

3. 市场分析

市场机会是投资者决定是否进入市场的关键因素，因此对创业投资者来说市场分析是最具吸引力的内容。创业者应当对市场机会做精准的分析，这样才能吸引投资者的关注。

（1）分析市场：在确定目标市场后，创业者需要对创业所涉及的政治环境、经济环境、社会文化环境、技术环境等宏观环境做分析，同时也要对企业、供应者、营销中介、顾客等微观环境做分析。

（2）分析竞争对手：创业者要详细说明自己与竞争对手的竞争优势，估计市场份额和销售额，预测市场发展的走势，明确自己通过什么途径与对手展开竞争，制定能够取胜或者实现共赢的策略。

（3）风险评估：评估企业的主要风险，并对可能的风险提出防范措施，做到未雨绸缪。对于新创企业来说，风险可能存在于以下几个方面：管理风险、市场风险、技术风险和财务风险等。

4. 营销策略

营销策略就是对达到预期销售状况进行描述和分析，详细说明创业机会与竞争优势的总体营销策略，阐述产品营销的渠道、促销手段和激励方式，以及广告或公关策略等，从而为顾客提供满意的商品或服务，实现企业目标。投资者十分关注营销策略，他们通过营销策略可以看出企业的营销能力以及获利情况，进而决定是否投资。

5. 团队管理

人力资源是企业生存和发展的根本因素。创业计划书要介绍公司的管理团队，如股东、董事、企业管理人员和法律顾问，以及公司的组织结构情况、创业团队成员的教育和工作背景，如职称、专长、经验能力、取得的成果、行业中影响力等，明确各成员之间的管理分工和互补情况，展示企业公共关系网络，从而增强投资者对企业的认知。

6. 财务计划

财务计划是企业管理的核心内容，也是投资者最为重视的内容，创业计划书必须对此进行具体分析和详细说明。财务计划的内容较为庞杂，如财务年度报表、资金需求、预计收入报表、资产负债预计表、现金流量表。其中关键的财务状况必须明确地列出，如毛利和净利、盈利能力和持久性、固定的与可变的和半可变的成本、达到收支平衡所需的时间等。财务计划是创业计划的"卖点"，投资者可以从财务计划中分析企业的财务状况和经营成果，进而判断自己的投资能否获得预期的回报。

7. 创业实施

创业实施是创业活动的动态展示。创业是一个过程，它通常分为三个阶段：初创阶段、发展阶段和成熟阶段。为了使企业将来可持续发展，创业计划书要明确企业在不同发展阶段所要达到的生产目标、生产规模、资金需求和投资风险等。

（四）附录

附录一般在创业计划书正文的后面，是对正文的补充，通常有附件、附图、附表三种形式。对于有些内容不适宜放在正文部分的资料或者信息，如公司相关的资质材料、与产品或服务相关的技术资料、市场营销相关资料、财务相关资料等，可以放在附录部分。

创业小助手

"SWOT" 分析法

"SWOT" 分析法是一种根据企业内外条件、环境进行分析，找出企业的优势、劣势及核心竞争力的分析方法，经常用于制定企业战略、分析竞争对手等。其中 S（strength）代表"优势"，W（weakness）代表"劣势"，O（opportunity）代表"机会"，T（threat）代表"威胁"。它是由美国旧金山大学的管理学教授海因茨·韦里克（Heinz Weihrich）于20世纪80年代初提出的。

"SWOT" 分析法又称态势分析法，即把企业内外环境所形成的优势、劣势、机会、威胁四个方面的情况结合起来进行分析，以寻找制定适合企业实际情况的经营战略和策略的方法。"SWOT" 分析法明了直观、使用方便，广泛应用于企业战略研究与竞争分析，指导企业发挥优势因素，克服劣势因素，利用机会因素，化解威胁因素，将各种因素相互联系并加以组合，得出一系列企业未来发展的可选择对策，使得企业战略计划的制定更加科学、全面。

创业新视野

"山里吃货"食品商贸公司创业计划书

一、项目概述

本公司是处在初创阶段的有限责任公司，以生产、收购、销售高山天然食品为主要业务，产品为山区产的果蔬系列植物食品和禽畜肉类食品。公司的宗旨是生产绿色、环保、纯天然、原生态食品，引领百姓健康、时尚的生活方式。

公司的产品是来自大别山区高山无污染、天然保健农副产品，植物食品绝大部分是野生的，如蕨菜、竹笋、葛粉、木耳、石耳、香菇、蘑菇、黄花菜等，小部分为山区农民自己种植的高山蔬菜；禽畜肉类食品采用自然放牧方式喂养的猪、牛、羊肉和禽蛋类。这些食品含有丰富的营养成分，能够强筋壮骨、美容健体、延年益寿，有的还有医疗的功效，如蕨菜、葛粉就有减肥、治疗高血压、防止糖尿病、防癌抗癌等作用，是现代人理想的养生食品。

经过细致的市场调查，我们发现城镇居民对这些天然食品需求量很大，尤其是在食品行业出现一个又一个问题后，人们对食品安全更加关注，对天然食品十分青睐，这使我们对本公司推出的天然食品充满信心。

本公司计划初期投资10万元，预计两年收回投资。公司发展计划分三步走，第一阶段通过向农民收购高山天然食品原材料，采取直销方式；第二阶段准备在大别山区建立有机农场和养殖场，尝试实行产销"一条龙"服务；第三阶段实施线上线下双向发展，开发省外和国外市场。为此，我们正寻求100万元的资金支持，欢迎志同道合的投资者加入我们的创业。

二、公司简介

公司名称："山里吃货"食品商贸公司

业务范围：生产、销售高山天然无污染山珍、蔬菜、自然放养的禽畜及其系列产品

注册资金：10万元

股本构成：由创业团队5名成员各出资2万元组成

管理思想：公司采用科学的管理思想和管理方法，充分挖掘每个人的潜力，重视个人的发展和个人价值的实现，同时强调团队精神，相互合作和支持，以求公司整体目标的实现。

创业团队：公司核心成员由创业团队5名成员组成，他们都具有高职院校学历，具备销售、财务等相关专业的知识背景。欢迎有兴趣的风险投资家和各界人士加入本公司。

创业团队人员简历及特长简介（略）

三、产品描述

本公司的天然食品主要来自海拔1000米以上的大别山区，那里山高林密，很多地方尚未开发或者虽然已有开发，但保护得很好，土壤环境尚未受到化肥、农药的侵蚀，生长于此的天然食品营养丰富，美味可口，是人类健康的选择。

（一）产品类别

本公司的产品有蕨菜、竹笋、葛粉、木耳、石耳、黄花菜等植物食品及各种食用菌菇；有核桃、板栗、杏仁、松子等坚果食品；有在高山放养的家禽家畜的肉、蛋食品。

（二）产品特点

本公司的产品产自高山，绿色无污染、营养丰富、味道鲜美，同时具有保健强身、防病治病等功效。如竹笋的蛋白质丰富，含有人体必需的赖氨酸、色氨酸、苏氨酸、苯丙氨酸等有益成分，为优良的保健蔬菜；香菇中有一种抗肿瘤的成分——香菇多糖，已经广泛用于癌症的治疗；葛根粉具有降血压、清除体内垃圾的作用。

（三）产品开发计划

第一阶段，主要是直接从产地收购，包括新鲜的野生蔬菜、农民家庭种植的蔬菜和放养的禽畜产品、农民自己加工的干货，然后直接销售。

第二阶段，建立自己的农场、养殖场和加工厂，生产、加工、销售一体化服务。

第三阶段，通过"互联网+"，逐步开拓省外及国外市场。

四、市场分析

近年来，随着生活水平的不断提高，人们在饮食上开始追求高质量和健康化。于是，"绿色食品""有机食品"进入人们的视野。但"绿色食品"大多停留在概念上，停留在表面上，停留在标签上，实际的市场状况却难尽如人意。市场上打着"绿色食品"旗号的各类产品鱼龙混杂，有的企业擅自使用"绿色食品"标志，有的干脆将"绿色食品"标志直接作为普通商品名称使用，而真正的绿色食品并不多，广大消费者感受更多的是迷茫。如何让人们买得放心、吃得放心，进而吃得开心，这里面蕴藏着无限商机。

（一）市场前景预测

根据在合肥市几家大型超市和菜场随机调查的数据结果来看，目前90%的市民想购买来自农村的农产品，尤其是山区农民自己种植的蔬菜，以及以自然放牧方式喂养的畜牧产品。在调查中，我们注意到，市民买猪肉的时候直奔挂有"山里土猪肉"招牌的摊位购买，菜摊上刚摆上的山珍野菜被饭店一扫而空。这说明，消费者对食品的消费有一种返璞归真的趋势，而我们的产品正好顺应了这种趋势。

（二）市场竞争分析

目前行业内的竞争对手就是所谓的"绿色食品"，但很多"绿色食品"有名无实。而我们的产品来自空气清新、水质土质良好的山区，只要我们把好进货关，坚持质量取胜，自然具有其他产品无可比拟的优势。

五、营销计划

本公司主要开展高山天然食品的收购、生产、销售等方面的业务,力图扩大在合肥市场的份额,并逐步拓展到华东地区乃至全国,直至走向国外市场。为此,我们在产品收购、生产和销售诸环节注重质量和信誉,以客户为中心,以保障消费者的健康为宗旨,满足人们的需求,做到质量一流,价格公道。

(一)销售渠道

主要有直销和代销两种方式。第一种是对于饭店采取上门直销的方式,建立长期供货联系;第二种方式是由经销商代理,可以利用经销商现有的销货渠道,在超市和菜场代销。

(二)促销策略

利用政府的创业优惠政策,邀请电视台、报纸等媒体进行采访报道,广泛宣传。在超市、菜场以及交通要道的路边树立广告牌和广告箱,力求在短时间内创出品牌。

(三)定价策略

采取撇油定价策略,利用消费者求新求异的心理,在保证质量的前提下,优质优价,力争短期内收回投资,完成原始积累,为下一步的扩大生产打下基础。

六、财务预算

本公司五位股东各出资2万元入股,购买电脑、摩托车等固定资产4万元,自有流动资金6万元。银行贷款5万元,用于收购农副产品,以及广告、运输、销售机构等营业费用和办公、差旅等办公费用。

公司租赁办公用房租金12000元/年,广告费25000元/年。管理人员3人,工资4000元/月,共计12万元;营销人员3人,工资2500元/月,共计7.5万元。

根据财务分析,编制预计资产负债表和预计利润表如下(略)。

七、风险分析

市场中风险是无所不在的,而且风险与收益是并存的,高风险带来高收益。只要我们能够清醒地认识可能存在的风险,积极面对,改善经营管理,就能够规避和化解风险,将可能的损失降到最低。现将公司面临的各种风险分析如下,并提出我们的应对措施。

(一)产品风险及应对措施

1. 产品风险:产品存在的风险主要是质量问题。由于本公司产品主要是鲜活的农副产品,容易变质,可能因为营销人员在收购时没有把好质量关,也可能在运输、储存过程中因时间过长，或者处置不当造成质量缺陷。

2. 应对措施：我们专门成立了质量管理小组，负责从产品收购、加工、运输、储存和销售各个环节的质量监督，实行质量管理责任制度。

（二）市场风险及应对措施

1. 市场风险：随着市场竞争的加剧，可能会有更多的竞争者加入，导致市场不断被蚕食，利润被摊薄。

2. 应对措施：本公司以质量取胜，采取步步为营的市场策略，不断开发新产品，开拓新的市场。

八、附录（略）

第二节　创业计划书的写作要求

> 这个世界并不在乎你的自尊，只在乎你做出来的成绩，然后再去强调你的感受。
> ——［美］比尔·盖茨

创业指南

创业计划书为新创事业设定目标，是创业者在经营决策时的方针性文件。创业计划书可能的读者包括：希望吸纳进入团队的对象、可能的投资人、合作伙伴、供应商、顾客、政策机构等。要将这样一份聚焦于特定的策略、目标、计划和行动的应用文书做得能激起读者的阅读兴趣，进而投资或合作，这是需要一定技巧的。一份好的创业计划书，应该能够促使创业活动的开展具有计划性、针对性和条理性，避免盲目性，提高创业成功率。因此，在撰写过程中，必须遵循基本的编写原则和写作要求。

一、创业计划书的撰写原则

由于创业项目的性质、创业者特征、阅读对象不同，创业计划书的内容和重点也不尽相同。但不管怎样，创业计划书都必须遵循一些基本的撰写原则。

1. 全面性

创业是一个长期而艰巨的实践过程，因此创业计划书的编制需要战略性规划与战术性安排相结合。所谓战略性规划，就是要描述新创项目完整的发展蓝图与发展路径，提出明确的经营目标，全面审视未来可能遭遇的风险，并针对风险提出防范措施，如产品的研发、市场的扩大、二次创业等。所谓战术性安排，就是针对不同时间段的目标和任务进行量化，如技术发展、市场状况、财务预算、投资回报都在可控范围内。总之，撰写创业计划书要从远期和近期、潜在与现实、整体与局部的不同角度来策划分析。

2. 创新性

创新是一个民族的灵魂，也是一个企业发展的不二法门。首先，一个新颖独特的项目更容易引起投资者注意。例如，在往届学生创业计划大赛中获奖的"绿色电池制造""新型殡葬服务""高山蔬菜种植"等创业计划都获得专家的好评，并引起投资人的青睐。在当今互联网飞速发展的时代，从事"互联网+"的创业也更具创意。其次，创业项目确定之后，其创新性可以表现在产品或服务上，可以表现在营销策略和手段上，也可以表现在团队的管理模式上。总之，创业计划只有体现独特、充满创意，才能使投资者放弃其他投资机会而专注于你，才能让你的企业在激烈的市场竞争中获得生存和发展。

3. 可行性

可行性，顾名思义就是过程、设计、程序或计划能否在所要求的时间范围内完成。项目可行性研究是项目前期工作的主要内容。在撰写创业计划书之前，创业者对经济、技术、生产、供销到各种社会环境都要进行具体调查、研究、分析，对项目是否可行、成功率高低、经济效益和社会效果如何都要进行市场分析、技术研究和经济测算。一份好的创业计划必须具体可性，具有可操作性，用尽可能多的客观数据来加以佐证。没有明确的市场需求分析作为依据，所编写的创业计划书将是空泛的、无意义的。

4. 科学性

众所周知，计划的内容是尚未实现的，它要创造者通过努力，按照预定的目标去实现。那么计划预定的目标如何才能实现呢？这就需要计划的制定具有一定的科学性。创业计划书的科学性具体体现在计划的目标、措施、步骤这三要素中。创业者要在充分调查研究的基础上，结合本地区、本单位、本部门的具体情况，以科学的态度、求实的精神，恰当地制定目标，确定任务。目标过高，会使人望而生畏，感到可望而不可即，从而丧失信心；目标过低，唾手可得，又会使人不求进取，不利于充分调动人的积极性、激发人的内在潜力。

创业计划书的写作不是文学创作，不能有虚构和想象。介绍产品、评估风险、财务预算等，都必须用事实说话，以准确的数字为依据，计划的合理性和超前性都必须建立在充分的市场调研基础上。对市场的预测，要作调查研究，凡是涉及数据的地方，一定要定量表示，提供必要的定量分析。

二、创业计划书撰写要求

1. 文字精炼，通俗易懂

撰写创业计划书要文字精练，观点明确，清晰地描述创业项目，精练地说明你的评估和分析，实事求是地说明有哪些市场机会和可能的风险；不要堆砌辞藻，不要用大话空话，避免那些与主题无关的内容，投资者是没有兴趣来阅读对他毫无意义的东西的。

作为应用文书，创业计划书要求用事务性语体，以显得简洁典雅，但要尽量避免技术性很强的专业术语，因为过多的专业术语让投资者费解，会影响到他们的投资兴趣。如确实需要，可将相关材料放在附录中加以解释和说明。

2. 脉络清楚，重点突出

撰写创业计划书要有清晰的思路，将项目产生的背景、项目的可行性分析、市场的研判、资本运行及管理、收益保障等问题阐述清楚，写作时可按条款分项说明。创业计划书涉及的范围很广，写作时既要考虑全面性，又要突出重点。一般说来，项目概要、产品创新、项目的可行性分析及对策、经营模式和手段、投入产出与盈利预测以及风险防范策略等，都是创业计划书重点描述的内容。

3. 格式完整，图文并茂

创业计划书的各个部分排列要有逻辑性，在编排上大致分为封面、目录、正文和附录等四个部分。在行文中可恰当地使用图片和图表，这样更形象直观地反映某些抽象的概念。例如，市场分布、企业结构、业绩成长等，都可用图表来处理。

创业小助手

《创业计划书》评价标准

项　　目	评价标准
项目概述分析	简明、扼要，能有效概括整个计划；具有鲜明的个性，具有吸引力；有明确的思路和目标；能突出自身特有的优势。
项目开发创意	创意独特新颖，创新力度大。
赢利模式、财务状况	赢利模式可行，列出关键财务因素、财务指标和主要财务报表，财务计划及相关指标合理、准确。
融资方案和回报	需求合理，估计全面；融资方案具有吸引力。
经营管理和运作方案	开发状态和目标规划合理，操作周期和实施计划恰当，在各阶段目标合理，重点明确；对经营难度和资源要求分析准确。
创业团队	团队成员具有相关的教育及工作背景；能力互补且分工合理；组织机构严谨；产权、股权划分适当。
市场及竞争分析	市场分析数据完整，市场分析科学、客观，结合自身项目能准确把握市场发展趋势；明确竞争对手的优势和劣势。
营销策略	营销策略具有创新性，对顾客具有潜在的吸引力，成本及定价合理，营销渠道顺畅。
项目可操作性分析	项目、服务或产品的各项分析和预算的可行性较高，运营计划明确。
项目附加分	整个计划书规范，文章逻辑严谨，语言流畅，内容全面、系统，科学性强，对整个经营模式的体系设计创新性高，具有很高的商业价值等。

创业新视野

Honey甜品店创业计划书

一、创业设想

在松江大学城内开设一家Honey甜品店，主要经营西式甜品，品种有：各类奶茶、咖啡、果汁、牛奶、茶类，各类西式蛋糕、面包、冰激淋、冰激淋蛋糕、刨冰、布丁、龟苓膏等。四季都有不同的主营产品和新品推出。

经营宗旨：甜美、健康、时尚、优惠。

二、市场分析

松江大学城内有上海外国语大学、上海对外贸易学院、上海立信会计学院、东华大学、上海工程技术大学、华东政法大学、复旦大学上海视觉艺术学院等7所院校。大学城内的商业区域，还没有甜品店。经过分析，我们可以开拓这个市场：专业经营甜品，坚持品牌化、差异化、人性化的经营，用"润物细无声"的渗透方式，建立和扩大知名度和美誉度，让消费者从认识甜品到爱上甜品，再到买我的甜品。

三、企业介绍

（一）经营目标摘要

本店的产品是针对年轻人消费群体的，主要针对大学生。大多数消费者会选择下午的时间来消费，因此营业时间定为10：00至22：00。店面装修的风格定为温馨家居型，另外还要开设各类主题的包房，以适合不同消费群体的风格。店内聘请2名管理人员，2名甜点师，4名学徒帮手，6名服务员（其中一名为兼职收银员）。根据上海市大学生的创业优惠政策贷款来获得资金。本店以科学的方式来管理店铺，使员工工作开心，发挥自身的最大效率。

（二）Honey的发展

根据本店实力，Honey以上海外贸学院和上海外国语大学这两所学校为起点，放眼松江大学城7所院校，逐渐向连锁店发展。具体分为以下三步：

1. 立足附近：填补松江大学城内的上海外贸学院和上海外国语大学甜品市场的空白，将企业做得专业、规范，稳步发展。

2. 占领大学城市场：当企业形象被消费者接受并开始受到欢迎之后，根据需求在松江大学城开设连锁店，在实际操作中学习连锁经营管理经验。

3. 走向上海市场：在松江大学城市场正常运转，有了一定的流动资本和区域内知名度，掌握市场运作基本规律和操作经验，以及申请到产品自主知识产权之后，在上海市内扩张连锁店，开放加盟经营。

（三）产品描述

Honey与知名品牌饮用水、乳制品以及其他原材料的地区供应商建立合作关系，在Honey店堂内点餐区域和各类宣传品上进行标志宣传。从宣传原料供应商值得信赖的角度出发，给顾客一种食品安全能够确切得到保障的感觉。

Honey甜品店要尽可能推出多种款式的甜品可供各类顾客挑选。

Honey甜品店经营品种除了普通的冰品甜品外，还有在我国南方部分地区较为流行的药膳滋补炖品类、凉茶类、龟苓膏类。价格表上列明每种甜品所含的补品成分、药膳滋补功效、适应症等,以便顾客按需选择。低热量、有良好养颜功效的甜品,特别适合爱美的女生。

四、组织管理

Honey员工分为管理、甜品加工制作、点餐收银、店堂清洁四类,分别着统一服装进行操作和服务。员工要求技能专业,服务统一使用普通话,建立严谨的服务管理规范和投诉回访机制,并严格进行监督管理。

Honey每个员工必须是专业的,必须对包括点餐收银人员和店堂清洁人员在内的每个人进行严格培训,确保正常工作时的规范操作。管理人员:设置人事管理和企业管理人员各2名,要求本科以上学历,专业素质优秀并有良好的实践操作能力。甜品加工制作人员:设置配方员2名,加工操作员4名,要求大专以上学历,专业素质优秀并有良好的实践操作能力。点餐收银和店堂清洁人员若干,严格培训后上岗。所有员工须办理健康证。

五、风险分析

1. 在松江大学城内有许多餐饮店,竞争会相当激烈。但是本店以下午茶、外卖、优惠价格、包间桌游为主要特色来吸引在校学生。

2. 在预期内不能收回本金可能会导致资金周转不灵,则进行抵押贷款,度过困难期。

六、财务分析

(一)资金预算

项 目	资金预算	备 注
房租	20000元	约5000元/月,首付3个月及押金
内外装修	50000元	包括霓虹灯店招、内部墙面地板
餐具及日常用品	20000元	桌子、椅子、冰箱、空调、锅碗瓢盆等
进货	10000元	部分原料与货源方商定代销
开业办证费用	2000元	享受部分优惠政策
周转备用金	10000元	
合 计	1120000元	

(二)融资计划

1. 通过上海市优惠政策得到融资。自主创业的大中专学生,向银行申请创业贷款担保额度最高可为7万元,并享受贷款贴息。上海市设立了专门针对应届大学毕业生的创业教育培训中心,免费为大学生提供项目风险评估和指导,帮助大学生更好地把握市场机会。

同时借助创业"天使基金",大学生开办企业可获5万到30万元的贷款支持。

2. 通过父母、亲戚等得到融资。

（三）薪酬计划

管理人员：3000元/月；甜点师：3000元/月；学徒：1200元/月；服务员兼职收银员：1800元/月。

七、营销策略

（一）营销手段

店堂设置许愿树两棵，消费即可得到许愿卡，可在许愿树上挂上写好的许愿卡。每个月的第一个星期天店员将收集许愿卡，以抽奖的方式挑出实现过程花费在300元以下的愿望，帮助顾客实现。在新年、端午节、中秋节及西方的圣诞节、情人节等重大节日，在大学城内组织露天主题活动，旨在增强消费者对Honey甜品的印象。

（二）定价策略

考虑到大学生的消费观念和他们的经济承受能力，每款甜品价格定在30元以内。

（三）广告方式

到各大校园贴海报，发送优惠券和传单。制作可爱的吉祥物，以卡通造型作为企业形象代言，从卡通造型上体现甜美、健康、时尚的企业宗旨。Honey店堂做到清洁光亮，窗明几净，体现青春、健康、环保的企业文化。根据不同甜品品种，使用各类特制碗碟，体现高雅脱俗的文化氛围，进而吸引顾客。

（选自"大学生创业网"，有改动）

创业设计

1. 以4~6人为一个小组，讨论自己身边存在哪些创业机会，根据"SWOT分析法"，进行可行性评估，选出一个适合于你们团队的创业项目。

2. 针对上述创业项目，试撰写一份"创业计划书"。

第四章 万事开头难 当好创业"舵手"

梦想与现实只有一步之遥。

如果没有创业的行动，创业梦想永远只能停留在纸面上。

如果没有正确的创业模式，创业注定会失败。

独自闯出一片事业的天空，或者集结三五个志同道合的人一起合力创一番大事业，是很多毕业生的梦想。但是，光有梦想而没有创业的行动，再美的梦想都难以成真。准确选择适合自己的创业方式是迈向成功的关键一步。那么，创办企业需要哪些条件？创办小微企业应当如何迈出第一步？

第一节 创业从"小微"起步

> 一个真正的企业家，不能只靠胆大妄为东奔西撞，也不可能是在学院的课堂里说教出来的。他必须在市场经济的大潮中摸爬滚打，在风雨的锤炼中长大。
>
> ——王均瑶

创业指南

创业是十分不容易的。在创业前，创业者一定要认真谋划，做好资本、技术、人员、场地、设备、财务预算等方面的准备。在创业过程中，创业者就要进行企业的注册登记。在创业者依照法律规定和工商管理程序，到工商行政管理机关为新企业登记注册，办理一系列手续并取得营业执照后，一个新的企业就诞生了。由于各地政府主管部门在企业注册登记方面的具体规定不尽相同，相关政策也在不断变化，因此创业者在进行企业登记时，需要根据本地的实际规定来登记。

一、创办新企业主要程序

1. 申请人登记

个体经营者需提供本人身份证明（身份证和户口簿），合伙经营者需提交合伙各方的身份证明。下列人员还应提交专项证明：城镇待业人员提交街道劳动管理部门出具的求职证明；停薪留职人员和企事业富余人员提供本单位同意经营的证明及协议；外地人员提交公安部门出具的暂住证、初中以上学历证明；外地育龄妇女应提交所在地区计划生育部门出具的计划生育证明；离退休人员提交离退休证件。

2. 资金条件

个体工商户对注册资金实行申报制，没有最低限额的基本要求。当然，一个企业必须具备一定规模才能进行生产经营活动。一定的生产经营规模，就表现为企业所有或经营管理的财产，即注册资金具有一定数额。例如，具有法人资格的私营企业，生产公司的注册资金不得少于人民币30万元，以批发业务为主的商业公司的注册资金不得少于50万元，以零售业为主的商业性公司的注册资金不得少于30万元，咨询服务性公司的注册资金不得少于10万元，其他企业法人的注册资金不得少于3万元。不具备法人条件的企业（如独资企业、合伙企业），各地根据当地的实际情况确定，未规定最低限额，但原则是与其经营范围、经营方式相适应，注册资金与实有资金相一致。

3. 场地条件

经营场所要和自己的经营项目相符合。不同特点的项目都应选择比较适合的经营地段或场所，这是选址的第一要旨，也是选址的大方向。对于经营或服务型的企业，一个需要重视的问题就是交通是否方便，是否有足够的客流量。大多数创业者选择的都是服务型行业，服务业最关心的就是客流量，而且是可以驻足的客流量。交通方便可以增强企业的竞争力，但关键还是要看有效客流量。有的地方乘车换车都很方便，就是远离商业区或居住区，人们没有时间或理由驻足，这样的地方就不适合作为服务性店铺的选址地。一般来说，人潮就是钱潮，在车水马龙、人气汇集的热闹地段开店，成功的几率就会提高。如咖啡厅、餐馆、休闲服饰店、各种专卖店、便利商店等，若是设在购物步行街、灯光夜市、休闲场所、大型综合商场、车站附近等地段，就至少占了七分地利，因为川流不息的人潮就是利润的基础，有这么多的潜在顾客，只要销售的物品或提供的服务能满足消费者需求，就不怕没有好业绩。

4. 申请审批证件

申请审批销售业、食品加工和饮食业以及涉及卫生的浴池、理发等服务业应提交卫生防疫部门核发的证明。申请审批运输业应出具运输管理部门提交的经营许可证明，包括驾驶执照、车牌照、保险凭证。申请审批工程设计、资源开采、建筑、修理计量器具、建造业、机动车修理、烟草销售、药品销售等行业，按专项规定应提交有关部门批准的审批证明及资格证明。申请审批台球、书刊、游艺等文化娱乐业，应提交文化管理部门同意的证明；申请审批旅店业、信托寄卖业、刻字业、印刷业等特种行业，应提交公安部门的同意证明。从事修理、服务业的专业技术人员，须提交劳动部门核发的技术等级证书或就业转业训练结业证书。

5. 推行"三证合一"改革

"三证合一"登记制度是指将企业登记时依次申请的，分别由工商部门核发的营业执照、质监部门核发的组织机构代码证、税务部门核发的税务登记证，改为一次申请，由工商部门核发一个加载统一社会信用代码的营业执照，即"一照一码"营业执照。"一照一码"营业执照就好比企业的"身份证"，企业凭执照可以在政府机关、金融、保险机构等部门证明其主体身份，办理刻章、纳税、开户、社保等事务，相关部门都予以认可，且全国通用。新版营业执照，"营业执照"字样下方为"统一社会信用代码"。新的营业执照改变了原来的"注册号"，数字编码也由15位增加到18位，由登记管理部门代码、机构类别代码、登记管理机关行政区划码、主体标识码（组织机构代码）、校验码五个部分组成。对于已经办齐了证照的企业，有两年的过渡期，在2017年12月31日以前，企业都可以使用原发证照办理各项业务。

6. 刻制图章

刻章是取得营业执照后需要做的第一件事。刻章应到办事大厅公安局窗口办理登记备案，所需要的材料主要有营业执照副本原件、营业执照副本复印件和企业法定代表人或负责人等身份证复印件。一般企业只要刻制公章、财务专用章、合同专用章和法定代表人人名章即可满足需要。在公安部门发给的印模式样上参照范例填好内容，在经公安局审批的刻章企业中选择一家来刻制。公章和合同专用章一般选用橡胶材质，人名章可选用有机玻璃或铜的，财务专用章可选用铜或橡胶材质。人名章和财务专用章不能刻原子印。各刻章企业的收费标准有一定差异，可与对方业务人员现场协商。取章时间一般为1~2天，取章时应向刻章企业索取公安机关开具的刻章存根，并将其作为企业档案保存备查。特别需要提醒的是，刻章一定要经过公安局备案，千万不要贪便宜、图省事而私自刻章，以免留下隐患。在实际工作中，要有保管和防范意识，公章在办理其他手续时往往需要随身携带，防止因公章丢失影响后续工作。

7. 银行开户

银行账户是单位为办理存款、贷款、结算以及现金取付而在银行开立的户头。根据现行国家有关制度规定，每个独立核算的经济单位都必须在银行开户，各单位之间办理款项结算，除现金管理办法规定可用现金外，均须通过银行结算。企业开立银行存款账户是与银行建立往来关系的基础，只有在银行开立账户，才能委托银行办理资产往来业务，所以私营企业、个体工商户申领营业执照后应立即到银行办理开户。

案例

17岁休学创业

17岁，高二女生，辍学创业——绝对是大写的"离经叛道"！她叫米雯娟，2000年辍学从东北跟着舅舅在北京南三环洋桥创立ABC英语。在当时这还不能很称作"创业"，最多只是"开培训班"。米雯娟从小就是个女汉子，喜欢跟舅舅一块玩，兴趣爱好也都是充满雄性荷尔蒙的，比如踢足球、爬树……

米雯娟一开始跟随舅舅一边读书一边教小学生英语，舅舅在米雯娟的生活中似乎曾经扮演着很重要的角色，至少她最早的英语启蒙是舅舅给的。大概每个80后女孩都有攒零花钱买磁带和杂志的青春记忆，米雯娟也有。后来赚了点钱，米雯娟又买了台车载电视，在车里学英语……米雯娟在英语方面颇有天分，高中时便自学考完了英语四、六级，俨然是一位学霸！

可学霸的世界也是很奇怪的，她在高二忽然对"创业"产生感觉。她说："当时放弃上学就是更想去做培训这件事，因为这个时机错过就不再有了。"后来她就干脆都不上学了，成了ABC英语的联合创始人！

最初和舅舅一起创办ABC英语，米雯娟是公司的"首席打杂官"，包揽了教书、提水、开车等各种杂活儿，每天白天给学生上课，发传单招人，驱车几十公里送饭，晚上打地铺。随着业务的拓展，ABC在上海、西安、宁波等地也开设了分部，每到一个城市，米雯娟都要去做当地的推广工作。公司越做越大，一度做到北京儿童英语市场No.1。她说很喜欢没有间歇的奋斗节奏和对生理极限的挑战，那种忙到飞起来的感觉给了她极大的刺激感。

评析：米雯娟勇于打破常规，她脚踏实地、不懈努力，一步步向梦想靠近。并不是任何人都能创业，创业者必须是意志坚强、不屈不挠的拓荒者。只有遇事有主见、敢于担责任的人才堪当大任，而惰性十足、依赖性强的人是无法挑起如此重任的。

二、创业的主要形态

由于创业的途径、背景不一样，创业的组织形态也就各不相同，主要可以分为独立创业、家族创业、合伙创业和团队创业等。

1. 独立创业

多数创业者是以独立创业的方式拉开创业序幕的。独立创业是指由创业者个人全额出资，独自经营并独自承担风险、享有创业成果的一种创业组织形式，主要有个体工商户、私营企业和自由职业三种基本形式。

个体经营企业是小企业的雏形，其生产资料归劳动者个人所有，雇工在8人以下，以个体劳动为基础，劳动成果归劳动者个人占有和支配。在我国，个体经营多见于修理、服务、餐饮、商业等行业，如小修理店、小餐馆、小旅馆、日杂店等。

私营企业指企业资产属私人所有，雇工在8人以上的营利性经济组织，是投资者对企业债务承担无限责任的企业。这类企业大多侧重于商业、餐饮业、服务业和加工业。随着国家鼓励非公有制经济政策的出台，私营企业涉足的领域越来越广泛。

自由职业是指有专业特长的人从事的一种职业，通常由一人经营。实际上自由职业就是一个独立的企业，工作性质往往是创造性劳动，如技术服务、广告设计、企业策划、电脑编程、翻译、作家等。这类职业既能挣钱，又少风险。自由职业不是什么人都能从事的，要想从事自由职业先要具备从事自由职业所必需的一技之长。

案 例

李佳薇与"呵护你的宠物"

李佳薇曾是一个衣来伸手、饭来张口的女孩，生活上的富足，填补不了她精神上的空虚。为了排解空虚与寂寞，她养了很多宠物，并积累了丰富的照顾宠物的经验。为此，她在家里经营专业宠物照顾及接送服务，慢慢地她的业务量不断增加，她悉心照顾每一个宠物，以至于她的宠物接送服务也同样热门。她说："经营此项服务的秘诀在于，不断充实照顾宠物的专业知识，在签约之前与主人认真沟通，并熟悉所要照顾的宠物。"

评析：李佳薇就是凭借自身的丰富的照顾宠物经验，从而打开市场。由于独立创业的资金投入小，思路灵活，因而创业成功的例子实在太多。比如有教育经验的人在家设立家教中心，家庭主妇开展社区上门保洁服务，有厨艺的主营上门厨师和送餐服务等等。

独立创业具有运营成本低、灵活性强、决策独立等优势，但也存在经营规模小、经营方式单一、缺乏群策群力、决策随意性等不足。

2. 家族创业

家族创业是依靠血缘、亲情关系将创业成员团结起来，共同创建并经营运作企业的创业组织形式，如："夫妻店""父子工厂""兄弟公司"等表现形式。

（1）夫妻创业。夫妻创业大致有以下三种一是"夫唱妇随"型。在"夫妻档"企业里，一般是以男方为主，女方充当着贤内助的角色，比如国美电器的黄光裕与其夫人杜鹃。二是"旗鼓相当"型。在"夫妻档"企业中，也有夫妇两人旗鼓相当的，如杨澜与吴征的结合，就是一个典型的名女人加财富老公的商业成功案例。三是"夫妻互补"型。如今的网民，即使没有在"当当"买过书，恐怕没有人不知道"当当"这家最大的网上零售书店，"海归"俞渝与从事出版业的李国庆成婚，"当当"诞生。

（2）父子创业。父子创业是家族创业中最具典型意义的创业形式。父子创业有着亲情上的天然优势，对于一个父亲来说，恐怕没有什么比看到自己的亲生儿女伴随左右、共同打拼事业更让人自豪的了。一般而言，"父子兵"创业大致可以分为以下几类：①分工协作型，如三全食品，老帅陈泽民负责总体战略规划，少帅陈楠、陈曦则在公司管理层面各有分工；②齐头并进型，如安阳天河集团，张氏父子四人一人一个家具厂，统一以一个集团公司的名义对外展示形象；③青出于蓝型，如科隆电器，儿子程迪从日本学成归国后，展现出非凡的管理才能，令父亲程清丰感到十分欣慰；④承袭余荫型，"黄河旋风"老帅乔金岭去世后，其子乔秋生"承继大统"，继续将黄河旋风办得有声有色。

（3）兄弟创业。兄弟创业是家族创业中另一种别具特色的创业形式。兄弟创业的成功事例很多，比如鼎鼎大名的刘永行、刘永好4兄弟，湖南首富远大空调张剑、张跃兄弟，吉利集团李书福4兄弟等。

案例

李氏兄弟创办"吉利"

李氏兄弟从做小五金生意起家，当初无非是为了改变贫穷的命运。在四兄弟李书芳、李胥兵、李书福、李书通的共同努力下，"吉利"得以创建。在这个过程中，李书通逐渐成为企业的领导。但如今，"吉利"引人关注的已经不是兄弟共同创业的美谈，而是家族企业频生变故的故事。如今四兄弟已有两人出局，而老四李书通欲拿新开发的"美鹿"轿车另立山头。李书通曾说："我刚创业时，家族是我巨大的后盾。20岁出头我开始创业，最能支持我的也是我的哥哥和弟弟了。"

评析：李书福兄弟共同创业那段"激情燃烧的岁月"，的确是兄弟创业的最好例证。当然，四兄弟为争夺"吉利"闹的不可开交也值得我们警醒和反思。兄弟创业一开始就要坚持"亲兄弟明算账"，划定产权的归属比例，也不至于日后惹出麻烦来。

3. 合伙创业

合伙创业是指两个或两个以上的创业者通过订立合伙协议，共同出资、合伙经营、共享收益、共担风险，并对合伙企业债务承担无限连带责任的创业形式。根据合伙人出资的形式和承担的责任分为普通合伙和有限合伙。根据合伙人身份特点分为个人合伙和法人合伙。合伙企业具有合伙人地位平等性，合伙利益相互性和合伙人责任、权利、义务确定性等特点，具有资金较为充足，经营规模较大，可以发挥集体智慧、取长补短等优势。但合伙创业也有一定的局限性：由于每个人承担风险的能力和心态不同，容易影响企业发展决策，制约企业发展；合伙人在企业管理、业务开展、利润分配等方面可能会产生矛盾，影响合伙企业的正常运作和发展；合伙人随时有可能中途退出，这对创建的企业会产生一定的风险。

4. 团队创业

团队创业，又称集团创业或法人创业，是适应新的更高的创业要求而诞生的新的创业形式。今天的创业绝对不是追求个人英雄主义的行为，团队创业成功的几率要远远高于个人独自创业。一个由研发、技术、市场、融资等各方面组成且优势互补的团队是创业成功的法宝。团队创业是现代经济社会最为普遍的创业形式，主要以公司的形态出现，包括有限责任公司和股份有限公司两种基本形式。团队创业的优越性主要有：集合了团队甚至社会财力、人力和物力，使企业规模得到空前的发展，具有最大限度的规模效应；高起点经营，可以承担较大的市场压力与风险；可以发挥团队优势，避免孤军作战。

在团队创业这种模式中，一个好的创业团队对新创企业的成功起着举足轻重的作用。创业团队的凝聚力、合作精神、立足长远目标的敬业精神会帮助新创企业渡过危难时刻，加快成长步伐。另外，团队成员之间的互补、协调以及与创业者之间的补充和平衡，对新创企业能起到降低管理风险、提高管理水平的作用。

创业小助手

什么是"微商"

微商是由微盟CEO孙涛勇提出的一种社会化移动社交电商模式。它是企业或者个人基于社会化媒体开店的新型电商，主要分为三种模式：以口袋购物为主的C2C模式、以微信第三方为主的B2C模式、以京东购物入口为主的B2C2C模式。微商CEO陈育新提出"微商五条"，并称其"V5条"，即：（1）需求真实，产品有品质保证，假货劣质、没有质保条件不是微商。（2）自己或亲人使用，无体验分享不是微商。（3）信息节制得体，骚扰不是微商。（4）渠道为正常几个层级，无限发展渠道层级牟利不是微商。（5）为更好的生活而不是一夜暴富，成功学与大忽悠不是微商。他还提出五条倡议：（1）杜绝假货，不卖劣品。（2）耐心地告诉误解的人，微商不是传销，不依赖无限发展渠道层级获利。（3）追求并分享更好品质生活，而后推荐产品。（4）相信有品质的朋友，做有品质的人，做被相信的人。（5）珍惜朋友圈，得体而节制地分享，人生不止于导购。

创业新视野

一个理想的创业团队应该拥有三种角色的人

一个理想的创业团队应该拥有三种角色的人：思想者、批评者和实干者。思想者只管天马行空畅想，思考战略，提出各种建议，哪怕不切实际。批评者专门做挑剔性的工作，从不同的角度审视思想者的建议，从而发现最优。实干者则是从批评者优化后的建议中建立可实施的方案，将思想者的战略意图转变为现实。纵观国际，如果以美国、德国和中国进行比较，不难发现，美国是一个思想者的天堂、批评者的乐园，但还需要补实干这一功课，这就是美国"制造业回归"的原因。中国则严重缺乏思想者，而批评者多有恐惧感，于是实干家们只好模仿，这就是中国"山寨"盛行的缘由。德国社会则是一个理想的"团队"结构，它不缺批评者，这首先是缘于社会的开放、媒体的自由传播和大众对批评的理性态度。更重要的是德国教育鼓励学生独立思维，不盲从权威，从多角度思考问题，多元的思想造就了一个多元文化的社会。正因为社会的多元，德国产生了一批又一批伟大的哲学家、教育家、社会学家、心理学家和法律及经济学者。除了批评者和思想者之外，德国实干者更是人才辈出，他们以精湛的工艺技术创造了享誉世界的"德国制造"。虽然德国历经风雨，但德国制造让德国经济稳健增长，牢牢地支撑了欧洲的危局。欧元区至今屹立不倒，德国制造功不可没。德国制造之所以如此强悍，关键是因为这个国家长期积蓄了丰富的"工匠"资源。在德国人看来，每个人所做的事情不过是分工不同而已，无论是政治家、教育家、企业家、工程师还是技工，它们仅仅是职业之别，不存在尊卑贵贱，每个人从事的职业都是神圣的。正因为如此，德国人做事认真负责，每个人都会静下心来做好分内工作。

（选自《大学生创业指导》）

第二节 选择合适的创业模式

> 让自己成为真正不可替代的人，有胸怀和格局，找到能力强的合伙人，保持开放性。
>
> ——俞敏洪

创业指南

资金少、经验少、社会关系差等诸多因素的困扰，通常使许多创业者裹足不前，其实他们忽略了一个最关键的问题：创业的模式有很多种类型，要准确判断自身的优势和不足，选择适合自身的创业模式。下面介绍四种基本创业模式。

一、白手起家模式

白手起家是从无到有、从零开始的创业模式，犹如先有了一个鸡蛋，用蛋孵出了小鸡，再鸡生蛋，蛋生鸡，从而一步步积累资产。白手起家是最困难的创业方式，因为缺少资金、没有关系，只能通过艰苦奋斗一点一滴地积累和摸索。因此，白手起家的创业者必须有市场预见性、良好的信誉人品和吃苦耐劳的精神。白手起家的创业者在面对残酷的市场竞争时，只有付出更多的努力和心血，多做一些工作，多奉献一些爱心，客户才愿意与之合作，这就是最有力的竞争。

案例

透支信用卡作为启动资金

王嘉廉是全球第一个把软件公司做到10亿美金营收规模的人，也被称为是华人软件业中唯一能和比尔·盖茨并肩挑战的人。作为移民后代，王嘉廉很早就开始为将来的生计考虑。念书时，他看到《纽约时报》整整两页半篇幅的招聘广告都是在招聘电脑程序员，觉得市场上一定是很需要程序员，于是去学了电脑程序开发。

毕业后，王嘉廉进入标准数据电脑公司工作，既编程又推销，学到了一身本事。不久，一个机会点燃了王嘉廉的创业梦想：一家叫CA的瑞士公司来到美国寻找销售代理。王嘉廉认为自己有能力做好这个事情。但很遗憾，他没钱去成立公司。自己钱不够，他就找来几个合伙人一起凑，还不够，他们就申请了能够申请到的所有信用卡，一起透支出最高金额作为补充。他说："这个月的收入进来我们再去还上个月的信用卡，然后再透支。好几个月，我们都靠这笔信用卡透支周转。"因为有这段经历，后来有人问王嘉廉认为自己和比尔·盖茨的区别是什么，他回答说：

"比尔不知道饥饿的滋味。"

评析：没有资本、没有关系都不重要，能不能实现创业梦想，最重要的是看你够不够有勇气！

二、收购现有企业模式

购买现有企业是一种节省创业时间和成本的好方法。以低价买进经营状况不尽人意的企业或准备转让的企业，经过对企业进行整合、调整，使其经营状况得以改善后，再以更高的价格售出。它主要有两种方式：一种是接手经营别人的转让公司，如饭店、发廊、服装店；另一种是收购后重组，再转卖，如低价买进，高价卖出。收购企业的优点是具备一定的基础，不用从头开始，节省时间；缺点是有风险。收购企业的关键是要有眼光，对出售企业做全面的了解，仔细评估：生意不好的原因是什么？我能不能解决？未来的趋势如何？

案例

宋凯发迹"零转让"

宋凯做了几年的外贸皮鞋生意，积累了一定的业务经验，打算自己办一家鞋厂。他仔细算了算，办个中等规模的鞋厂需要100万元的设备和周转资金，外加一处不小于200平方米的厂房。

宋凯通过朋友在近郊物色了一家负债累累、濒临倒闭的板厢厂，以"零转让"的形式接手了这家工厂，也就是以资债相抵的办法，将工厂的动产、不动产以及债务一并转让给宋凯。厂房问题解决了，但100万资金从哪里来？宋凯到银行贷款，负责信贷的人要他提供担保，他用板厢厂的资产作为抵押物。就这样，宋凯不花一分钱，就解决了资金和厂房问题。

评析：宋凯接手这个濒临倒闭的板厢厂，实现了自己的创业梦想。当然，这种筹资的风险也比较大，获得创业资金的代价是要先承担一大笔债务。但是，创业本身就是风险与机遇并存的，只要创业者有足够的胆识和能力，这种收购办法能在更短的时间内达到成功。

三、依附创业模式

依附创业包括争取经销权、做指定供应商、寄生与共生、特许经营、网络创业、直销等多种模式，是创业模式中内容最丰富的一种类型。

（1）争取经销权——做代理商。做代理商是一种很常见的依附创业方式。一般来说，经销权或代理权是可以争取来的。如北京中关村有很多品牌电脑代理商，都是借助于别人的品牌发展自己。做代理商可以借助于厂家有形的商品，为自己完成资本的原始积累，同时还能学习营销知识，建立渠道网络，可谓一举两得。寻找那些品牌信誉好、发展潜力大的产品公司做其代理，是一桩本小利大、事半功倍的买卖。当然，傍大腕却不能过分依赖大腕，做代理商最大的危险是被厂家"卸磨杀驴"，所以要尽快度过这一时期，不能沉迷其中，将自己的命运始终交给别人掌握。

（2）配套生产——做指定供应商。这是依附创业的又一种典型形态，但要争取做到指定供应商，其难度要大于做代理商的难度。做代理商是做下游帮助厂家卖产品，而做供应商是做上游为厂家提供特定部件。如今进入全球经济一体化时代，社会分工越来越细，一件商品的生产和营销往往细化为众多的环节，由此给配套生产者提供了机会。如大型汽车、摩托车、家用电器，小型的商品如桌椅、香烟、白酒、口杯等，也有许多是分工合作的产物。配套生产起点低，利润虽然薄，但投资也少，因此适合资金不足、经验缺乏的创业者。

（3）贴牌生产。替品牌厂家贴牌加工生产，是一种较为新型的合作关系。品牌厂商为了降低生产成本，或者开辟新的经营领域，往往将热销中的商品托付给信得过的加工厂商生产。贴牌生产目前不仅在跨国公司之间流行，一些国内驰名品牌或区域性品牌也提供贴牌生产。贴牌分为两种：一种是借牌，贴牌后自产自销，需要交付贴牌费，一般只在区域市场销售；另一种是代工，产品生产出来后，交给原品牌所有者销售。

案例

最大的代工厂

OEM（Original Equipment Manufacture）的基本含义是按原公司（品牌公司）委托合同进行产品开发和制造，用原公司商标，由原公司销售或经营的合作经营生产方式。世界一线厂商大多仅负责设计/部件采购和销售，组装生产部分就交给一些OEM工厂，这些工厂主要有：比如台湾的富士康（全球最大的代工厂），新加坡的伟创力，美国的捷普，台湾的广达（全球最大的笔记本代工厂，惠普、戴尔以及日系很多的笔记本电脑都是由其组装的）。

评析：有道是：一流的企业卖品牌，二流的企业卖技术，三流的企业卖产品。初创企业只要和品牌企业精心合作，勤恳工作，保证质量，创业者就可以借助这个平台实现创业梦想的。

（4）加盟创业（特许经营）。一份调查资料显示，在相同的经营领域，个人创业成功率低于20%，而加盟创业成功率为80%~90%。分享品牌金矿、分享经营诀窍、分享资源支持……连锁加盟凭借诸多优势，成为广大创业者备受青睐的创业方式。目前，连锁加盟有直营、特许加盟、委托加盟等形式。投资金额可根据商品种类、店铺要求、技术设备的不同，一般从1万元到200万元不等。特许经营是懒人开店的一条捷径，加盟者不必自己探索开创新事业的路子，只需向加盟商支付一定的加盟费，就可以经营一个知名的品牌，并长期得到特许者的业务指导和服务。对小本加盟者而言，这是风险低而又容易管理的创业；对加盟商而言，以特许经营扩展业务，能短时间迅速扩大公司规模并获利。目前，社会上鱼目混珠的所谓加盟太多了，有的是骗局，创业者还是多加小心为妙！

麦当劳的特许经营

麦当劳公司成立于1955年，它的前身是麦当劳兄弟1937年在美国的加利福尼亚州开设的一家汽车餐厅。1948年，兄弟俩对餐厅业务进行了大胆的改革，压缩了食品的品种，引进了自助式服务方式，把厨房操作改为流水线作业，加快了食品的生产速度，适应了人们生活节奏加快的需要，顾客对此很满意。

为了使生意做得更大，麦当劳兄弟产生了以特许加盟的方式经营连锁店的想法，并做出了尝试。1953年，一个名叫尼尔·福克斯的人向麦当劳兄弟付了1000美元，取得了特许经营权，接着麦当劳兄弟又先后批准了十几家特许加盟店。但是，这些特许加盟店没有遵循麦当劳的经营管理制度，结果使麦当劳的形象和声誉受到损害。

1954年，雷·克罗克看到了麦当劳特许加盟和连锁经营的发展前景，经过一番努力，他得到麦当劳兄弟的授权，处理麦当劳特许经营权的转让事宜。1961年，雷·克罗克买下了麦当劳公司的所有权，并且大刀阔斧地改进了特许加盟和连锁经营制度，使麦当劳得到迅速发展。

麦当劳作为世界上最成功的特许经营者之一，以其引以自豪的特许经营方式，成功地实现了异域市场拓展和国际化经营。麦当劳在特许经营发展历程中，积累了许多非常宝贵的经验。

评析：麦当劳在处理总部与分店关系上非常成功，主要有三个特点：一是麦当劳收取的首期特许费和年金都很低，减轻了分店的负担；二是总部始终坚持让利原则，把采购中得到的优惠直接转给各特许分店；三是总部不通过向受许人出售设备及产品来牟取暴利。麦当劳的诚意换来了加盟者和供应商的忠诚。麦当劳与加盟者、供应商是相互制约、共存共荣的合作关系，正是这种关系才为加盟者各显神通创造了条件，使得各加盟者的营销良策层出不穷，为麦当劳品牌价值的提升立下汗马功劳。

四、网络创业模式

21世纪是网络的世纪。借助互联网现成的网络资源，不用从头开始，创业就相对比较容易。网络创业是一种全新的创业模式，目前的形式有：一是网上开店，淘宝、拍拍等提供了完善的平台为创业者提供服务；二是网上加盟，以某个电子商务网站门店的形式经营，利用母体网站的货源和销售渠道。

37名女大学生返乡创"洮宝"

"一起创业，就是想让更多的人吃到我们家乡优质的杂粮杂豆。"吉林省洮南市刘老三杂粮杂豆种植专业合作社的"元老"之一恩然说。2014年1月，由恩然、蔡宛润和王一鹤发起，来自南开大学、苏州大学、吉林大学和中国政法大学等高校的9名女大学毕业生，共同创办了一家农民专业合作社，还起了个具有东北农村气息的名字"刘老三"，还共同创立了"洮宝"品牌，意为"洮南的宝贝"。

洮南市地处蛟流河与洮儿河交汇处，表层多为栗钙土和沙壤土，渗透性好，土壤中含有丰富的矿物质，而且弱碱土质恰好最适合杂粮杂豆生长，当地有"中国绿豆之乡"的美誉。"可是，这么好的杂粮杂豆，知道的人却很少。"恩然说，卖货时经常被问洮南在哪儿，甚至很多吉林省内的人也说不太清楚。创业后，刘老三杂粮杂豆种植专业合作社的红小豆、绿豆、黑米、玉米糁、荞麦米、高粱米等20多个品种的中高端杂粮产品，通过电子商务平台和连锁商超的渠道销往了全国各地。目前，合作社有53位签约农户，自营和联营的土地共300多公顷。把家乡的杂粮杂豆推向全国，姑娘们创业时的初衷正在逐步实现。

2015年，"洮宝"团队还依托自己在电子商务方面的人才和技术运营、平台优势，免费培训了150多人学习基础网络和网店的实际操作。2016年春节前，"洮宝"团队还资助了当地7个乡镇的22名贫困学生，送去了生活用品。目前，"洮宝"团队正在筹备扩大村民电商的普及和培训，建立村级电子商务服务站。

（选自2016年3月21日《中国青年报》）

评析：37名女大学生充分利用自身优势，把家乡的特产"卖"出去，无疑是实现创业成功的"切入点"。其实，现在不管做什么生意都可以且有必要借助互联网。互联网是光速的，可以瞬间完成传统方式花费很多时间都难以完成的事情。当然，网络创业需要创业者具备一定的技术基础，熟悉网络基本操作，比如发送邮件、QQ聊天、营销软件、建立网站等。

总之，创业的模式有很多种：白手起家创业难度最大，可借鉴度一般；收购现有企业难度次之，可借鉴度一般；依附创业难度一般，可借鉴度较大；网络创业难度一般，可借鉴度一般。创业者要掌握每种创业模式的难度和可借鉴度，通过案例体会每种创业模式，包括许多具体模式的启发性和适用性，以便选择适合自身的创业模式和创业类型。

创业小助手

什么是"众创空间"

众创空间是顺应创新2.0时代用户创新、开放创新、协同创新、大众创新的趋势，把握互联网应用深入发展、创新2.0环境下创新创业的特点和需求，通过市场化机制、专业化服务和资本化途径构建的低成本、便利化、全要素、开放式的新型创业服务平台的统称。

Fab Lab及其触发的以创客为代表的创新2.0模式，基于从个人通讯到个人计算，再到个人制造的社会技术发展脉络，试图构建以用户为中心的、面向应用的融合从创意、设计到制造的用户创新、开放创新、大众创新、协同创新环境，推动了创新2.0时代众创空间的形成。创客浪潮以用户创新为核心理念，是创新2.0模式在设计制造领域的典型表现。而众创空间顺应创新2.0时代用户创新、大众创新、开放创新的趋势，把握互联网应用深入发展、创新2.0环境下创新创业的特点和需求，是与创新2.0环境下创新创业的形态相适应的创新创业孵化、众创活动支撑平台。

第四章　万事开头难　当好创业"舵手"

京东商城发展历程

京东（JD·com）是中国最大的自营式电商企业，2015年第一季度在中国自营式B2C电商市场的占有率为56.3%。目前，京东集团旗下设有京东商城、京东金融、拍拍网、京东智能、O2O及海外事业部，京东创始人刘强东担任京东集团CEO。

1998年6月18日，刘强东先生在中关村创业，成立京东公司。2001年6月，京东成为光磁产品领域最具影响力的代理商，销售量及影响力在行业内首屈一指。2004年1月，京东开辟电子商务领域创业实验田，京东多媒体网正式开通，启用新域名。2005年11月，京东多媒体网日订单处理量稳定突破500个。2006年1月，京东宣布进军上海，成立上海全资子公司。2006年6月，京东开创业内先河，全国第一家以产品为主体对象的专业博客系统——京东产品博客系统正式开放。同年，京东在由第三方电子支付公司网银在线与中国计算机报联合主办的"网银杯"2006超级网商评选活动中，荣获"最受欢迎的IT产品网商"称号。2007年5月，京东广州全资子公司成立，全力开拓华南市场。2007年6月，经过改版，京东多媒体网正式更名为京东商城，以全新的面貌屹立于国内B2C市场。2007年7月，京东建成北京、上海、广州三大物流体系，总物流面积超过50000平方米。2007年8月，京东赢得国际著名风险投资基金——今日资本的青睐，首批融资千万美金。2007年10月，京东在北京、上海、广州三地启用移动POS上门刷卡服务，开创了中国电子商务的先河。2014年5月22日，京东在纳斯达克挂牌，成为仅次于阿里巴巴、腾讯、百度的中国第四大互联网上市公司。2014年11月20日，在浙江乌镇出席首届世界互联网大会的中共中央政治局委员、国务院副总理马凯介绍，阿里巴巴、腾讯、百度、京东4家企业进入全球互联网公司十强。2015年11月12日，京东商城入选MSCI中国指数。

（选自《就业新思维》）

第三节 关注几种类型企业

> 创业都要学会思考,学会把视野放在更高更宏观的市场发展层面上,并从中寻找自己的创业方向,顺势而为。
>
> ——方风雷

创业指南

成功的创业者需要了解企业发展与成长的一般规律,能有效地改善创业活动的绩效,促进企业的持续发展。下面介绍几种类型企业经营的基本情况。

一、生产性项目

创业者若有符合市场需要并有一定的市场竞争力的实物产品,也不妨选择生产型项目,如制作服装、生产工具等。但生产性创业项目的实施比商业性项目要复杂得多,此类项目要求较大的资金、人力、物力投入,还对创业者的专业、管理等各方面能力有较高要求。但此项目若成功,一般收益都较大,发展也较快。

制造业是指将制造资源(物料、能源、设备、工具、资金、技术、信息和人力等)按照市场要求,通过制造过程,转化为可供人们使用和利用的大型工具、工业品与生活消费产品的行业。制造业直接体现了一个国家的生产力水平,是区别发展中国家和发达国家的重要标准之一,制造业在世界发达国家的国民经济中占有重要份额。

从制造业的发展历史来看,主要有两类制造业:一个是加工制造业,一个是装备制造业。大批量、标准化、生产线是加工制造业的最重要的特点。在工业化发展过程当中,加工制造业最基本的竞争方式就是成本价格的竞争。技术达到一定水平,质量达到一定标准,如果产品之间没有差异,价格竞争的最后结果就是没有利润。

制造业不仅包括采购和销售,还包括将价值较低的材料转换为价值较高的产品。所以,制造业的特色有下面两个:一是供货商的材料经由工厂装配或加工后流到顾客的手上;二是这些信息流动到所有相关的部门。时间是制造业流程上最重要、最宝贵的资源,将材料转变为成品的时间愈短,制造业所获得的利益就愈高。所以,对于信息系统而言,做到快速反应(Quick Response)和敏捷(Agility)是帮助制造业实现信息化成功的关键因素。

二、商业性项目

1. 零售业

零售业是指通过买卖形式,将工农业生产者生产的产品直接售给居民作为生活消费用,或售给社会集团供公共消费用的商品销售行业。零售业是一个国家最重要的行业之一,它的每一次变革和进步,都带来了人们生活质量的提高,甚至产生了一种新的生活方式。根据零售业态的组合不同,零售业可以分为百货商店、超级市场、便利商店、专业商店、折扣商店、仓储式商店、目录展示店等。

(1)百货商店是指综合各类商品品种的零售商店。其特点有:①商品种类齐全;②客流量大;③资金雄厚,人才齐全;④重视商誉和企业形象;⑤注重购物环境和商品陈列。

(2)专业商店是指专门经营某一类商品或某一类商品中的某一品牌的商店,突出"专"。其特点有:①品种齐全;②经营富有特色和个性;③专业性强。

(3)超级市场是以主、副食及家庭日用商品为主要经营范围,实行敞开式售货,顾客自我服务的零售商店。其特点有:①实行自我服务和一次性集中结算的售货方式;②薄利多销,商品周转快;③商品包装规格化,条码化,明码标价,并注有商品的质量和重量。

(4)便利商店是指接近居民生活区的小型商店。其特点有:①营业时间长,以经营方便品、应急品等周转快的商品为主,并提供优质服务,如饮料、食品、日用杂品、报刊杂志、快递服务等;②商品品种有限,价格较高,但因方便,仍受消费者欢迎。

(5)折扣商店是指以低价、薄利多销的方式销售商品的商店。其特点有:①设在租金便宜但交通繁忙的地段;②经营商品品种齐全,多为知名度高的品牌;③设施投入少,尽量降低费用;④实行自助式售货,提供服务很少。

(6)仓储商店是20世纪90年代后期才在我国出现的一种折扣商店。其特点有:①位于郊区低租金地区;②建筑物装修简单,货仓面积很大,一般不低于1万平方米;③以零售的方式运作批发,又称量贩商店;④通常采取会员制销售来锁定顾客。

零售活动不一定非在零售店铺中进行,也可以利用一些使顾客便利的设施及方式,如上门推销、邮购、自动售货机、网络销售等,无论商品以何种方式出售或在何地出售,都不会改变零售的性质。零售业的商业布局点多面广,且往往设于繁华地段或居民区内。零售的顾客不限于个别的消费者,非生产性购买的社会集团也可能是零售顾客,如公司购买办公用品,以供员工办公使用;某学校订购鲜花,以供其会议室或举办宴会使用。所以,零售活动提供者在寻求顾客时,不可忽视团体对象。

> **典案例**

即食成海参"新宠" 养生人群年轻化

随着海参养生功效被越来越多消费者认可,海参食用人群也逐渐呈现了年轻化的趋势。广州官品海参越秀店的负责人称,以前刚来广州的时候,多数买海参的顾客都是中老年人。而如今在前来店里买海参的人中,青壮年人群比重也逐渐增加,他们大多数是工作压力大,身体亚健康。传统淡干工艺海参固然是海参消费市场的主力,而现在越来越多年轻人了解接受海参进补,他们在需要海参滋补的同时不希望受到海参干货发泡条件限制,并且追求快速方便,这也为即食海参冲击传统海参市场打开了方便之门。如今,即食海参正凭借加工步骤简单和营养保留程度高的优势,冲击着传统海参消费市场。

评析:海参扩大到年轻人群,体现强烈的市场服务意识。对于营销来说,市场永远没有淡季。三流的营销没有机会,二流的营销等待机会,一流的营销创造机会。

2. 创意小店

青年学生思维活跃、追求时尚与新颖的东西,并且小店的经营相对简单,对创业者的经验、管理能力、营销能力等要求不高。因此,创业者可以结合自身的特长,开一些创意小店,如新式甜品店、幼儿绘画坊、爱情格子铺、个性家饰店等。此类项目的优点是投资小、风险小,缺点是收益不高。

3. 电子商务

当今的青年学生是伴随着网络成长起来的,他们可以利用自己的网络操作技能,进行网上创业,从事电子商务,如建立虚拟办公服务、通过网络进行团购等。这种创业项目的优势在于成本低,不受空间、时间限制;缺点是容易失去新意,成功几率较小。

三、服务性项目

1. 餐饮服务

餐饮业是一个历史悠久的行业,古今中外,餐饮业为客人提供饮食就餐服务的社会职能并没有改变。餐饮业是指利用餐饮设备、场所和餐饮原料,从事饮食烹饪加工,为社会生活服务的生产经营性服务行业。餐饮是旅游业中食、住、行、游、购、娱六大要素的重要组成部分,其发展规模和速度在一定程度上依赖于旅游发展的水平。一个国家、一个地区、一个城市的旅游业越发达,各种类型的客源越多,对餐饮产品的需求量就越大。同时,国民收入水平越高,人们的社会交往活动越频繁,当地居民和社会各界人士对餐饮产品的需求量也越大。因此,餐饮业的发展必须根据旅游业和国民收入的发展规模、水平和速度作好规划,搞好网点布局,坚持多类型、多层次、多结构,以适应旅游业和社会各界人士的需求。

一方水土养一方人，不同国家、不同地区、不同民族的地理、气候、生活环境和生活习惯不同，各地物产不同，食品原材料的种类也不同，就是同一民族的不同地区，在上述各方面的区别也往往很大，从而使餐饮产品形成各种不同风味，具有鲜明的民族性和地方性。比如，西餐有法式、俄式、英式、美式之分；中餐有川菜、鲁菜、粤菜、淮扬菜等不同风味（或菜系）。餐饮经营管理的关键在于突出风味特点，办出特色，坚持以产品质量和服务质量取胜。

案例

体验经济将主导餐饮服务转型

餐饮企业的竞争已经转向了产品质量、企业的口碑、特色经营和体验经济的价值最大化等方面，但产品质量无疑仍是第一位的。现在菜品上桌后提供的第一项功能已经不是吃了而是"拍照"，这实际上就是对产品第一次的感官检验，也可以说是第一层基础体验。当下的菜品质量随着互联网渠道的发展，无论从观感还是到味觉都在接受"裸体检验"，任何好与不好都会在互联网的作用下被放大无数倍。现在餐饮更加提倡小店面和大后台，而这种模式往往需要互联网、中央厨房和供应链的强力支撑，从而进一步促进了餐饮产业链的发展，所以小的店面会有很大的发展。比如沙县小吃在2015年有了55亿的收入，而背后是其组织结构的变化，它从夫妻店逐渐转向区域代理，同时它背后的管理团队和供应链团队也正在变得壮大。

评析：当下餐饮企业往往会针对某一个极为精准的特定人群推出特定的服务。这一人群细分方法可能是通过地域划分，可能是通过年龄划分，也可能是习惯划分，但创业者只要找到自己的定位就能成就一个品牌。而这里值得强调的是，小群体背后的餐饮市场同样具有大众化市场潜力，因为往往在一个群体内形成极致体验后，窄众品牌也能逐渐形成大众口碑。

2. 智力服务

智力服务项目需要创业者利用自己所学的知识为消费者提供智力服务，如家教培训、早教培训、电脑维修等。此类项目的优点是投资小、风险小，但其缺点却是收益小、发展缓慢。

3. 科技服务

创业者可以结合自己的专业知识与技能，将某些企业的科技难题作为科研课题，为企业提供科技服务，如开办科技服务公司，专为一些企业提供科技服务。该创业项目的优势是成本低，缺点是对创业者的知识与专业要求较高。

4. 家政服务

我国的家政市场十分庞大，正以快速持续的态势发展。当然家政服务也存在许多问题,如企业规模小、经营不规范、家政服务员整体文化素质偏低等。针对这些问题,创业者在选择这类创业项目时,必须进行一些创新与调整。

案例

下乡成趋势　销售五金蕴藏"财富"

最近两年产品下乡成为了热点,如农机下乡、家电下乡……而"下乡之路"无疑也给五金行业带来巨大商机,如"农机下乡"就带动了相关修剪机、油锯、割灌机、割草机、剪草机等五金配件的销售,它们都是现在好做的生意。据中国农业机械化协会介绍,2014年,我国农村地区与农机相关的五金配件的销售额达到了20亿元,比2013年同期增长了近40%。预计2015年相关五金配件销售额还会至少以30%的速度增加。目前,农村地区五金配件的最大采购方为农机、家电维修站以及五金小超市。

创业小助手

什么是"创客空间"

"创客空间"出自Make Magazine,英文是HackerSpace,所以直译过来是黑客空间。为了避免有歧义,国内普遍翻译为创客空间。它是一个实体(相对于线上虚拟)空间,在这里的人们有相同的兴趣,一般是在科学、技术、数码或电子艺术,人们在这里聚会,活动与合作。创客空间可以看作是开放交流的实验室、工作室或机械加工室,这里的人们有着不同的经验和技能,可以通过聚会来共享资料和知识,为了制作或创作他们想要的东西。

从发展趋势看,创客空间必将成为技术创新活动开展和交流的场所,也是技术积累的场所,也必将成为创意产生和实现以及交易的场所,从而成为创业集散地。

创客们以好玩为主要目的,恰恰是创客的意义所在。当创意及其实现有成为商业模式的可能的时候,创业就是一件顺理成章的事情。一旦有创业的想法,就要去思考商业模式,搭建创业团队。所以,凡是有创业想法的创客,就要做有心人,并且要坚持。

创业新视野

自媒体融资2000万,公众号如何赚钱

如同当年微博造就了冷笑话、时尚精选等大批草根营销大号一样,微信同样带火了一大批靠文字、信息为生的自媒体。借着微信公众平台的东风,它们在以惊人的自传播能力改变人们日常生活的同时,也越来越多地被传媒界和资本界关注。日前,餐饮垂直自媒体微信公号"餐饮老板内参"对外宣布完成2千万Pre-A轮融资。本轮融资由国内著名财经作

家吴晓波等联合成立的狮享家新媒体基金领投、另外几家机构跟投，此轮融资之后餐饮老板内参估值将过亿。

从2013年成立到获得天使融资，再到2015年7月份的2千万pre-A，秦朝把自己的创业成功归功于专注。"内容是我们最大的驱动力。中间很多人说可以搞个美容美发老板内参，快消品老板内参，我们也动过心，但餐饮已经足够大了，我们的用户量包括用户背后蕴藏的价值足够去研究，这个时候再去做别的内参只能是平均。只有持续不断的深耕，核心竞争力才会越来越强，门槛才会越来越高，这种累计起来的竞争力是别人短时间无法超越的，我们不是做没有门槛的草根大号靠简单粗暴的方式赚快钱。"秦朝说道。

餐饮老板内参这样估值过亿的微信公众账号是如何炼成的，许多人对此颇为好奇。餐饮老板内参投资方狮享家投资基金负责人崔璀在接受品途网采访时指出，所有的产品都是一样的，有一个idea，一个差不多的方向，能不能做好的关键因素是团队。另外餐饮老板内参对接B端，对餐饮企业的策划服务、品牌、咨询有深入的了解，这导致他们对产品和对客户群体非常了解。如果团队和模式这两点的60%以上是非常成型的，这件事成功的机率就非常大。

在商业模式上，餐饮老板内参是以媒体为中心，成为餐饮及其产业链高价值用户的入口，同时打造社交和服务平台。而餐饮老板内参将涉足的教育培训和互联网金融两大业务是此次获得1亿估值的关键因素。

微信公众平台的登录界面上有这样一句话："再小的个体，也有自己的品牌。"这句话道出了无数自媒体人的心声。

（选自"青年创业网"）

创业设计

1. 门店选址

将学生分为若干小组，每组6~8人，每个小组自定经营内容。以小组为单位开设门店，根据不同经营内容制定一份门店的选址方案。方案中应涉及以下内容：多个选址策略的比较分析过程；最终决策理由；选址结果。

（包括企业名称、选址地点、多个选址策略分析、决策理由等）

2. 同学们根据自己的创业企业模拟企业申办流程，包括填写工商户登记表、银行开户申请和税务申请。

3. 在四种创业模式中，你比较喜欢哪种创业模式？试分析四种创业模式的优势和劣势。

第五章 识别创业误区 防范创业风险

> 在我所投资的企业里边，
> 第一次就成功的人还是少数的，
> 多数的人都要持续相当长的时间，
> 有的还要退回去重新再做别的事，然后回来再创业。
> 所以创业之前想清楚，这是非常重要的。
> ——联想集团有限公司董事局名誉主席柳传志

创业固然是美好的梦想，但我们不能生活在梦想里，柳传志的忠告对青年创业者是一针清醒剂。年轻人在年龄、知识、阅历等方面受到一定的限制，因而创业更为艰辛，遇到的创业误区也更多。为了帮助青年学生更好地认识创业，本章将介绍创业的几个误区，并谈谈应对创业风险的方法。

第一节 创业常见误区

> 等待的方法有两种：一种是什么事也不做空等，一种是一边等一边把事业向前推动。
> ——［俄］屠格涅夫

创业指南

创业是一种创造性活动，充满了挑战、竞争与风险，创业道路上有荆棘，有坎坷，甚至有失败。因此，创业者有必要识别创业中的一些误区。

创业者不仅要以过人的胆识和智慧认识这些误区，还要以坚强的意志和勇气应对这些挑战。

第五章　识别创业误区　防范创业风险

误区一　毫无准备，仓促上阵

现实生活中很多人不是从自己的实际情况出发，而是看着创业成功者头顶上的巨大光环而走上创业之路的。他们的创业热情很高，创业冲动欲很强，看别人创业赚得盆满钵满，也想一试身手，但他们只是凭一时冲动，仓促上阵。

案例

从"大干一场"到黯然退场

中职生小赵，对自己准备开设洗衣店充满自信，他认为这个项目一定能给他带来不菲的收益。他通过关系，贷款购买了外国进口的洗染设备。他很看不起街头小洗衣店那种小本经营的模式，心想要干就大干一场，但是这种心态使他高估了自己的企业抵抗风险的能力。他一方面想扩大规模，将"摊子"铺得很大，另一方面又想快速收回成本，于是他将产品定价高出同行不少。

店面开业了，可是他的生意却异常冷淡，很少有顾客光顾，不说成本收不回，就连员工的工资都难以发出。小赵的店由此陷入困境，只好歇业来应付债务。

评析：这种初创业者，不顾自己的实力，不将主要力量用于提高产品服务和质量，而是凭一时冲动仓促上阵，其结果是可想而知的。

创业是一门技巧性很强的艺术。希望通过冲动求得成功，本质上就是一种投机行为，仓促上阵必将狼狈下马。一个优秀的创业者在创业前心里要装着整个项目，熟悉里面每一个构成元素，需要在市场、技术、资金、设备、服务等诸多资源上作精心准备，并且能够自由驾驭、统筹调配，均衡内部关系，使之达到一个最具战斗力的状态。如果创业者缺乏理智，对未来估计过于乐观，藐视风险，那么一旦危机出现，创业者就不知道如何应对。

误区二　缺少创新，盲目跟风

目前我国经济快速增长，创业者的发展空间、挣钱门路很多，但也造成同质化的企业众多，创业路径选择也多有雷同，竞争程度激烈。在这种情况下，创业者必须寻找和发现合适的竞争空间，寻求特色产品或服务，从而在市场的夹缝中求得生存。

案例

两个服装厂　结局大不同

小王和小李都是学服装设计专业的，毕业后两人各自开了一间小型的服装加工厂。小王有个亲戚在外贸公司，所以外贸订单需要什么他就做什么。但随着出口滞销，小王的加工订单日渐减少，企业运作很艰难。而小李则是一切靠自己打拼，运用自己所学到的技术，专门从事中老年服饰的设计。在一次T型台的服装秀中，小李从一款时尚服饰中得到启发，对老年服饰进行大胆设计与改进来满足中老年人的时尚要求，而且设计出的款式一直很少有人涉足。于是小李自筹资金10万元进行生产。不到1年，该款服饰风靡服装市场，获得了较为丰厚的收入。这时，出于同学之情，他主动邀请小王合伙，办起了一家小型的服装设计所，对此小王也感慨良多。

创业不同于出去打工，打工一般都能找到活干，自己也不费什么心思。创业就不同了，创业要靠自己的智力与能力，将资本、原料、技术、知识、管理等要素转变成创造性的生产活动。创业者必须分析市场，找到切入点，才能在竞争激烈的市场中分得一份属于自己的"蛋糕"。

误区三　瞻前顾后，畏缩不前

与激情式的创业不同，有些毕业生在创业时，总是觉得自信心不足，怀疑自己是否有驾驭项目与风险的能力，害怕赔钱，不敢投资，不敢聘用员工。在这种消极心态作用下，机遇与幸运也就与其擦肩而过。经验来自不断地摸索与积累，创业者必须接受市场竞争的挑战，因为只有竞争过才会知道自己与对手的差距。即使创业遇到"瓶颈"，创业者也要有能力调整计划及整体策略，适应环境的变化，这样才能持续立于不败之地。

案例

瞻前顾后无作为

小张毕业后，向父母和亲友筹得了一笔资金，决定自己创业。由于自己从来没有大笔地花过钱，他就选择一些不需要投入很多资金的小项目，认为即使不成功也不会赔到哪里去。他先后开过音像店、做过IT产品代销等等，最后都是由于他的瞻前顾后而没有多大作为，并且白白浪费了大好时光。

新东方教育集团创始人俞敏洪曾打过一个比方："创业是把一条家狗变成一只狼的过程。一旦开始，很难有回头路。"狼的生存比家狗要艰难得多，但它有野性，敢于挑战。创业者也是这样，要有一种在未知的道路上探索的精神，千万不要对你的能力产生怀疑。瞻前顾后、患得患失、当断不断是创业的大忌。自古以来，没有无准备而取得胜利的军队，却有敢于冒险而获胜的将军。如果条件成熟却犹豫不决，机会就会擦肩而过。大家都知道，苹果公司自从发售了iPod后，就开始生产智能手机和平板电脑，接着又推出了一款可穿戴技术产品Apple Watch。这家曾经只经营电脑业务的公司，现在已然成为消费电子行业的巨头。如果苹果公司当初畏缩不前，不适应变化，只是埋头生产电脑，结果会怎么样呢？

误区四　为了赚钱，不计后果

创业不仅是一种生活方式的选择，也是一种高尚的精神追求。但有些人的创业动机不纯，为了当老板赚钱，在经营行为中放弃底线，搞起市场"潜规则"：偷工减料，以次充好，假冒伪劣，偷税漏税，投机诈骗，走私贩私；欺行霸市，哄抬物价，短尺少秤，强买强卖。这些人名为创业，实为敛财，不但损害了国家，坑害了用户，也断送了自己的前程，最后都会受到舆论的谴责乃至法律的惩罚。

案例

从"创业明星"到阶下囚

李某是某县草莓加工产业的带头人。他受过大学教育，头脑灵活。前些年他创建了某食品公司，专门从事草莓深加工。草莓鲜果经他的公司加工成果品、果酱、果汁、果酒等系列产品，在市场上一路畅销，李某因此成了当地的"创业明星"。但好景不长，草莓产业陷入低谷，李某的产品滞销，企业遭遇寒冬。李某为缓解企业资金压力，只好去借高利贷，之后失去控制，欠下4000多万债务无力偿还，致使资金链断裂，从此陷入泥潭。东窗事发后，检方指控他犯非法吸收公众存款罪，法院一审判李某有期徒刑3年。

评析： 现在有少数企业为了快速融资，不惜以数据造假、用户造假、收入造假来应对，也许他们能在短期内达到目的，但这样的危害性是不言而喻的，已经成为了整个社会的毒瘤。

2016年年初，国家食品药品监督管理总局在组织开展打击食品违法添加执法行动中，发现35家餐饮服务单位经营的食品中含有罂粟碱、吗啡、可待因、那可丁、蒂巴因等对人体有害成分，存在涉嫌违法添加行为，遂立案调查。众多案例表明，创业必须遵规守法，如果触犯法律，就会受到法律的制裁。创业者是社会的建设者，要有社会良知和社会责任。社会主义市场经济是法治经济，创业者必须遵守国家的法律法规，坚决杜绝诡诈伎俩，不做有损国家和人民的事。

误区五　好高骛远，贪大求全

有些毕业生受教科书上世界知名大公司的运作模式的影响，不评估自己的资源和所处环境，不审视自己的能力和财力，一开始就按大公司的组织模式来建构，设置了很多中看不中用的部门，结果导致机构臃肿，反应迟钝，决策缓慢，执行力不强。殊不知，好高骛远、贪大求全也是创业之大忌。

案例

夭折的"大老板"梦

毕业生小田是读经济管理专业的，在校时学了一些企业管理理论，也熟知一些国外国内"×百强"的管理模式，加上他的叔父是某知名印刷公司的老总，小田自然耳濡目染了该公司的管理模式和企业文化。本来，叔父想让小田毕业后在自己公司历练几年，但小田执意要自己创业，实现做"大老板"的愿望，于是自己开了一家印刷厂。

创业伊始，小田就张罗着成立各个部门和科室，套用叔父公司的管理经验，按照大公司的模式来打造企业，建立现代企业制度，大做广告。结果还没投产，资金已所剩无几。本想叔父能拯救一把，恰逢国际金融危机爆发，叔父公司也是泥菩萨过江——自身难保，小田做"大老板"的愿望在无奈中夭折了。

评析：企业要发展，必须结合企业自身的条件和市场的环境，找到适合自己的发展道路。

青年创业，要从实际出发，尽可能从小项目做起，比如传统饮食业、零售业、小型加工业等。从小项目开始历练，将资金分批次、分阶段投入，将投资规模控制在适度的范围内，尽量避免一次性投入，以防万一环境变化，发生风险，这就是俗话说的"船小好掉头"的道理。做好小企业，为今后企业的做大做强奠定基础。

误区六　忽略团队，独断专行

媒体上经常有这样的报道：某某企业家，果敢勇猛、当机立断、雷厉风行。这本是优秀企业家应具备的素质，但给一些初创业者在认识上造成误区，认为创业就要当老板，要掌握企业话语权，要完全拥有整个公司的所有权和控制权。有人甚至走向极端，刚愎自用、唯我独尊，导致决策的独断和无制约。现在少数企业家集创业者、所有者、决策者和执行者于一身，董事会形同虚设，下级只能俯首贴耳。这种个人作风与权力的结合，如果没有监督和约束，当事者犯错误的几率肯定会大大增加。

第五章　识别创业误区　防范创业风险

民主决策　助力创业

蒋仁生是重庆一位著名企业家，他一手创办了智飞生物，并担任董事长、总经理和党委书记三个职务。有一次，记者问蒋仁生是怎样管理企业的，他回答道："我在公司主持全面工作，主管研发、财务、人力资源。我的管理风格是抓大放小、民主决策，重要的事情不能独断专行，要同团队其他成员商量，他们都是我的创业伙伴，也是最好的帮手，没有他们的大力支持，智飞生物也没有今天。"

评析：蒋仁生的管理是民主的，从而得到了团队的支持。

很多时候，我们个人并不具备创业的条件。组建一个合适的团队，网罗你所需要的人才，并且最大限度地发挥他们的聪明才智，这才是你创业成功的关键。"1+1＞2"是个富有哲理的不等式，它表明团队的力量并不是个人力量的累加。对一个问题的思考，1个人思考10次可能都还是沿着同一个思维模式进行，如果10个人思考这个问题，可能就有多种思维取向，也就可能规避不少意想不到的风险。

巨人集团总裁史玉柱在检讨失败时曾坦言："巨人的董事会是空的，决策是一个人说了算。因我一人的失误，给集团整体利益带来了巨大的损失，这也恰好说明，权力必须有制约。"每一位创业者都应该记住这句忠告！

创业小助手

墨菲定律

墨菲定律（Murphy's Law），又称莫非定律，是西方世界常用的俚语。墨菲定律主要内容是：事情如果有变坏的可能，不管这种可能性有多小，它总会发生。爱德华·墨菲是上世纪美军的一名工程师，他的这一定律，经过多年流传，其内涵被赋予无穷的创意，出现了众多的变体："如果坏事有可能发生，不管这种可能性多么小，它总会发生，并引起最大可能的损失"；"会出错的，终将会出错"；"东西越好，越不中用"，等等。简单地说，墨菲定律就是：当一件事好与坏的几率看似相同的时候，事情总会朝着糟糕的方向发生。

墨菲定律能够解释我们人类在某些时候体会到的无助感，但从另一方面看，我们可以把它看作有用的工具，即我们在做任何一件事时，都要尽可能地想得周到、全面一些，降低出错率，防止问题继续恶化。人难免犯错误，但我们要正确对待错误，不要害怕失败，在纠错中成长，从失败中找到成功的方法。

创业者如何面对失败

面对失败的可能，创业者要做的是不断适应市场，充分试错，出现问题时及时调整策略、积极转型，这样才能使企业能够走得更长远。正如百度CEO李彦宏所言，互联网创业者要做到三点：准备失败，勇于创新，专注如一。

在风起云涌的创业大潮中，一大批创业成功的案例激励着后来者，密集出台的政策利好鼓励着更多年轻人加入创业大军。但在创业的漫漫征途中，成功者毕竟只是少数，有调查显示，目前我国的创业成功率约5%至10%。如何面对创业可能出现的失败，是创业者首先需要认真思考的一道题目。

对于创业者而言，心态不成熟、管理经验欠缺、融资渠道单一、社会资源相对匮乏等问题都是制约因素。尤其是在互联网时代，看似处处是"风口"，实则处处有"陷阱"。有些项目即便克服了初始阶段的困难，取得了用户增长甚至获得了投资人青睐，也可能在发展过程中因后期用户留存率低、资金使用不当、利益分配不均等原因陷入停滞。来自产品、运营、管理、财务等多方面的挑战，成为创业者必须迈过去的坎。

不成功并不一定意味着彻底失败，有些创业者在一次创业失败后转入新的项目并取得成功。对创业者和团队而言，创业的阶段性失败并不可怕。"真格"天使投资基金创始人徐小平曾说，连续创业者是拿投资最多、被投资人争抢最多的一群人。创业失败的经历是对再创业的磨砺和积累，只要想重新出发，永远都有机会。2013年上线的手机应用"魔漫相机"创始人任晓倩两年前开发了一款植根于微博的漫画软件，上线后效果平平。通过对用户需求的重新定位，任晓倩在原有APP基础上开发出了"魔漫相机"，目前用户数已突破2亿人次。

即便失败也不是绝路，毕竟不是每个人都适合创业，经历过市场考验的创业者更懂得市场，可以成为职场上更优秀的员工。离开腾讯创业的手游《刀塔传奇》开发商莉莉丝游戏CEO王信文就说，创业者不能有"输不起"的心态，"就算失败了也没啥，太阳一样会每天升起"。每一个失败的创业项目，对创业者和后来者也有借鉴和指导意义。

创业有风险，在制度上减少创业者的后顾之忧显得尤为重要。近年来我国在创业风险补偿方面作了诸多探索，许多省、市设立了创业贷款风险补偿基金、创业投资风险补偿专项资金等，天使汇等天使投资公司也设立了创业保险，给暂时尚未成功的创业者以基本保障。随着我国创业机制的不断完善，相信会有更多创业者的潜能被激发出来，为大众创业、万众创新增添新的动能。

（选自2015年7月8日《经济日报》）

第二节 防范创业风险

> 回头看我的创业历程，是不断寻找、不断纠正的过程。
>
> ——吴锡桑

创业指南

创业是充满艰辛的历程，创业的每一个环节都有可能存在风险，一开始就取得成功的毕竟是少数，更多的是面临挫折和失败。没人愿意品尝失败的苦涩滋味，但这又是难以避免的。对创业者来说，经历失败的磨练更是一个非常重要的学习过程。只要你逐步提高自身素质，强化风险意识，就能够有效地规避创业风险，成功也就会随之而来。

一、提升创业者的内在素质

在创业过程中，人的素质是至关重要的。企业的成败和创业者的素质有密切的关系，成功的创业者应具备以下几方面的内在素质。

1. 坚强的意志和胆识

创业不是几句口号或吸引人的广告喊出来的，它需要一种百折不挠的韧劲。创业者既要有激情，更需要理性和意志。统计表明，70%的创业失败不是因为企业运作不下去，而是因为创业者没有坚持下去，缺少坚持到底的精神。成功的创业者总是敢于承担风险，不被困难击垮，并坚韧不拔地朝着既定的目标前进，最终化解风险。

2. 较强的管理能力

在激烈的市场竞争中，现代创业者已不能像以往那样依靠传统作坊的经营模式，而是要在符合社会规范和法律规范的前提下，依靠管理出效益。创业者要想追求利润最大化，不仅要靠产品、技术来追求效益，更要靠科学管理来提高效益。创业者只有掌握了现代管理的理念和方法，具备较强的管理能力，才能够整合人、财、物等各种资源，确保企业的可持续发展。

3. 较为全面的专业素质

毕业生都已经系统地学习过某一方面的专业知识，这是创业的一笔宝贵财富。你的创业项目最好能与你所学的专业相近，这样会少走弯路。除了必需的专业知识，创业者还应掌握相关的法律知识、财会知识、营销知识，等等。

4. 创新思维

从前有个小故事，说老和尚问小和尚："如果你前进一步是死，后退一步则亡，也不能站着不动，这时你该怎么办？"小和尚想了想，说："我往旁边去。"老和尚双手合十，口念"阿弥陀佛"。

小和尚智慧善巧，懂得路的旁边还有路。其实在创业路上何尝不是这样呢？天无绝人之路，创业者在遭遇进退两难的境况时，不要在一棵树上"吊死"，可以换个角度思考，另寻一条出路，也许就会豁然开朗。成功的创业者往往都具有突破常规、勇于创新的意识和能力，具有开阔的视野和长远的眼光，在企业遇到挫折、陷入困境时，能够脱离传统思维去解决棘手的问题，使企业起死回生，并选择新的思路和创业方向。

二、分析评估创业的外部环境

很多创业者在创业之初将全部精力和心血都放在了企业上，经过一段时间的发展后，渐渐发现"理想很丰满，现实很骨感"。例如：贩卖时兴水果、蔬菜，卖不出去，只能烂在自家筐里；进了一批服装，款式不对路或过了季节，只能"吐血"大甩卖；买了种鸡、种鸽、种猪、种兔来搞养殖，一场瘟疫或什么流感来袭……由此可见，创业中种种难以预测的风险无处不在。如何规避创业风险，如何从创业失败中吸取教训并继续前进呢？这就要求创业者除了提高自身素质和能力之外，还必须具备较强的市场洞察力和抗风险能力。

1. 调查人口结构与消费水平

针对消费者生活特性，从人口结构、家庭户数构成、收入水平、消费水平、购买行为以及交通出行方式等方面对消费者的消费行为进行定量和定性研究。例如，政府欲在某区域内规划建设高校，这将会加快人口增加的速度和人口结构变化，直接影响整个区域的消费行为，这对创业项目选择就会产生重大影响。

2. 慎重考虑区位因素

一般说来，繁华地段和交通便捷之处往往是经济、文化活动的中心，是商业集中之处，也是人员流动量较大的地方。对于人员流动究竟是以上下班人员为主，还是以购物、社交、娱乐的人员为主体，都是创业必须考虑的因素。如果你的企业是快餐店，自然以人员流动性较大的地段为宜；如果你的企业属于制造业，选址在繁华地段，投资成本就会大幅提高，不利于企业的发展。

3. 调查竞争对手

市场经济有竞争，有竞争就有竞争对手。创业者必须了解竞争对手的情况，分析竞争形势，最大限度掌握竞争对手的经营策略，正所谓"知己知彼，百战不殆"。例如：你想在某街巷开了一家面馆，就要调查同一位置开设的面馆有多少，与自己经营性质和特色大体相同的店面有几家，规模怎样，特色品种有哪些；还要了解同街巷其他餐饮店的经营范围、服务对象、特色品种。你只有全方位、多角度地了解直接和间接竞争对手的情况，做出正确抉择，才能避免盲目创业造成的失误。

在创业阶段，有很多的客观因素同样可能会导致创业失败，如市场变动、政策变化、竞争对手出现、创业资金缺乏等。毕业生创业开始多是小微企业，如一个店铺、一个小厂、一间工作室等，但即便是一个小摊位，它也需要投入相当大的人力、物力，凝聚着创业者的心血。所以，创业者一定要有风险防范意识，学会预测风险、规避风险、抑制风险、转移风险，避免踏入"误区"，即使陷入困境，也要有解脱之道，将风险降到最低。

三、防范创业风险的措施

防范创业风险，要注意以下几个方面：

1. 创业项目评估

在你对创业项目进行筛选时，要考虑主、客观因素，市场机会有多大，投资需要多少，原材料供应是否有保障，产品是否能顺利推销出去，投资回报率大致有多少，甚至要考虑退出机制与策略。一般说来，毕业生在选择创业项目时，要从"小"做起，选择一些投资小、与自己所学专业相近或相关的项目，因为这种创业成本低，自己也熟悉项目，从而容易控制风险，可以少交"学费"。

2. 防范融资风险

资金是企业的血液，创业者可以尽可能在政策范围内，享受政府的创业贷款。银行贷款是创业融资的重要渠道，但它门槛过高、利率上浮增加财务成本、审批时间过长等都是制约小微企业贷款的不利因素。在这种情况下，创业者可以尝试拓宽融资渠道，向民间金融机构融资。例如，有些地方专门建立面向小微企业的社区银行、村镇银行、科技银行、小额贷款公司等小型金融机构，前提是这些机构能真正阳光化操作，融资受国家法律保障。另外，抵押贷款、担保贷款等也可尝试，通过保险、联营、担保、契约等形式将风险横向转移，转嫁部分风险。需要警惕的是，有些人向民间借高利贷，其结果是饮鸩止渴，导致企业"猝死"。

3. 注重财务监控

创业初期,在开办费用、设备采购、装修规格等方面,创业者要合理地控制投资规模,不要过于铺张,要有充足的流动资金,防范企业资金链断裂的风险。即使企业形成一定规模,投资也要进行科学评估,切忌贪大求全。创业者要特别注重财务监控,应交由专业的会计师负责财务管理。大量的案例表明,许多初创企业在短期内就倒闭的直接原因就是财务管理不善,应收账款中的坏账太多,频频发生流动资金短缺等问题。

4. 加强成本控制

当今市场的利润空间比较狭小,竞争在很大程度上就是成本的竞争。要增强产品的竞争力、扩大市场占有率,降低成本就成为创业者必须思考的问题。降低成本的途径很多,如降低产品原材料成本、制造成本及日常开支,精简机构、裁撤冗员、选用精干的财务人员,盘活流通、减少库存,合理支出各种费用等。注意资金使用风险,不能将所有的资金都投入到一个项目中去,也不能为了一时的利益而大额举债,而要想办法分散投资。

创业与风险相伴,创业的过程就是不断防范风险、控制风险的过程。对可能出现的风险,创业者决不能消极躲避,更不能铤而走险走入更大的误区,而应采取积极态度,时时关注市场变化,对可能出现的市场风险、政策风险、产品风险、交易风险、经营风险、资金风险、技术风险等未雨绸缪,对每一个不确定因素可能带来的风险进行多层次、全方位的分析研究,拟定一套乃至几套应对方案。只有这样,当风险真的出现时,创业者才能应对自如、游刃有余。把各种可能出现的风险都锁定在可控的区间范围内,规避风险,绕过误区,成功也就会在不远处向你招手!

创业小助手

何为"蝴蝶效应"

20世纪70年代,美国一个名叫爱德华·罗伦兹(Edward N.Lorenz)的气象学家在解释空气系统理论时举了这样一个例子:一只南美洲亚马孙河流域热带雨林中的蝴蝶,偶尔扇动几下翅膀,可以在两周以后引起美国德克萨斯州的一场龙卷风。其原因就是蝴蝶扇动翅膀的运动,导致其身边的空气系统发生变化,并产生微弱的气流,而微弱的气流又会引起四周空气或其他系统产生相应的变化,由此引起一个连锁反应,最终导致其他系统的极大变化,这就是著名的"蝴蝶效应"。它所揭示的社会学意义就是:不起眼的一个小动作却能引起一连串的巨大反应。一个微小的负面现象,如果不加以及时地纠正、调节,可能会给社会带来非常大的危害，变为"龙卷风"或"风暴"；一个微小的创意，如果正确指引，经过一段时间的努力，将有可能产生巨大的正能量。

其实，"蝴蝶效应"在创业过程中也具有借鉴意义。在难以预测的市场环境中，如果一个小小的差错，或丧失了一个良好商机，那么久而久之，就会对企业形成很大的破坏力，甚至导致创业的失败。因此我们在创业过程中，要注重训练和提高自我洞察力，认真做好、做细每一件事，经过一点一滴的积累，才能立于不败之地。

创业新视野

创业，光有激情还不够

创业和钻研任何技艺一样是一份清苦的差事。在创业路上，只有那些认清了前方艰辛却依然奋勇向前的追梦人才更有可能成功。

"众创空间"受欢迎，折射出公众对创新创业的热情。近年来，移动智能技术的兴起，不断降低了创新门槛，使得创业变得不再那么遥不可及。在科技园区、咖啡厅，一批创业服务机构像雨后春笋般兴起。随着市场的开放、机制的完善和环境的优化，人们面临着可能比以往任何时候都多的选择和机遇。有人感慨，这是创业的黄金时代。

创业不仅能激发人的潜能，也有助于人们打破就业的惯常路径。越来越多的人尝试创业，年轻一代甚至把它当成一种生活方式，这些热情以及为之所作出的努力，应当赢得掌声。但我们也应看到，创业从来不是件容易的事，要想穿越风浪走到成功彼岸，光有激情还远远不够。

在一次青年科技人员创业座谈会上，一名与会者讲了这么一个故事：他有位朋友信誓旦旦地说只要给他50万元投资，他就能把手中技术转化为产品。但没多久，这位朋友在了解市场后沮丧地说，已经有企业在开发相关产品，自认为很"牛"的技术并没有预想的价值。这种事先连市场的基本情况都不了解的创业行动，想必成功的可能性不会很大。况且好技术不一定有市场，从技术、创意到产品再到赢得市场，中间通常有一段很长的路要走。

人们之所以选择创业，是希望闯出一片新天地，这对于充满活力、想象和拥有一技之长的青年人来说，尤其有吸引力。追寻一份属于自己的事业，不仅仅是为了获得相对丰厚的物质回报，更是挑战自己、求得自身价值实现。与选择一份工作不同，创业往往更不容易回头，因此创业者在投身创业之前不妨问自己几个基本问题：我的技术是否有优势？应用前景如何？我的创意能否打动人？细分市场在哪里？面对市场，能否承受竞争的压力？

面对失败，能否接受希望破灭的难过？面对生活，能否放弃常人享有的舒适？

创业有勇气固然可嘉，但那些认清了前方艰辛依然奋勇向前的追梦者才更有可能成功，也更值得敬佩。从这一点看，创业和钻研任何技艺一样是一份清苦的差事。或许只有那些怀抱更高志向的创业者，才能更好地认识创业的意义，取得更大的收获。

所幸的是，我们看到政府正组织力量对创业者开展培训指导，形式各样的众创空间也成为创业者积累经验的平台。新一代的创业者，除了拥有激情之外，更有务实的头脑和可行的规划。我们相信，乘着国家"大众创业、万众创新"的东风，未来改变世界的创业者会更多地出现在你我身边。

（选自2015年5月25日《人民日报》）

创业设计

一、阅读下面材料，思考后面的问题。

小林喜欢看书和买书，在了解了书店的经营套路和图书销售利润后，他决定开个书店。于是他在某大学附近租了一间50平米的门面，月租金1800元。办好营业执照后，书店正式开业。几天下来一盘点，利润还不够付房租。另外，丢书、图书破损现象屡有发生。为了拓展业务，小林开展优惠活动，办理学生会员卡。可是，营业额总是入不敷出。等到学校放暑假，书店更是门前冷落。小林经过权衡，不得不考虑关门。

你认为哪些因素导致小林的书店关门？如果小林要继续坚持下去，你有什么好的建议？

二、阿里巴巴集团主要创始人马云曾说过：一个公司在两种情况下最容易犯错误，第一是有太多钱时候，第二是面对太多的机会，一个CEO看到的不应该是机会，因为机会无处不在，一个CEO更应该看到灾难，并把灾难扼杀在摇篮里。

对马云的话，你是如何理解的？

第六章　任重而道远　创业永远在路上

所有的领袖，

不论多有魅力、多么高瞻远瞩，最后都会离去。

但是，一家高瞻远瞩公司却不见得会灰飞烟灭。

只要这家公司具有组织的力量，

年复一年，经过十代百代，

都能继续保持高瞻远瞩和活力，公司就不会衰败。

据统计，我国集团、公司平均寿命只有7~8年，中小企业的平均寿命更短，只有2.9年。每天约有1.2万家企业倒闭，每分钟有近10家企业关门。并非只在我国如此，据调查，排名《财富》杂志世界500强的企业从产生到衰亡，平均寿命也只有40~50年；美国大约有62%的企业寿命不超过5年，只有2%的企业寿命能达到50年。有统计资料表明，中国有近3700万家经济实体，但有不同程度病症的经济实体高达80%，约3000万家。当然，企业倒闭的原因是多种多样的，在现实生活中许多创业者迫于生存的压力，"只低头拉车、不抬头看路"，导致创业上的盲目性。创业者要在市场上找到立足点，使企业生存下来。企业生存下来后，又要思考怎样让企业健康发展，让企业基业长青。

第一节　开辟融资渠道

> 对于创业者来说，所需要担心的不在于怎么获得融资——融资太多其实并不是好事，而是怎么专注于做好自己的事。创业者不应该是融资专家，而要专注于做管理者。
>
> ——熊晓鸽

创业指南

如何尽快筹集到资金，成为决定创业成败的关键。一般来说，一个企业从初创到成熟稳定大概需要三轮投资：第一轮是企业成立阶段的启动资金，第二轮是初创阶段产品进入市场所需要的资金，第三轮是企业做大后进入成熟期所需要的资金。创业者应根据不同时期的资金需求及其特点，采取不同的融资手段，快捷、有效地筹措资金，以较低的融资成本和较小的融资风险，取得较多的营运资金。

融资渠道是指筹措资金来源的方向与通道，体现着资金的源泉和流量。认清融资渠道的种类和特点，有利于正确选择和充分开拓融资渠道。目前，我国企业的主要融资渠道有以下几种：

一、吸收直接投资

企业以协议等形式吸收国家、其他单位、民间或外资直接投入资金，并由此形成企业全部或部分资本金。这种融资方式是非股份有限公司筹措资本金的基本方式，融资规模可大可小。

二、发行企业股票

这是股份有限公司筹措资金的基本方式。同吸收直接投资相比，股份有限公司可将其所需筹措的自有资金划分为较小的计价单位，如1元、10元等面值的股票，符合上市条件的股票还可以在证券市场上流通转让，这就为不同投资者进行投资提供了方便。目前，成立股份有限公司并不是很难，只要符合股份有限公司登记成立的条件即可，但要运作股票上市还是有不小的难度，同时也需要较长的时间。

案例

新东方俞敏洪：上市没有那么美

在许多人眼里，上市之时，便是荣耀与财富之门开启之始。俞敏洪的新东方美国上市，作为中国首家教育概念股受到热捧，股价上涨强劲，个人财富也水涨船高。然而，他的工作与生活并不像人们想象得那么惬意，在公司内部期望和华尔街严格的资本体系推动下，他就像一颗高速运转的行星，在学校、投资者、股东之间穿梭。听完俞老师的"诉苦"，你就能感受到他的辛苦并不矫情。

"其实，把新东方做这么大，然后弄上市，对我个人生活来说，或许是一个错误的决策。但是，这又不是以个人意志为转移的。上市以后，我感觉压力陡增，实际上是把内部压力转化为外部压力了。以前内部人员拼命在问，新东方做得怎么样，新东方怎么做；现在变成外部投资者在问你做得怎么样，怎么做了。财富虽然扩张了，社会责任更是成倍地扩张了。我正在为履行这个社会责任而努力。

同时，我也感觉'做教育'和上市还是有一点冲突的。作为一家好的上市公司，你就要铁定做到收入增长多少，利润增长多少，以及人数要增长多少。但对于一个教育机构来说，它最大的可持续性发展的保证，应该在于它的教学质量，而并不在于它的学生每年增长了多少。

由此我就陷入这个矛盾：一方面要保持公司的可持续增长，另一方面要保证教学质量同步增长，这都是需要时间的。单是去年一年，新东方在教师培训管理上的投入就有上千万。原来我做事比较从容，上市前也从未算过新东方每年的增长率是多少，我会从容地把该花的钱都花掉。现在新东方虽然有钱了，但却不能'从容地花钱'了，有时候还要省下来变成利润。如果说新东方从最初的发展到做大的过程中还有我许多主动因素的话，上市从本质上来说是一直被推着走的……"

评析： 新东方上市有利有弊，这也和其他上市公司一样。优势有：一是可以筹集巨额资金促进企业发展；二是有利于建立现代企业制度，规范公司治理结构，提高企业管理水平；三是提高企业品牌价值和社会知名度，更容易获得订单、技术、人才和信贷；四是有利于建立和完善激励机制，上市公司股权对员工具有极大的吸引力；五是提高企业经营的安全性和抗风险能力。不足之处：一是增加一定的维护成本；二是增加管理层压力，股民对业绩和回报有一定的要求；三是对大股东的约束力有所增加，企业重大经营决策需要履行一定的程序，必须尊重小股东的权利；四是公司透明度提高，从大的方面看，提高透明度并非坏事，但有时主营业务、市场策略和财务等方面的信息披露会对竞争对手有利。上市有利有弊，但利远远大于弊，否则也不会有千千万万的企业把上市作为奋斗目标。

三、银行贷款

银行在金融体系中的核心地位，这就决定了银行贷款是创业融资的重要渠道。但是，目前的银行融资多倾向于实力雄厚的大中型企业，忽略了与新创企业之间的业务联系和交流，导致创业者想通过银行融资困难重重。对于银行来说，新创企业带有很大的不确定性，风险较大，资金的安全不能保证，收益也不确定，因而银行不愿意向创业者提供贷款。对于创业者来说，银行贷款的手续比较繁杂，效率低，不能满足创业者高融资效率的要求。

当然，目前银行业正处在一个改革时期，改革的一个主要方向就是资金向中小企业倾斜，向创新企业倾斜，改革创新金融产品，使之多样化。比如，很多银行都开发了"中小企业贷款""青年创业贷款"等金融产品，以满足创业者的资金需求。同时，银行的改革也是为了谋求自身的发展壮大，银企合作是一个双赢的局面。所以，从长远来看，银行贷款应是取得创业资金的一个重要途径。

商业银行贷款主要有两种，即信用贷款和抵押贷款。信用贷款是指依照借款人的信用状态发放的贷款，一般用于有良好信用记录的大企业。对于创业者来说，由于尚未建立信用记录，所以取得信用贷款比较困难。抵押贷款是以企业的资产作为担保而发放的贷款，在抵押期间，企业仍然有财产的使用权，但借款者如果不能按照要求和期限还款时，银行有权将抵押的资产拍卖，以弥补自己的损失。

对于新创业的企业来说，抵押贷款是取得银行信贷资金的一个有效途径。创业者应主动地与银行沟通，掌握融资信息，端正心态，积极争取，使银行贷款成为企业发展的重要手段。

案例

中投保担保贷款

上海一家高科技公司属于国内一流的艺术灯光景观建设专业企业,开发了数十项产品。在强大的科技研发能力支持下,该公司业务发展迅速,但是,在业务发展的同时却遇到了资金困难。工程类企业的行业特点是资金回笼速度慢,营运资金占用情况严重。由于该公司规模较小,又缺乏与银行合作的信用记录,因而获得银行融资困难重重。

2005年底,该企业得到中国投资担保有限责任公司(中投保)提供保证担保的80万元流动资金贷款,由此,该公司近两年取得了快速发展。2007年6—7月,该公司先后中标2008北京奥运场馆照明工程合同。

评析:目前像上海这家公司的融资状况比比皆是,一方面中小企业融资难,大量企业嗷嗷待哺;另一方面银行资金缺乏出路,四处出击,却不愿意贷给中小企业。究其原因主要在于,为中小企业发放贷款,风险难以防范。然而,随着国家政策和有关部门的大力扶植以及担保贷款数量的增加,中小企业担保贷款必将成为一条有效的融资之路,为创业者"安神补脑"。

四、民间借贷

民间借贷是一种古老的融资方式,长期以来一直存在于民间,是个人与个人之间、个人与企业之间的融资,所以也被称为"草根金融"。在经济比较发达、市场化程度较高的地区,民间借贷行为十分活跃,比如在江浙一带,"地下钱庄"就比较多,企业通过民间借贷获得经营资金的现象非常普遍。根据央行温州中心支行2011年上半年数据显示,温州民间借贷资金规模约为1100亿元。

民间借贷的主要特点是借贷手续简便,时效性强,适合创业者的临时性融资。特别是在央行收缩银根、资金紧缺的时候,民间借贷能够有效地缓解中小企业资金的压力,深入正规金融市场难以触及的角落,填补因后者不愿涉足、供给不足所形成的资金缺口。

2015年以来,温州民间借贷资金规模大幅增长,82.26%的民间借贷资金用于生产经营。表现在借贷关系上,个人借给企业的资金占46.98%,个人借给个人的资金占45.5%,这与温州个体工商户、小企业众多不无关系。从借贷期限来看,64.24%的借贷期限为6个月到12个月之间,民间借贷集中于半年以上的借贷期限,主要满足流动资金需要。但是,由于民间借贷没有正式纳入规范体系,借贷双方的法律意识较为淡薄,借贷行为没有相关的法律保障,仅凭信用借贷,所以很容易产生纠纷。同时,民间借贷容易滋生高利贷,极有可能发生资金链断裂的危险。

由此可见,民间借贷虽然便捷、高效,诱惑力很大,但危险性也大,可能存在高利贷"陷阱",所以创业者要格外慎重。

案例

借4万用2天利息2千块

2012年2月7日,在义乌做小生意的杨先生急需4万元资金周转三四天。当天,他从义乌一平面媒体广告上看到,有家叫"华仁投资"的公司有以下业务:个人、中小企业应急理财投资,资金对接,承兑贴现,资金出借,代拉存款,手续简便。于是,杨先生就按照上面提供的地址找到了义乌市城中北路的"华仁投资管理中心",并洽谈相关事宜。

杨先生说,当时该公司有关工作人员承诺月息2分起,因杨先生借款比较少,加上一辆小车作抵押,谈好了按月息4分计算。当天下午,杨先生的手机上收到一条短信:"赵某已成功向您的账号转入人民币38000元,请注意查收。"杨先生当时看不懂也想不通,就打电话询问该公司,公司说等杨先生还钱时再结算。2月9日上午,杨先生把4万元钱打入赵某账号,并赶到义乌询问:"当初不是说好是月息4分,怎么只有38000元打进来?"对方却称,两天2000元利息。"我觉得自己有种上当受骗的感觉。"杨先生一直重复着这句话。

评析:民间借贷看上去很高效,确实,杨先生在极短的时间内就能筹措到40000元资金,解决了燃眉之急,这对于正规的金融机构来说,是很难做到的。但是,这又是一个美丽的谎言,杨先生落入高利贷的陷阱,好在他借款不多,损失不大。创业者可要警惕哦!

五、融资租赁

融资租赁是通过向专门从事设备租赁业务的公司长期租赁所需要的机器设备,来维持生产或者扩大生产,然后以销售产品回笼的资金偿还租金,租赁期满后,用很少的钱取得该项设备的所有权,这种融资方式称为"融资租赁"。它筹集的不是现金,而是机器设备。

这种方式比较适合已经创立、进行产品生产的企业融资。相比较用银行贷款购买设备,融资租赁几乎不需要花一分钱就可以拿到机器设备,租赁后每年只需要支付很少的租金就可以了,企业可以将节省的资金用在其他方面,从而能够有效地缓解资金压力,加大企业的现金流量。

在财务上,融资租赁的设备虽然没有所有权,但有长期使用权,所以在会计报表上视为自有的固定资产,可以美化企业的财务报表,改善新创企业的资信状况。对于自有资金规模小、需要生产设备较多的新创企业来说,融资租凭是一种很不错的筹资方式。

案例

租来的食品加工机

小谢是涉农专业的中职毕业生,去年毕业后选择回乡创业,在家乡创办了一家食品加工厂。

他的食品加工厂和别人的不一样，实行"一条龙服务"，既生产食品，又为乡亲们代加工粮食，所以需要的机器设备比较多。小谢东拼西凑了十几万元资金开办了企业，但是有两台大型食品加工机还没有着落，银行信用社又不愿意贷款，怎么办？

小谢回到学校找老师帮助，老师告诉他可以采用融资租赁的方式取得机器，不需要花很多现钱。老师的同学正好在农用设备租赁公司工作，就带小谢租了两台食品加工机，公司技术员还上门负责安装了机器，小谢的食品加工厂如期开业了。

评析：小谢创业成功了，他得感谢老师。但是，实际上在学校创业课程里，融资租赁的知识小谢应该了解呀，为何想不到这种方法呢？可能是平时没有学好，真是书到用时方恨少啊。

六、风险投资

风险投资是一种不注重投资对象目前的盈亏状况，而是期望投资成功后，通过所有者权益的变现获得较高收益的投资方式，其资金主要投向面临较大风险的高新技术领域的新创企业，即以中小企业为其主要投资对象。

风险投资起源于美国，在20世纪六七十年代后，一些愿意以高风险换取高回报的投资人发明了这种投资方式，与以往抵押贷款有本质上的不同。风险投资不需要抵押，也不需要偿还。如果投资成功，投资人将获得几倍、几十倍甚至上百倍的回报；如果失败，投进去的钱就算打水漂了。对创业者来讲，使用风险投资创业的最大好处在于即使失败，也不会背上债务，这样就使得年轻人创业成为可能。

案例

创业者的"维生素C"

重庆江北通用机械厂从1995年开始研制生产大型氟里昂机组新产品，其具有兼容功能，并可以用其他冷冻液进行替代。由于银行对新产品一般不予贷款，重庆江北通用机械厂难以通过银行贷款筹措资金开发新产品。重庆风险投资公司了解情况后，向其提供了100万元贷款。两年后，江北通用机械厂新产品销售额达7000万元。

评析：在英语中，风险投资的简称是VC，与维生素C的简称VC如出一辙，而从作用上来看，两者也有相同之处，都能提供必需的"营养"。

七、政策融资

政策性融资也是创业者可以利用的有力工具，通俗地说，就是"找政府要钱"。近年来，从中央到地方，各级政府充分认识到中小企业的重要性，尤其是地方政府，为了优化产业结构，促进高新技术成果化，支持高新技术的发展，提供了大量的政策性支持资金，一般包括财政补贴、贴息贷款、优惠贷款、政府基金以及一些专项资金对创业者提供支持。

第六章 任重而道远 创业永远在路上

小额借款圆了创业梦

"我们四个姐妹,每人获得5万元的小额借款,合作开了家超市。小额借款圆了我们的创业梦。"近日,涉县困难女职工王娟说。小额借款创业扶持项目是省总工会精准帮扶工作的一项创新性举措。河北省涉县作为试点县,在全省率先实施。目前,王娟四姐妹的超市开得红红火火,日营业额在1万元以上。

该县困难职工李广军就属于技术创业型。他就职于涉县一家企业,妻子没有工作,儿子年幼,父母亲都是农民,父亲还是残疾人。2014年,李广军的父亲因病住院治疗花费9万多元。高额的医疗费让全家人生活陷入困境。不过,李广军会木工手艺,业余时间经常帮别人做橱柜,但自己创业苦于没有启动资金。涉县总工会了解到他的情况后,主动上门提供资金帮扶。"一开始怕赔了,我不敢借这5万元,而且也没有人担保。但是工会的干部给我担保,并鼓励我放手干。"李广军激动地说,"工会是真心帮我们创业啊!"涉县工会不仅给予李广军资金帮扶,还协助他开展市场行情调查、门市位置选择等前期工作,圆了他多年的创业梦想。目前,李广军的门市订单不断,月均收入逾4000元。

涉县创业项目涉及建材、百货、厨卫、餐饮、种植、养殖、手工等多个行业。该县困难职工赵秋良说:"小额借款创业,让我们靠双手创造财富,点燃了我们生活的希望。"

(选自2015年12月13日《河北日报》)

评析:在我国,能够争取到政府资金的支持,是再好不过的事情了。像四姐妹、李广军这样的困难职工,通过小额借款走上致富路的故事,对于草根创业或者同学们创业都有启发:自己要主动一些,不能坐在家里等着政府工作人员上门。

由于政策的支持和保护,政策性融资的价格和规模比其他融资渠道有更大的优越性,创业者应当认真研究政府的有关产业政策和扶持政策,主动与政府有关主管部门人员接触沟通,使他们对企业的基本情况有深入的了解。同时,创业者要做好申请前的准备工作,认真分析企业的财务状况和发展潜力,充分说明企业的内在价值,努力争取政策性支持资金。

创业小助手

什么是赢利模式?

有一个故事可以给大家启发:一只猴子在四处寻找食物,他从一个岩石的间隙中看到在岩石那边有一棵结满果子的果树,于是拼命想从岩石狭小的间隙中钻过去。如果对于猴子来说,岩石那边的果实是它渴求的利润,猴子会怎么做呢?它选择意志坚定地一直使劲钻,身体都被岩石磨破了好多处。因为劳累和饥饿,猴子瘦了。就这样在第3天,它竟然很轻松地钻了过去,并美美地吃上了果子。等树上的果子全部吃完后,猴子准备继续寻找食物,这时他才发现,因为太饱了,它又钻不出来了。这只可怜的猴子因为没有找到赢利模式,结局一定是很悲惨的,因为当它终于饥饿、疲惫地从岩石的间隙中钻出来后,它甚至已经无力再去寻找新的食物了。其实它可以选择这样的赢利模式,在自己辛苦钻过去后,把果子先搬到岩石的那一边,然后再钻出来,边吃边寻找下一棵果树,他也可以叫一个小一点的猴子钻过间隙,把果子运出来一起分享。显然寻找到赢利模式,结果就会天壤之别。企业赢利模式或商业模式就像人体的血管。血管有毛病,血液通行就不可能顺畅,一个人就不可能活得健康、舒适。企业也一样,没有一个合理的赢利模式或商业模式,不管你这个企业名气有多大,多么能折腾,你所能做的,也只是苟延残喘。因此,赢利模式就是企业赚钱的方法,如饮料公司通过卖饮料来赚钱,快递公司通过送快递来赚钱,超市通过平台或仓储来赚钱等。企业只要找到赢利点,就能摆脱不死不活的局面。

(选自《八种创业赢利模式》)

创业新视野

和"风投"谈一个恋爱

细心的人可能会发现,从不久前开始,在Google中国本地生活服务搜索的页面上,所有餐饮的搜索结果都指向了一个叫做大众点评的网站。就在去年,这家一向低调的网站拿到了美国最大的风险投资机构之一"红杉资本"(Sequoia Capital)上千万美元的投资,而红杉正是Google成名前的伯乐。被这样的风险投资商相中,是当今无数创业者们梦寐以求的机遇。

不论是投资者还是风险投资商(VC),在听他们谈投资过程时,最多的一个形容就是"像谈恋爱"。的确,每天面对成百上千份计划书,风险投资商不可能把时间过多地浪费在某一个项目上而错失其他机会。一般情况下,他们在前两三次接触中就能确定投资意向,而接下来漫长的时间只是推敲"谈婚论嫁"中涉及的细节问题。

1. 要有个好点子。见投资人时,最大的挑战在于要在很短、有限的时间内把事情说清楚——你要做什么?为什么你能做,别人做不了?只有投资人被吸引了,以后才有继续交往的前提。张涛觉得《查氏餐馆调查》的方式更适合菜系繁多、口味千变万化的中国国情。他又借鉴了亚马逊网站上集纳网友书评的方式,加上互联网的互动特点,大众点评网就这样诞生了。它为餐饮消费者提供了发表意见、分享信息的平台,在这里消费者不再是被动地浏览网站和接受推荐,在这一典型的Web2.0应用中,用户既是信息的享用者又是提供者,可以更广泛地参与其中。

2. 盈利是硬指标。既然是生意，就一定要赚钱。再好的点子，再美妙的描述，如果想要走进"婚姻殿堂"，最终都躲不开投资商的一个实际问题："你的盈利模式是什么？"打开大众点评网站，你会发现这里出奇地"干净"，纷繁的广告一个也没有。张涛说：为了保证用户体验，他们到目前为止都没有铺天盖地在网站上做广告。传统互联网盈利模式中的那些条幅广告和弹出广告等，以后也不会考虑。舍了这个聚宝盆，靠什么赚钱呢？"我也许是中国第一个做Web2.0商业网站的人"。在谈到商业模式时，张涛反倒信心十足。在盈利模式中，大众点评最主要的收入来源是和线下商户合作，推广电子优惠券、会员卡，从中拿到返利，以及本地搜索的竞价排名收入。此外，还有内容的增值，如书籍出版、短信查询、WAP查询、车载地图，以及刚刚和Google达成的这种合作。

3. 内容为主，技术为辅。以往很多人误以为风险投资者都是狂热的技术崇拜者，其实，对于这群"创业者背后的投资者"来说，不论你是内容好还是技术强，主要是这东西能赚钱他们就会投钱。IDG合伙人李建光曾表示，目前在中国能达到国际领先的技术性投资机会太少了。因此，在与投资人谈话时，单纯突出技术的独到很难打动投资者。沈南鹏带领的红杉中国，就已经连续把资金注入到农业、动漫、福彩等IT以外的行业。

4. 互相选择的过程。不管开始多么顺利，当两个恋爱的人进入了婚姻阶段，总避免不了磕磕碰碰。风险投资商和企业管理者之间也是一样，这就让双方在最初选择时都更加谨慎。一般情况下，人们都会认为出钱的一方占有绝对的话语权，谈论的时候也总会说风险投资商如何挑选投资对象，创业公司如何吸引投资商青睐等。但是一个理性的公司，在面对"金龟婿"的时候，为了"婚后生活"的和谐，还会有自己谨慎的判断。

对于创业者，如果不分时间、不考虑节奏地"见钱就拿"，往往会迅速丧失自己话语权。大众点评目前所有风险投资所占份额远低于其创业团队，张涛认为，这样可以确保创业团队有足够的决定权，有利于公司未来的发展。"创业者和资本之间永远存在冲突"，IDG李建光说，"但真正的风险投资人认为创业者是第一位的，资本是次要的；同时，创业者也应尊重资本的作用和重要性"。

对于风险投资商来说，好的创业者甚至比好的商业模式更"值钱"，因为商业模式还可以有不断调整的可能，而"人"却不是量化的东西可以衡量的。

（选自2014年12月15日"阿里云"）

第二节　熟悉市场营销

> 我觉得真的是不缺钱，想法也满天都是。中国缺的是有一个想法，并且能够持之以恒把这个想法不断坚持做下去的人。
>
> ——马云

创业指南

市场营销是联结企业和市场的桥梁。只有通过营销活动，创业者生产的产品才能正式走向市场，实现销售，取得收入，通过回笼资金实现资本的循环和周转，企业才能不断发展和壮大。

一、什么是市场营销

市场营销是指在以顾客需求为中心的思想指导下，企业所进行的有关产品生产、流通和售后服务等与市场有关的一系列经营活动。满足和引导消费者的需求是市场营销活动的出发点和中心。企业必须以消费者为中心，面对不断变化的环境，作出正确的反应，以适应消费者不断变化的需求。满足消费者的需求不仅包括现在的需求，还包括未来潜在的需求。现在消费者的需求表现为对已有产品的购买倾向，潜在需求则表现为对尚未问世产品的某种功能的愿望。企业应通过开发产品并运用各种营销手段，刺激和引导消费者产生新的需求。

案例

打1折

日本东京有个银座绅士西装店。这里就是首创"打1折"销售的商店，曾经轰动了东京，当时销售的商品是"日本GOOD"。具体的操作是这样的：先定出打折销售的时间，第一天打9折，第二天打8折，第三天第四天打7折，第五天第六天打6折，第七天第八天打5折，第九天第十天打4折，第十一天第十二天打3折，第十三天第十四天打2折，最后两天打1折。商家的预测是：由于是让人吃惊的销售策略，所以，前期的舆论宣传效果会很好。抱着猎奇的心态，顾客们将蜂拥而至。当然，顾客可以在打折销售期间随意选定购物的日子，如果你想要以最便宜的价钱购物，那么你在最后的那两天去买就行了，但是，你想买的东西不一定会留到最后那两天。实际情况是：第一天前来的客人并不多，如果前来也只是看看，一会儿就走了。从第三天开始客人就一群接一群地光临，第五天打6折时客人就像洪水般涌来开始抢购，以后就连日客人爆满，当然等不到打1折，商品就全部卖完了。

评析：商家打折大拍卖是常有的事，人们决不会大惊小怪。但有人能从中创意出"打1折"的营销策略，实在是高明的"枯木抽新芽"的创意。顾客纷纷急于购买到自己喜爱的商品，就会引起抢购的连锁反应。商家运用独特的创意，把自己的商品在打5、6折时就已经全部推销出去。"打1折"的只是一种心理战术而已，商家怎么会亏本呢？

现代市场营销观念认为市场是企业生产和销售的出发点，企业的一切活动都是围绕着市场展开的。市场是指对某项商品或服务具有需求的所有现实或潜在购买者。市场有三个基本要素：人口、购买力和购买欲望。人口是市场最重要的要素，人品的数量、偏好、收入等都影响需求，从而对企业的生产有指导作用，比如中国13亿人的市场对任何国家都有巨大的吸引力。购买力是指人们对商品或服务的货币支付能力，一般受收入影响，是市场的决定因素，但是，有购买力而没有购买欲望，市场仍不能形成。购买欲望是指购买的愿望和要求，是购买活动的最终动力。

二、市场营销的十大理念

市场营销目标应包括：量的目标，如销售量、利润额、市场占有率等；质的目标，如提高企业形象、知名度、获得顾客等；其他目标，如市场开拓，新产品的开发、销售，现有产品的促销等。在市场营销策略的制定过程中，首先要确定的就是市场营销目标。

市场营销理念是指企业进行决策、组织管理市场营销活动的基本指导思想，主要有以下十个方面：

1. 知识营销

知识营销是向大众传播新的科学技术以及它们对人们生活的影响，通过科普宣传，让消费者不仅知其然，而且知其所以然，重新建立新的产品概念，进而使消费者萌发对新产品的需要，达到拓宽市场的目的。

案 例

"农夫山泉有点甜"

2000年前后，我国水市场竞争格局基本上已经成为定势。以娃哈哈、乐百氏为主导的全国性品牌基本上已经实现了对中国市场的瓜分与蚕食。农夫山泉的出现改变了中国水市的竞争格局，成为了中国市场强劲的后起之秀品牌，并且随着市场竞争加剧，农夫山泉在一定意义上逐渐取代了乐百氏成为中国市场第二大品牌，从而创造了弱势资源品牌打败强势资源品牌的著名案例。在具体的操作过程中，首先，农夫山泉买断了千岛湖水50年的开采权，在这期间，任何一家水企业不可以使用千岛湖水进行水产品开发。同时，农夫山泉在瓶盖上创新，利用独特的开瓶声来塑造差异，打出"甜"的概念，使得"农夫山泉有点甜"成为了差异化的卖点。其次，为了获得进一步发展和清理行业门户，农夫山泉宣称将不再生产纯净水，只生产更加健康、更加营养的农夫山泉天然水，并且做了"水仙花对比"实验，分别将三株水仙花放在纯净水、天然水、污染水之中，经过一段时间发现，放在纯净水与污染水中的水仙花生长速度明显不如放在天然水中的生长速度。由此，农夫山泉得出一个结论，天然水才是营养水。

评析： 农夫山泉"天然水比纯净水健康"的观点通过学者、孩子之口不断传播，因而赢得了品牌影响力。农夫山泉的成功，在于其策划与造势，一方面对卖点不断提炼，从瓶盖的开盖声音到"有点甜"，从"有点甜"到如今对PH值弱酸弱碱性检测结果的宣传；另一方面是善于炒作，通过对比形成差异，进而提升品牌竞争力。

2. 网络营销

网络营销就是利用网络进行营销活动。当今世界信息发达，信息网络技术被广泛运用于生产经营的各个领域，尤其是营销环节，形成网络营销。

3. 绿色营销

绿色营销是指企业在整个营销过程中充分体现环保意识和社会意识，向消费者提供科学的、无污染的和符合良好社会道德准则的商品和服务，并采用无污染或少污染的生产和销售方式，引导并满足消费者有利于环境保护及身心健康的需求。

案 例

洽洽瓜子的成功"密码"

洽洽瓜子，将小小的瓜子从安徽卖向全球，并且卖出十几亿。洽洽的出现推翻了行业的游戏规则，对行业进行了整合，由炒改为煮，不仅拓宽了市场，而且改变了消费行为，使瓜子演变成了休闲食品，而且不会上火。"洽洽瓜子是煮出来的"，差异化的定位不仅锁定了消费者，而且形成了独特的卖点。当然，洽洽瓜子在营销过程中还主打文化牌，利用集卡等手段培养客户忠诚度。

评析： 洽洽在突破传统炒货工艺之后，又加以传统秘制配方，将葵花子与多种有益于人体健康的中草药，通过特殊调配后，经"煮"这一特别的工艺创制了百吃不厌的"洽洽瓜子"。同时，洽洽推出了颇有艺术情调的纸袋包装，从而成为国内首家采用纸袋包装的炒货企业。由于其纸袋包装的设计带有浓郁的传统文化气息，中式竖形信封的设计、民俗色彩强烈的手写体文字，再配上一段"洽洽"诞生的传奇故事，整个产品体现出简洁、醒目、典雅的文化风格，与休闲食品的特性完美融合。同时，纸包装也契合了时尚和环保的要求，将现代流行新趋势与传统文化进行完美的结合，从而紧紧地抓住了消费者的眼球。

4. 个性化营销

个性化营销就是企业把对人的关注、人的个性释放及人的个性需求的满足推到空前中心的地位。企业与市场逐步建立一种新型关系，建立消费者个人数据库和信息档案，与消费者建立更为个性化的联系，及时地了解市场动向和顾客需求，向顾客提供一种个性化的销售和服务。顾客根据自己需求提出商品性能要求，企业尽可能按顾客要求进行生产，迎合消费者的个别需求和品味，并应用信息，采用灵活战略适时地加以调整，以生产者与消费者之间的协调合作来提高竞争力，以多品种、中小批量混合生产取代过去的大批量生产。

5. 创新营销

创新是企业成功的关键。企业经营的最佳策略就是抢在别人之前淘汰自己的产品，这是把创新理论运用到市场营销中的新做法，包括营销观念的创新、营销产品的创新、营销组织的创新和营销技术的创新。要做到这一点，市场营销人员就必须随时保持思维模式的弹性，让自己成为"新思维的开创者"。

案例

"怕上火，喝王老吉"

凉茶是广东、广西地区的一种由中草药熬制、具有清热去湿等功效的"药茶"。在众多老字号凉茶中，又以王老吉最为著名。王老吉凉茶发明于清道光年间（1828年），至今已有188年，被公认为凉茶始祖，有"药茶王"之称。如今，王老吉凉茶已随着华人的足迹遍及世界各地，原因有：一是改变了观念，把"凉茶"当作"饮料"卖，广告语"怕上火，喝王老吉"成为了时尚；二是借助于影响力大的媒体——央视进行传播，提升了品牌影响力和形象。当然，加上其红色的包装、终端、渠道设计，王老吉获得了快速发展。

评析： 王老吉敢于创新营销：首先，观念上新，提炼了核心"不上火"的卖点；其次，传播借助央视这个最大的平台；最后，包装新颖，获得了足够的视觉冲击力和吸引力。

6. 整合营销

整合营销是欧美20世纪90年代以消费者为导向的营销思想在传播领域的具体体现，倡导者是美国的舒尔兹教授。这种理论是制造商和经销商在营销思想上的整合，两者共同面向市场，协调使用各种不同的传播手段，发挥不同传播工具的优势，联合向消费者开展营销活动，寻找调动消费者购买积极性的因素，以达到刺激消费者购买的目的。

7. 消费联盟

消费联盟是以消费者加盟和企业结盟为基础，以回报消费者利益的一种新型营销方式。

8. 连锁经营渠道

连锁经营渠道是一种纵向发展的垂直营销系统，是由生产者、批发商和零售商组成的统一联合体，它把现代化工业大生产的原理应用于商业经营，实现了大量生产和大量销售相结合，对传统营销渠道是一种挑战。

9. 大市场营销

大市场营销是对传统市场营销组合战略的不断发展。该理论由美国营销学家菲利浦·科特勒提出，他指出，企业为了进入特定的市场，并在那里从事业务经营，在策略上应协调地运用经济的、心理的、政治的、公共关系等手段，以博得外国或地方各方面的合作与支持，从而达到预期的目的。

10. 综合市场营销

综合市场营销是一种市场营销沟通计划观念，即在计划中对不同的沟通形式，如一般性广告、直接反应广告、销售促进、公共关系等的战略地位作出估计，并通过对分散的信息加以综合，将以上形式结合起来，从而达到明确的、一致的及最大程度的沟通。这种沟通方式可以带来更多的信息及更好的销售效果，它能提高公司在适当的时间、地点把适当的信息提供给适当的顾客的能力。

三、目标营销

企业的营销活动归根到底是围绕着企业所要面对的目标市场。在激烈的市场竞争中，新创企业要生存下去，并且能够持续发展，关键是要寻找最为合适的目标市场，这就涉及市场定位问题。所谓目标营销，是指企业在市场细分基础上，通过评估分析，选定一个或若干个消费群体作为目标市场，并相应地制定营销策略的过程。目标营销一般要经过三个步骤，即市场细分，目标选择和市场定位。

1. 市场细分

市场细分是指企业打算进入的目标市场，按照消费者的一定特性，分割成许多更小、不同类型消费者的购买群体。比如老年顾客市场、儿童市场、化妆品市场、农村市场等等。市场细分的目的是为了进一步明确企业的服务对象，以便制定最佳的营销计划，有针对性地进行营销推广。

市场细分要解决的问题是如何区分消费者。除非是完全创新的产品，否则不管是老企业还是新企业，其产品进入的都是"老市场"，而"老市场"已经存在一定数量的企业和消费者，所以即使是老牌的巨头企业也无法在整个市场上竞争，比如美国计算机巨头IBM公司就已经将个人电脑业务让给了中国的联想电脑（联想收购IBM个人电脑业务）。新创企业如果要针对所有消费者，不仅会力不从心，而且会受到老企业的攻击，风险变大，成功的可能性变小。所以，新创企业必须进行市场细分。

市场细分可根据消费者的不同特点，从不同的角度划分。比如按照地理因素划分，可分为城市、农村、寒带、热带、南方、北方等；按消费者构成情况划分，可分为个人、集团，男、女、儿童、老年、青年等；按消费者购买划分，可分为高、中、低档，国内品牌和国外品牌、一般消费品和奢侈品等。

2. 目标选择

新创企业在对市场细分后就要选择所要服务的目标市场。目标市场就是企业选择要进入的市场，新创企业的资源和能力都有限，不可能满足所有消费者的需求，因此要谨慎地选择目标市场。通常，选择目标市场必须考虑五个因素：

一是细分市场吸引力。一般来说，新创企业应当选择具有一定规模和成长空间的市场，因为在快速成长的空间里，各企业都忙于占领空白市场，相互之间的竞争不会特别激烈，如果市场规模狭小或者趋于萎缩，企业进入后难以发展则不适宜选择。例如绿色环保食品的市场空间广阔，需求旺盛，其中的市场空白点较多，新创企业可以深入研究一番。

二是新创企业的目标和资源。新创企业必须考虑进入细分市场与自己的目标和资源是否一致。一般来说，企业不会以全部细分市场作为自己的目标市场，因为细分市场的规模很大，一个企业难以有效地满足其需求。企业的任务就是要在自己能力和资源的范围内，选择一个具有吸引力且与自己的目标相一致的市场。例如，目前房地产行业利润空间很大，很多企业都将自己的很大一部分资源投资房地产，但对于新创企业来说，自己的能力和资源有限，涉足房地产显然是不适当的。

三是革命性降低成本。如果企业的成本下降20%，那是优化流程、提升效率的结果。而在商业模式层面谈的成本降低不是20%的下降，而是彻底去除成本或者是将成本降低到只剩20%，同时客户满意度并不下降，这样才是革命性的。例如：85度C公司带来"咖啡可以打包带走"的概念，革命性地降低了咖啡厅昂贵的店面装修成本；如家酒店没有豪华的大堂，没有昂贵的娱乐会议设施，但房间的档次不降低，成立4年即成功登陆纳斯达克；ITAT由于"双零模式"成本革命性降低，获得蓝山中国5000万美元的风险投资，这是她的成功之处，虽然由于运营的问题最终倒闭，但是也值得我们企业家深刻反思。

四是自我可复制性。如何成功地复制自己，突破自身成长的瓶颈，比如人才，资金。当然遇到瓶颈是企业成长的必经之路，突破瓶颈就自然而然地实现了企业的成长与发展。在商业模式设计层面，关键是我们能否事先发现瓶颈，然后提前采取有效的模式避免或突破潜在的瓶颈，这是企业的关键能力，它决定了我们的商业模式能走多远，我们的企业能走多快。如美国阿波罗凤凰城大学通过网络教育降低了对老师的依赖，实现标准化，可复制，已成功上市；戴尔电脑通过标准化操作流程，实现全球PC行业直销领跑；西班牙时尚女装ZARA，在生产销售方面实现大规模个性化，服装一周下架，因为未及时购买，让消费者大呼后悔，因而受全球时尚女性追捧；携程网"鼠标+水泥"的模式获得巨大成功。

五是控制力和定价权。有了控制力就有了高进入门槛，就意味着有了定价权，而定价权意味着高利润和可持续利润。一个企业的核心资源应该具有独占性，让其他企业在相当长时间内很难拥有，即使其他企业知道这样的核心资源也没有能力在短时间内建立。这种资源可能是先天性的，也可能是后天建立的，可能是与生俱来的，也可能是通过并购整合获得的。例如：东阿阿胶控制了全国90%的驴养殖和东阿水，阿胶和驴胶成分类似，价格却把驴胶远远甩在了后面，让九芝堂懊恼不已；分众传媒控制了全国80%以上高端楼宇的电梯广告悬挂权，成功实现了同行业的控制力与定价权，让后来者无法居上，望尘莫及；百丽拥有全国高端商场里80%的女鞋卖场，旗下有中国女鞋前4位的自有品牌，以及30个国际知名品牌的经营权，成为行业的翘楚；"美国孟山都"在转基因种子市场是全球垄断巨头，全世界超过90%的转基因种子，都使用它的专利。

3. 市场定位

市场定位是企业在选定细分市场之后，对于自身如何在市场上经营的设想。在选择目标市场后，新创企业的下一个目标就是要确定自己在市场中的定位与同竞争者相区分。如果一家新创企业的产品或者服务与其他竞争者的产品或服务雷同，它将很难生存，因此，差异化是大多数新创企业，尤其是中小企业的必然选择。

市场定位是企业吸引顾客、形成品牌的重要手段。通过市场定位，企业能够塑造鲜明的企业形象，其出发点就是打造企业独特的品牌。市场定位能够让企业形成良好的市场形象，赢得消费者口碑，从而增强企业竞争力。同时，市场定位能够合理有效地利用资源，增强营销效果，实现推广企业的目的。

案例

"万宝路"的市场定位

"万宝路"从1924年问世，一直至20世纪50年代，始终默默无闻。莫里斯的广告口号"像5月的天气一样温和"显得过于文雅，而且是对妇女身上脂粉气的附和，致使广大男性烟民对其望而却步。20世纪50年代，"万宝路"的广告发生了重大变化：不再以妇女为主要对象，而是用硬铮铮的男子汉：一个目光深沉、皮肤粗糙、浑身散发着粗犷、豪气的美国牛仔，在广告中高高卷起袖管，露出多毛的手臂，手指总是夹着一支冉冉冒烟的"万宝路"香烟。这种洗尽女人脂粉味的广告于1954年问世，它给"万宝路"带来巨大的财富。仅从1954年到1955年间，"万宝路"销售量提高了3倍，一跃成为全美第十大香烟品牌，1968年其市场占有率上升到全美同行第二位。在调查中，布洛尼克还注意到这些"万宝路"爱好者每天要将所抽的"万宝路"烟拿出口袋20到25次。"万宝路"的包装广告所赋予"万宝路"的形象已经像服装、首饰等各种装饰物一样成为人际交往的一个相关标志,而"万宝路"的真正口味在很大程度上依附于这种产品所创造的美国牛仔形象之上的一种附加因素,这正是人们真正购买"万宝路"的动机。

(选自"世界经理人论坛"。)

评析: "万宝路"最初的定位是女士抽的香烟,结果市场状况一塌糊涂,后来改变定位为"男子汉香烟",由此创造了持久的辉煌。所以市场定位对于新创企业是至关重要的,错误的定位是最大的浪费,精准的定位则是最好的决策。

市场定位的方法主要有:

(1)差异定位法。差异定位是指从产品或者服务的差异入手,以差异吸引消费者注意的市场定位。如手机市场中,诺基亚结实,传说掉在地上都摔不烂;三星智能手机屏幕大,一只手拿不住;TCL曾经开发过钻石手机。这些差异明显的特点能够吸引相应的消费者。

(2)产品使用者定位法。产品使用者定位是指找出产品的确切使用者,为企业的产品塑造一种特别形象,使其在目标市场上显得更加突出。例如:一提到金利来领带,我们就想到"金利来领带,男人的世界"这句广告词,它的市场定位就是专注男人服饰。

(3)分类定位法。分类定位是指产品或服务并不是要和某一特定竞争者竞争,而是要和同类产品相互竞争。这是一种非常普遍的定位方法,尤其适合新创企业。例如,可口可乐和百事在可乐市场的"垄断",让七喜汽水面临尴尬的处境,这时七喜采用逆向思维,它打出的广告是"七喜,非可乐",一句话将七喜与所有可乐区别开来。

案例

"五谷道场"亮剑方便面

五谷道场最大的特点是"差异化",在众多方便面企业都在争夺市场的时候,五谷道场却在市场上独树一帜——非油炸型方便面,吸引广大消费者的高度关注。别具一格的五谷道场不仅吸引了消费者的眼球,更是在方便面市场上开辟出区隔于传统企业的新领地。如果按照传统做法去颠覆康师傅、统一等大牌企业地位是很难做到的,惟有对市场区隔开来,建立一个空间,自己是属于领先起跑行列中的一名才有可能。于是,五谷道场开始在方便面业内刮起了一场小字辈挑战老江湖的市场区隔战。

评析: 虽然五谷道场现在风光不再了,但初创时期"非油炸面"凭借其创新概念和创新营销方式在方便面市场打出了漂亮的开头。从字眼上看,只不过在前面多了一个"非"字,这可是对盛行国内20多年的油炸型方便面的一种颠覆,可是从营销理论分析,这只不过是中旺在方便面市场中寻求到一片"蓝海地带",对竞争者的一种市场区隔。

创业小助手

什么是微营销

微营销是现代一种低成本、高性价比的营销手段。与传统营销方式相比,微营销主张通过"虚拟"与"现实"的互动,建立一个涉及研发、产品、渠道、市场、品牌传播、促销、客户关系等更"轻"、更高效的营销全链条,整合各类营销资源,达到了以小搏大、以轻博重的营销效果。

移动互联网时代的到来,使社会化媒体与生活的联系更加紧密,营销传播开始迈向崭新的3.0时代。一股全新的营销浪潮迎面来袭,其核心就是注重媒体渠道的创新、体验内容的创新以及沟通方式的创新,强调虚拟与现实的互动。这些最适宜的承载平台正来源于社会化媒体的运用。

社会化媒体区别于传统传播介质(报纸、杂志、电视、广播),主要通过互联网技术实现信息的分享、传播,通过不断的交互和提炼,对观点或主题进行深度或者广度的传播,其影响力传统媒体往往无法达成,更遑论赶超。以SNS、微博、博客、微电影等为代表的新媒体形式,为企业达成传统广告推广形式之外的低成本传播提供了可能。要想达到低成本、高性价比的"微营销",创意和新传播手段必不可少,而进入微博时代,碎片化的媒体传播方式正为这种四两拨千斤的营销提供了可能。

创业新视野

苹果公司的营销策略

母品牌"苹果"强大的影响力

在推出iPhone之前,苹果公司的品牌价值已经在世界上名列前十,具有非常大的影响力。其成熟的产品除了MAC电脑之外,还有颠覆MP4世界的40G大容量的iPod播放器,它因成功地在免费音乐交换和收费的音乐订购服务之间架起  一座桥梁——iTunes网上音乐商店,而获选为《时代》2003年度最酷发明。截至2010年,iPod已经售出超过一亿多部,这个惊人的数字几乎让整个原来被视为近乎饱和的MP3市场支离破碎,苹果成功地在这个红海中开创了新的蓝海。

第六章　任重而道远　创业永远在路上

iPhone的饥饿式营销策略

在市场营销学中，"饥饿营销"是指商品提供者有意调低产量、调控供求关系、制造供不应求"假象"，以达到维持商品较高售价和利润率的目的。饥饿营销就是通过调节供求两端的量来影响终端的售价，达到加价的目的。苹果公司对iPhone的营销并非简单的饥饿营销，而是极端的饥饿营销，它们先是避而不谈，只告诉市场，将有新产品iPhone面市，但是之后的很长时间有关iPhone的信息近乎没有，等到市场极端渴望从各种途径获得产品信息时，再对iPhone进行简单介绍。等到iPhone正式上市之后，其广告便铺天盖地，通过各种形形色色的途径让你天天看到、处处看到。这种极度的反差让消费者犹如久旱逢甘露，突然间对iPhone产生了极大的兴趣与购买的冲动，从而苹果公司获得成功。

iPhone的口碑营销策略

苹果公司的口碑营销也是其主要的法宝之一，它通过对消费者进行文化认同的培养，逐步培育长期的客户。有一个故事是关于"苹果"超级爱好者的，说的是一个中国男孩在他5岁时，他的父亲给他买了一台"苹果"电脑，爱上"苹果"的这位小男孩从此购买了关于"苹果"的所有个人设备。后来他应聘到一家世界级顶级公司，在那个顶级公司里他只做一件事，就是用"苹果"的电脑做PPT程序。再后来他回到中国，办了一个个人的"苹果"博物馆，自愿不拿工资推广"苹果"产品和文化，理由只有一个，就是喜欢。他喜欢"苹果"所有的功能，因为这些功能都是极致的。所以，我们可以看出，"苹果"产品出售的不只是产品，而是一种"苹果"文化，它代表着创新、酷设计、以人为本、简单操作等等。

（选自新浪科技，有改动）

第三节　创业运营管理

> 在创业过程中，如果说压力，我认为选择什么不做是非常大的压力。因为在这过程中受到的诱惑太多了，每一个新的概念都可以做很大的东西。在商业上的策略不是决定做什么，而是决定不做什么。
> ——黄明明

创业指南

新创企业往往缺乏明确的方针和制度，也没有严格的程序或预算，企业的决策高度集中，不存在权力或责任的授予，可以称之为创业者的"独角戏"。

尽管新创企业建立了正式的部门结构，但很少按正式组织方式运作。典型的情况是，虽然有名义上的分工，但运作起来是哪儿急、哪儿需要，就往哪里去。这种看似"混乱"，实际是一种高度有序的状态。创业初期的企业很有人情味，相互之间都是直呼其名，没有什么高低之分。每个人都清楚组织的目标和自己应当如何为组织作贡献，没有人计较得失，没有人计较越权或越级，相互之间只有角色的划分，没有职位的区别。经历过创业初期的创业者大多有过这样的体验：直接向顾客推销过产品；亲自与供应商谈判过折扣；亲自到车间里追踪过顾客急需的订单；在库房里卸过货、装过车；跑过银行、催过账；策划过新产品方案；制定过工资计划；被经销商骗过；让顾客当面训斥过等。由于创业者对经营全过程的细节了如指掌，才使得生意越做越精。

但当企业从婴儿期过渡到学步期时，创业者不可能再像从前那样深入到企业各个角落，去亲自贯彻自己的领导风格和哲学，授权和分权成为必然。由于企业缺乏相应的控制制度，授权不可避免地转向分权，导致创业者对企业的失控，不得不重新走向集权之路。这样反反复复，最终创业者必须由直觉型的感受性管理转变为职业化的专业管理。

随着市场中是各种需求竞争和生产成本竞争加大，很多企业面临着如何升级转型的压力。为了在激烈的市场竞争中取得领先的地位，企业纷纷注重向内涵式发展转型。

案例

海尔的品牌信仰

创新：海尔秉承锐意进取的海尔文化，不拘泥于现有的家电行业的产品种类与服务形式，在工作中不断求新求变，积极拓展业务领域，开辟现代生活解决方案的新思路、新技术、新产品、新服务，引领现代生活方式的潮流，以创新独到的方式全面优化生活和环境质量。

可持续发展：海尔将秉持一贯的社会责任意识，在创意、制造、服务、物流、回收等环节坚持践行绿色理念，积极引领消费者、合作伙伴乃至各行各业共同承担对环境的保护与关爱，为社会长久发展奠定良好基础。

客户至上：海尔深刻洞察人们对现代生活的需求：优质生活和优质生活环境。所有的海尔人和海尔的合作伙伴都以真诚的态度，在研发、采购、生产、物流、服务等每一个细节中倾心而为，发挥全部潜力和创造力，尽力满足客户的需求，实现以客户为中心的创新。

缜密的解决方案：海尔不仅充分理解消费者的生活需要，而且深入考虑对环境的综合影响。海尔积极拓展与家居生活相关的业务领域，对各产品、服务、居家环境、网络等进行全面整合，为消费者量身定制系统化的现代生活解决方案，创造更丰富的生活体验和更优质的生活环境。

（资料来源：海尔官网，有改动。）

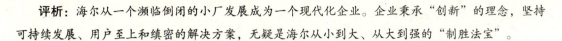

评析：海尔从一个濒临倒闭的小厂发展成为一个现代化企业。企业秉承"创新"的理念，坚持可持续发展、用户至上和缜密的解决方案，无疑是海尔从小到大、从大到强的"制胜法宝"。

一、做好创业设计

过去，创业往往存在一种"摸着石头过河"的现象，不管合不合理先投产，不合理再改善，这将造成极大的浪费。尤其是在未来智能制造社会，设备和场地投资都是巨大的，不以精益为原则设计工厂，资金和资源浪费会更加严重。怎么把浪费降到最低，这需要一套完整的创业设计方案，在新工厂项目建设时，要让创业资源尽可能得到最佳组合，如设备投资、工厂场地和投产或新工厂建设时间等，这样就能确保创业的高效率和低成本。

案例

设计创造价值

家居企业博洛尼认为，橱柜行业也跟时装、汽车等时尚产品一样，有自己独特的风向标，意大利的设计无疑是前沿潮流的代表。他们从意大利高薪聘请了首席设计师，让博洛尼展示出纯正的意大利风格。披上了意大利时尚设计的外衣，博洛尼的品牌效应凸显，迅速坐上国内整体厨房业第一的位置。

评析：好的设计可以提升品牌自身的形象和在消费者心中的地位，因为忽略设计，很多企业付出了高昂的代价。产品设计的创新，会为企业带来很大的增值空间。

二、精益战略部署

战略部署是企业发展的指南针，没有良好的战略规划，企业就像无头苍蝇。精益是智能制造的基石，不能抛开精益谈长远规划。

精益战略部署与通常的目标管理有本质性的区别，目标管理仅关注结果，但精益战略部署不仅仅关注目标的达成，更关注达成目标的过程，在过程中不断完善。它的作用有：第一，可以激发基层员工的工作热情和智慧；第二，可以建立团队之间的合作精神，各层级的员工能齐心协力、各司其职，朝一个共同的方向努力，一起做正确的事。

案例

蒙牛号召向伊利学习

1998年底，原伊利副总牛根生出走伊利，创办蒙牛。对中国乳业来说，伊利就是一所黄埔军校。伊利把牛根生从一个刷奶瓶的小工培养成一个呼风唤雨的人物，伊利依托公司连基地、基地连农户的生产经营模式也被蒙牛当仁不让地拿来，并且做得更到位、更彻底。牛根生还别出心裁在产品包装盒上印上"为民族工业争气，向伊利学习"的口号，蒙牛的第一块广告牌也非常乖巧地写着做"内蒙古第二品牌"。

但正因为这种在学习中竞争的模式,伊利和蒙牛的发展速度都非常惊人。尤其是蒙牛,创造了中国企业史无前例的1947.31%的成长速度,由名不见经传飙升到现在的前五之列,而牛根生充满玄机的"伊利和蒙牛迟早要走在一起"的言语,又给了伊利一个什么样的信号呢?

评析:向对手学习,是一个创业者难得拥有的胸怀。成功的企业永远是创业者追求的目标,创业者必须真心实意地学习,才能使企业基业长青。

三、做好供应链

随着敏捷时代的到来,企业需要建立一个快速反应、柔性、低成本的供应链。生产基地、供应商和销售管理相关部门的联系日益紧密。简单而言,目前企业面临的竞争不仅仅是单个企业的比赛,而是整个供应链的竞争,其结果决定了企业的生命周期。做好供应链可在质量、成本、物流、员工激励、安全、技术和环境等方面构建完整的价值链(供应商—运营—分销—终端),并实现现金流、物流和信息流的协同作业。

案例

供应链整合

联想收购IBM的PC业务后,考虑如何将IBM的全球销售网络和联想本身的供应链配合起来。联想先对计划的流程、物流运作的流程,以及订单交付的流程进行改造和完善,并增强了供应链的弹性。为支持多种业务模式,联想的供应链采用了交易型客户和关系型客户的双模式。目前,这种整合仍在进行,它已使联想的供应链效率得到很大提高。

评析:供应链管理涉及对物流、信息流和资金流的管理,其中的利益关系涉及消费者、供应商、生产商和分销商。其重点内容包括供应链信息整合、成员企业合作协调和创建成员企业利益机制这三大方面。

四、做好流程管理

流程浪费是最大的浪费,包括互联网行业的扁平化管理,都在提倡优化、精简流程。流程管理的核心是最大限度地降低和消除各种形式的浪费。由于垂直式的科层管理与生产的协同制造、大规模定制之间存在着矛盾,早在几年前,知名家电企业格兰仕就进行了一场组织架构扁平化的内部管理变革,砍掉了集团内部层层架构的设置,最终形成了决策、管理、执行三层结构制,由八位副总分管八个领域,"把一个集团变成了一个工厂",使整个企业的反应能力迅速提高。

扁平化管理是指在决策层和操作层之间的中间管理层越少越好,它较好地解决了等级式管理层次重叠、冗员多、组织机构运转效率低下等弊端。强化流程管理,库存可以大幅降低,生产周期缩短80%以上,质量稳步提升,企业各种资源的使用效率提高。而对于各类服务型企业而言，扁平化管理可大幅提升企业内部流程效率，对客户需求做成快速反应，从而提高客户的满意度。

案例

由卖鹌鹑到金融投资

刘氏兄弟的发展轨迹，就是脱壳、再脱壳的过程。20世纪80年代初，刘氏兄弟以1000元人民币起家，回村孵鸡、孵鹌鹑。随后数年，刘氏兄弟成为全国的鹌鹑大王，但他们在鹌鹑养殖事业顶峰时看到危机。于是，他们把鹌鹑宰杀或送人，成功地开发出希望牌高档猪饲料，并很快占领成都市场。

1998年，刘氏兄弟在饲料行业达到顶峰，随后进行资产重组，分别成立了大陆希望集团、东方希望集团、新希望集团和华西希望集团，各自在相关领域发展。东方希望移居上海后，刘永行开始频频出手参股金融机构。目前，东方希望在光大银行、民生银行、民生保险、深圳海达保险经纪人公司和上海光明乳业等企业都持有一定股份，总投资超过2亿。

评析：刘氏兄弟起步创业的行业应当说人人都会干，但是在迅速发展的时代中，深刻认识危机、勇于变革，不是每一个创业者能够做到的。适应社会发展的需要，敢于挑战自我才是一个企业生存、发展的长久之道。

五、加强企业研发

没有创新的企业是没有灵魂的，更没有任何竞争优势。研发周期冗长、设计不良、缺乏有效研发管理组织、制造成本高昂等都会制约企业的发展。企业研发是对流程、人员组织、领导模式和市场供求等方面进行洗心革面的改变，使研发系统能够快速响应用户需求的不断变化，通过研发将一切不产生价值的活动去除和精简，缩短产品的上市时间，这样企业运营水平和经营业绩才会不断提高。

案例

马桶盖的启示

近来，中国游客在日本疯抢马桶盖的事，引发了国人的热议，也引起了"两会"一些委员、代表的关注，被称为"马桶盖事件"。据说，很多中国游客基本不问牌子、不问价格，就将相当于几千元人民币一只的马桶盖一扫而空。有日本免税店的营业员喜形于色地说："只要有中国游客团来，每天都会卖断货。"连日本的马桶盖，在中国人眼里都如此吃香，真让人有点匪夷所思。"马桶盖事件"大概是可以载入"世界购物史册"的。英国《每日电讯报》也说：中国游客消费几十亿元人民币购买日本高科技马桶盖来热乎自己的屁股。

评析：由于众所周知的历史的及现实的诸多原因，造成了中国许多企业的浮躁投机心态，想赚

"快钱"，而沉不下心来精心地钻研好产品。中国企业既缺乏精心细作的"工匠精神"，也缺乏创新求进的原动力，更缺乏过硬的专业人才。

如今，中国是制造大国。但是，中国制造业的整体素质和竞争力与工业发达国家相比，仍然差距很大，大多数产业尚处于价值链低端，辛辛苦苦只赚个"零头"，甚至连"零头"都赚不到，只是"为人做嫁衣裳"。当然，也有少数已走向中高端的制造业，但毕竟还太少。中国真要从"制造大国"迈向"创造大国"、"制造强国"，企业全面从"中低端"走向"中高端"，还有一段艰难的历程要走。2016年3月5日，国务院总理李克强作政府工作报告时提到，鼓励企业开展个性化定制、柔性化生产，培育精益求精的工匠精神，增品种、提品质、创品牌。"工匠精神"首次出现在政府工作报告中，让人耳目一新。工匠精神的内涵是精益求精、注重细节，专业敬业、一丝不苟，追求完美和极致，不惜花费时间精力，孜孜不倦，反复改进产品。工匠精神从瑞士制表匠的例子上可见一斑。瑞士制表商对每一个零件、每一道工序、每一块手表都精心打磨、专心雕琢，他们用心制造产品的态度就是工匠精神的思维和理念。在工匠们的眼里，只有对质量的精益求精、对制造的一丝不苟、对完美的孜孜追求，除此之外，没有其他。正是凭着这种凝神专一的工匠精神，瑞士手表得以誉满天下、畅销世界。工匠精神不是瑞士的专利，日本式管理有一个绝招：用精益求精的态度，把一种热爱工作的精神代代相传，这种精神其实就是"工匠精神"。如今，中央大力倡导"创新驱动"和"大众创业，万众创新"，在全社会大力提倡"工匠精神"，这是一个好导向、好时机，未来中国创造必将前途无量！

创业小助手

什么是价值链

"价值链"是由哈佛大学商学院教授迈克尔·波特于1985年提出的概念，他认为，每一个企业都是在设计、生产、销售、发送和辅助其产品的过程中进行种种活动的集合体。企业要生存和发展，必须为企业的股东和其他利益集团包括员工、顾客、供货商以及所在地区和相关行业等创造价值。如果把"企业"这个"黑匣子"打开，我们可以把企业创造价值的过程分解为一系列互不相同但又相互关联的经济活动，或者称之为"增值活动"，其总和即构成企业的"价值链"。

价值链的增值活动可以分为基本增值活动和辅助性增值活动两大部分。企业的基本增值活动就是一般意义上的"生产经营环节"，如材料供应、成品开发、生产运行、成品储运、市场营销和售后服务。这些活动都与商品实体的加工流转直接相关。

企业的辅助性增值活动，包括组织建设、人事管理、技术开发和采购管理。这里的技术和采购都是广义的。技术开发既包括生产性技术，也包括非生产性的开发管理，如决策技术、信息技术、计划技术。采购管理既包括生产原材料，也包括对其他资源投入的管理，如聘请有关咨询公司为企业进行广告策划、市场预测、法律咨询、信息系统设计和长期战略计划等。价值链的各环节之间相互关联、相互影响，一个环节经营管理的好坏可以影响到其他环节的成本和效益。比方说，如果多花一点成本采购高质量的原材料，生产过程中就可以减少工序，少出次品，缩短加工时间。

创业新视野

马云的成长故事与创业历程

马云在求学时代确实是个顽童，从小喜欢替朋友出头打架，成绩让老师很头痛。连马云也曾笑言自己小学考重点中学，考了三次都没考上，大学也是考了三次才最终如愿。

不过，多年后能在世界各地演讲时用英文侃侃而谈的马云，却在12岁时就自觉地开始打英语基础。1979年刚改革开放那阵，到杭州旅游的外国人多起来，马云一有机会就在西湖边逮着人家练英语，这对他日后的发展大有裨益。

1988年，马云去杭州电子工业学院教外语，这是他的第一份工作。当时工资大约每月110元。不甘寂寞的他找了不少兼职，并利用课余时间为到杭州观光的外国游客担任导游。西湖边的第一个英语角就是马云发起的。

1992年，马云和朋友一起成立了杭州最早的专业翻译社"海博翻译社"，课余四处活动接翻译业务。当时经营挺艰难，一个月的营业额是200多元人民币，可光是房租就要700元。第一年实在不行了，马云就背着口袋到义乌、广州去进货，卖礼品、包鲜花，用这些钱养了翻译社3年才开始收支平衡。马云后来说："我一直的理念，就是真正想赚钱的人必须把钱看轻，如果你脑子里老是钱的话，一定不可能赚钱的。"

到1995年，钱没赚多少的马云，却凭超强的活动能力为自己带来了不小的名气。当时，有一家和美商合作承包建设项目的中国公司，聘马云为翻译到美国收账。接下来的一切就像好莱坞影片中的情节一样，美国商人想赖账，掏出一把枪将马云禁闭在房间两天。马云在惊恐不安中被释放，又丢失了随身行李，只得在拉斯维加斯的赌场挣了600美元回国。

回国之前马云去西雅图看了一个朋友，在此马云第一次接触了互联网。西班牙《国家报》生动地描述了马云当时的心情："我甚至害怕触摸电脑的按键。我当时想，谁知道这玩艺儿多少钱呢？我要是把它弄坏了就要赔了。"

对马云有触动的是，他好奇地对朋友说在搜索引擎上输入单词"啤酒"，结果只找到了美国和德国的品牌。当时他就想应该利用互联网帮助中国的公司为世界所熟悉。

就这样，作为"杭州十大杰出青年教师"之一的马云辞了职，借了2000美元，1995年4月开办了"中国黄页"，这是中国第一批网络公司之一。1997年底，马云和他的团队在北京开发了外经贸部官方站点、网上中国商品交易市场等一系列政府站点。不过由于许多原因，马云于1999年初决定放弃这些在北京的生意，他拒绝了雅虎、新浪的高薪邀请，决定回到杭州创办一家能为全世界中小企业服务的电子商务站点。

其后的6年，阿里巴巴的故事尽人皆知——马云用6分钟说服投资基金软银，拿到第一笔风险投资。尔后，各路投资纷纷进入。其股东不乏有国际大财团的身影，高盛、富达、软银，前WTO组织主席彼德·苏德兰也位列董事会成员中。现在，数以百万计的全球商人在阿里巴巴上交换信息。此外，马云和投资者还在2003年7月推出为消费者服务的淘宝网，2004年推出网络交易支付工具"支付宝"。

马云称，尽管阿里巴巴已经上市，但是仍然不觉得自己是大老板，至今对自己的定位仍然是一个创业者。不过与上市前相比，由于公司人员结构更加庞大，自己的压力也将比以前更大。

阿里巴巴B2B公司CEO卫哲在阿里巴巴上市挂牌仪式后表示，阿里巴巴接下来的发展和增长，会考虑国内更多的客户服务中心的建设，会关注海外市场的拓展，也会更多关注新技术的引用。他说，"我们的投资方向是：第一看着、盯着对我们客户有价值的技术。第二是获得和我们现在不重复，包括国内和国外的技术。第三包括新的电子商务的应用，也就是阿里巴巴没有，但是在别的平台上证明是可行的。我们希望通过投资进行合作。"

（选自《雅虎财经》）

创业设计

一、企业产品的营销策划

请每组创业团队模拟组建一个公司，虚拟经营一种或多种产品，撰写一份详细的产品营销策划书。

二、介绍你准备开办企业所提供的产品和服务的种类、具体内容，和市场上同类产品或服务相比，你开发的产品所具有的优势。

参考文献

[1] 张建军.韩武雨《创新的素质》合肥:中国科学技术大学出版社.2000.1

[2] 康格司.社会创新[J].新华文摘,2000,(11)

[3] 金吾伦.社会能力与技术能力的均衡发展[J].中国社会科学文摘,2000,(1):73

[4] 德鲁克彼.管理的前沿[M].许斌.上海:上海译文出版社,1999

[5] 陶行知.陶行知教育文选[M].北京：教育科学出版社,1981

[6] （德）沃尔夫冈·查普夫:《现代化与社会转型（第二版）》,陈黎、陆宏成译,社会科学出版社,2000年

[7] .J.A.Schumpter. neinstability of capitalism. Economic J, 1928

[8] J.A.Schumpter. Business cycles, A Theoretical, Historical and Statitjcal Analysis of the capitalistic Press. New York Mograw—Hill, 1939

[9] Freeman.C. Theeconomics of industrial innovation. The MIT Press, 2thed, 1982

[10] 王太平.创意的法律保护模式及其法律制度设计.民商法前沿,2004:89—91

[11] 罗勇.创意的合同保护.中国发明与专利,2006(10):33—35

[12] 卡斯特曼.网络社会的崛起[M].夏铸九,等.上海:社会科学文献出版社,2000.21

[13] 傅家骥.技术创新学.北京:清华大学出版社,1999

[14] 游敏惠.刘秀伦.大学生创造力的培养与开发.人民邮电出版社,2004

[15] 陈龙安.创造性思维与教学[M].北京：中国轻工业出版社,1999

[16] 黄艾华.论当代大学生创新素质培养.华中师范大学,2006

[17] 庄寿强.戎志毅.普通创造学.中国矿业大学出版社,1997

[18] 杨建广.赵玲.刘云章.创新纵横谈.北京金盾出版社,2006

[19] J.A.Schumpter.Business cycles, A Theoretical, Historical and Statitjcal Analysis of the capitalistic Press. New York Mograw—Hill, 1939

[20] Freeman.C. Theeconomics of industrial innovation. The MIT Press, 2thed, 1982

[21] 杨斌.大学生创新成果保护策略研究.华中科技大学.硕士学位论文.2011

[22] 赵吉鹏.大学生科技创新能力培养与评价研究.华北电力大学.硕士学位论文.2010

[23] 丁飞.当代中国大学生创新意识培养问题研究.东北师范大学.硕士学位论文.2010

[24] OECD. The Measurement of scientific and technical activities, 1981

[25] 周博.论专利权的保护范围.硕士学位论文.2007

[26] 杨峰.傅俊.高校专利技术转化价值评估及其法律问题探析.科技进步与对策,2006(6):131-134

[27] 林钧敬.知识创业—大学生创业指南[M].北京：高等教育出版社,2001,1,5~7

[28] RAVI K.JAIN, ANDREW.O.MARTYNIUK,etc.Evaluating the Commercial Potential of Emerging Technologies[J].Intl.J. Technology Transfer and Commercialisation,2003,2(1):32—50.

[29] 中国资产评估协会．经济法．北京市海淀区阜成路甲28号：经济科学出版社,2012年4月：第299页

[30] F PETER.BOER.Technology Valuation Solutions[M].John Wiley& Sons, Inc., 2004

[31] 孙裕君.技术成果转让价格的评估准则、方法与参数.情报科学.2003（Vol.21, No.8），804~807

[32] 盛辉.论知识产权保护制度对技术创新的影响.华中科技大学.硕士学位论文.2005

[33] 燕良轼.创新素质教育论[M].广州：广东教育出版社，2002

[34] 李伟，等.高等院校公共基础课规划教材:创新创业教程[M].北京：清华大学出版社，2015

[35] 陈永奎.大学生创新创业基础教程[M].北京：经济管理出版社，2015

[36] 郑光财．现代企业经营学[M]．北京：经济管理出版社，2014

[37] 王崇国．赢在创业:学生创业教育指导[M]．北京：高等教育出版社，2013

[38] 倪锋.高等学校通识课程系列教材:创新创业概论[M].北京：高等教育出版社，2012

[39] 侯文华，等.大学生创新创业教育教程[M].北京：科学出版社，2012

[40] 朱建国，等．大学生创业指导[M]．北京：新华出版社，2010

[41] 李晓红.怎样培养大学生的创新思维能力.山西高等学校社会科学学报，2009（01）:120—122

[42] （美）赛斯：高汀．创业者圣经[M]．天津：天津社会科学院出版社，2011

[43] 罗勇.创意的合同保护.中国发明与专利[M]，2006（10）：33-35

[44] 黄艾华.论当代大学生创新素质培养[M].华中师范大学出版社，2006

[45] 方军.2005中国大学生最佳雇主调查[J].经济观察报，2005.7.18—45

[46] 王太平.创意的法律保护模式及其法律制度设计.民商法前沿,2004[35]游敏惠.刘秀伦.大学生创造力的培养与开发.人民邮电出版社，2004

[47] 林崇德.教育与发展[M].北京：北京师范大学出版社，2003

[48] 燕良轼.创新素质教育论[M].广州：广东教育出版社，2002

[49] 詹颂生.科技时代的反思：现代科学技术的负面作用及其对策研究[M].中山大学出版社，2002

[50] （美）里娃·莱森斯基．创业宝典：未来企业家之路[M]．北京：清华大学出版社，2001

[51] 卡斯特曼.网络社会的崛起[M].夏铸九,等.上海:社会科学文献出版社,2000

[52] 傅家骥.技术创新学.北京:清华大学出版社,1999

[53] 陈龙安.创造性思维与教学[M].北京：中国轻工业出版社，1999

[54] 段继扬.创造性思维[M].武汉:湖北科学技术出版社，1994

[55] 爱因斯坦.爱因斯坦文集.第3卷.北京商务印书馆，1979

后 记

当今世界，无论是企业之间的竞争，还是国家之间的竞争，都无一例外地体现为以自主创新能力为核心的综合实力的竞争。为此，我国政府总结30多年的改革开放实践经验，审时度势，确立了创新驱动发展战略和建设创新型国家的战略性决策，"大众创业、万众创新"已成为创新发展时代的新常态。创新驱动发展和建设创新型国家战略，将深刻地影响着我国当下与未来的各行各业和每一个人的生存与发展方式，创新创业也将成为当代青年实现人生价值的重要途径。

如何培养青年人的创新创业素质与能力，如何激发青年人的创新思维，如何打通青年人的创业路径，这将成为我国教育改革尤其是职业教育发展和改革的重要课题。《创新与创业》的编写出版，就是希望给予有志于创新创业的青年人提供创新创业的基本知识与指导，以便他们更快地参与到伟大的创新创业热潮中来。

我们编写这本《创新与创业》读本，遵循以下三个原则：

针对性原则。本书阅读对象主要是大中专院校的青年学子，因此本书章节基本上是按照学生开展创新创业活动的过程展开设计的。创新创业人人可为，因此本书也可用作有志于创新创业的各行业人士或"创客"们的参考读本。

可操作性原则。本书对理论的阐述力求简练，而将重点放在操作层面，这将有助于培养青年学生的动手能力，有助于他们早出创新成果，早日走上创业之路。

可读性原则。本书紧扣时代主题，撷取创新创业活动中大量典型案例，以事喻理，化抽象为形象，语言精练，可读性强。

《创新与创业》读本由长期从事创新创业教育教学的同志编写，全书分"创新篇"和"创业篇"两个部分。"创新篇"意在指导读者如何进行创新并取得创新性成果；"创业篇"意在指导读者了解创业基本知识，提升创业能力，成功步入创业之路。创新篇的编写框架与体例由张建军设计。其中第二章、第三章及第四章第1—4节由张建军编写；第一章、第四章第5—7节及第五章由于宙编写。创业篇的编写框架与体例由王崇国设计。其中第一章、第四章、第六章由石红星编写；第二章、第三章、第五章由王崇国编写。

《创新与创业》读本的编写得到了安徽省教育厅领导的关心与支持，编写过程中参阅了部分专家的相关论著和研究成果，在此一并致谢。由于编者水平有限，不当之处在所难免，恳请相关专家和读者给予批评和指正！

编者
2016年6月